U0504960

Sociology of love

爱情社会学

孙中兴◎著

人民出版社

目 录 CONTENTS

自 序

我念大学的时候，因为爱情问题而困扰——其实大部分时间是告白失败或失恋，让我以为这都是我的"个人问题"，甚至以为是"老天有意的安排"。后来渐渐发现这真是个"社会议题"，许多人都跟我有同样的困扰。我那时候就想，爱情这种事情应该是可以教、可以学的；也许通过"教"与"学"就能替人（特别是失恋的人）减少几分痛苦，也可以替人间减少若干遗憾。于是我开始注意到我念的社会学中有关爱情的研究，准备有朝一日要来开设这样的课程。

1996 年我第一次在我服务的台湾大学开设"爱情社会学"。开学后第三周，忽然课堂上出现了很多记者，听完第一堂课之后，就开始采访我。那堂课讲的是欧洲中古阿伯拉（Abelard）和爱绿苡丝（Heloise）的故事，可是记者大概考虑到这个故事不是一般读者熟悉的，所以只写了我在课堂上从这个故事中归纳的"老少配"和"备胎论"。万万没想到，这个原来是提振同学听课兴趣的结论就变成了报纸报道的重点。后来广播电台也邀请我，我抱着能够宣扬自己理念的雄心壮志赴约，却发现主持人多半都不在乎我要说的，我自己只是成为媒体的"当周焦点"。我要宣扬的理念并不是他们关心的重点。

后来陆续也有不同的出版社来询问我有没有出书的计划。我自己因为有"写作障碍"，写本学术专著都有困难，更何况通俗书，所以无法自己动笔。大部分出版社大概以为我是"拿俏"，就不再联络。可是就是有个出版社动了脑，想出"我来讲而让别人来写"的办法。他们就请编辑来上课，希望能做出一本有特色的爱情书。她上课上得开心，也照我上课的样子记下内容，可是一旦形成文字，就惨不忍睹。这计划就泡汤了。后来也尝试请我的学生中文笔比较好的来做，也都不能尽如人意。就这样，这门课就一直是一门课，也有越来越多的讲义，就是无法变成一本让人可以阅读的书。

2010 年秋季，"爱情社会学"开始录像变成"台大开放式课程"的一门课，万万没想到，一开始居然蝉联点阅人数的第一名，甚至是第一门冲破十万点阅人数的课程，后来才被"红楼梦"所取代。更没想到，大陆的几个网站也转载了这门课，有些网站还精心配上原来没有的字幕，因此这门课也变成大陆同学广为流传的"公开课"。也从此开始有大陆同学写信给我分享他们收看课程的收获和私人烦恼，也有大陆自由行观光客来听课，以及大陆来台交换生在路上巧遇要求合影签名的"光荣事迹"（刚好有一群朋友在旁目睹，才知道我说的"我的课在大陆很多人看"不是吹牛）。这些都让我受宠若惊。

大陆的出版社也因此跨海来求稿，情形就像当初台湾的出版社一样。听到我没有稿子就退场的大有人在，只有一两位编辑想到一些特别的做法，最后武丛伟老师的做法最打动我，她请人先将录像课程和我的讲义先誊录下来，我前后再请冯忠恬、李思仪和何思莹三位同学帮忙，特别是何思莹同学认真地回头再从录像课程和讲义中做了很多补充，才有现在各位读者手中这本书出现。

其实"爱情社会学"这门课程的内容是经过几次转变的，并不是一直就是现在各位看到的这样的篇章结构。

最初我的构想是个三部曲结构。我一直以来的专长都在"社会学理论"，对于爱情的进入点原来也是从这个角度，所以"爱情与社会学理论"是我的"初心"所在，可是"社会学理论"这个课名会吓走很多人，所以我就"偷天换日"把"爱情与社会理论"放在课程的尾端，多放了"中外爱情故事"的部分当成一个开头，中间经过选定的几个"爱情与社会"的主题，这样凑成了最初的"爱情社会学"的授课内容。随着每年我的讲义更新，"爱情与社会"的主题不断扩充到可以独立成一门课，所以就叫作"爱情社会学"；"中外爱情故事"也越搜集越多，也独立命名为"爱情历史社会学"；"爱情与社会理论"也就从原先的"首部曲"成了三部曲中的最后一部。

回到我开这门课的原始想法，其实是跟我教书的原始想法相一致的：教育是要让我们成为更好的人。我相信社会学的知识来自观察和研究人们的生活，因此也应该对人们的生活有帮助。而要帮助我们研究的对象，我们必须讲他们听得懂的语言。这对教"社会学理论"的人来说，"要将西方概念转化成中国的日常语言"尤其是个挑战。我就是秉持着这么简单的理念，在没有现成教科书可用的情况下，结合了我不断广泛阅读的成果，设计出了这么一门"三部曲"的课，也很幸运在教了快二十年的时间里，接近了当初的理想。各位现在看到的书也只是现阶段的成果。

特别感谢我历年来的学生以及收看网络课程的各地同学，你们的热情回馈，让我深刻了解到我的课程对大部分学生而言真是一门很有意义的课程。

我希望我的课程只是一个开头，让未来的研究者或教学者能在这个基础上另辟蹊径，通过不断地批评和改进，引进更多的研究成果，让这个领域更能贴近一般人的生活，进而帮助大家有能力面对、思考、解决自己或身边人的爱情问题。

我也要感谢我的家人在我成长过程中给予我的各种关爱，让我在学习理论之余，还有更多实际的感受。

最后，我想起恩师爱新觉罗·毓鋆先生曾经问过门人的话："学生"到底要学什么？"学生"的"生"到底是什么？可惜，我没亲耳听到老师给答案。但是从当老师的第一天开始，我就不断寻索："生"是什么？目前的大学教育好像都集中在学生的"生涯"，好像忘了"生活""生命""生态"和"生生不息"的这几个"生"字所包含的层面。我希望我的"爱情社会学"以及我所开的其他课程，都在这几个方面做出一点点小小的努力。

孙中兴

台湾大学社会学系教授

2015 年溽夏于台北

———— 爱情
The　　社会学 ——
Sociology of love

第一讲
爱情是什么
——大哉问

爱情
The 社会学
Sociology of love

爱情是什么？这是一个大问题，看似简单，实则难以回答，很多人需要花一生去追寻。虽则难以回答，我们也要勉为其难，寻找线索，回答这一问题。

003

中西文化中的爱情概念

中英文相关概念连连看

中　文		英　文
爱／情		love
情／感		like
恋爱		feelings
好感		relationship
喜欢		eros
一见钟情		agape
思念		philia
告白		intimacy

续表

中　文		英　文
迷恋		passion
打枪		commitment
发卡〔被发好人卡〕		infatuation
交往		courtship
约会		"into"
在一起		"in"
同居		"with"
求婚		fall in love
订婚		love at first sight
结婚		dating
性		romantic attachment
欲		unrequited love
上垒		engagement
劈腿		proposal
外遇		marriage
捉奸（抓猴）		affair
爱人		fling
情人		old flame
情夫／情妇（奸夫／淫妇）		break-up
失恋		divorce
分手		date rape
离婚		domestic violence
殉情		Valentine's Day
情杀		honeymoon
约会强暴		Cupid

续表

中 文		英 文
家庭（婚姻）暴力		living together
情人节		crime of passion
月老		
蜜月		
婚纱摄影		

论及爱情，很多人喜欢从西方谈起，因为西方人很容易研究；中国文化则与之有着一定的差异。我们来看看中英文相关概念连连看。你看，左边和右边是连连看，不是对应的，不是第一行对应第一行，第二行对应第二行。这是连连看，需要读者自己去连连看。因为我们现在讲爱情，中文就是"爱情"，英文对应就是 love，看似没有太大的问题，但是如果在不同的时空，这个问题可能就很大，或同一个时空有时候我们讲的爱的意义都不太一样。中文有时候单用一个"爱"字，有时候用"爱情"，所以那个"／"就是指可以分开，也可以合起来的意思。再说情字，有的时候是指情感，有的时候是指恋爱。像在中文、日文里面都有告白这个概念，但是在英文里面，你要怎么去讲告白？

有人说，confession 是告白，在英语文化中，到教堂去那叫 confession，爱情还用 confession，这听起来怪怪的，不是那样的意思。

005

爱的层面与迷思

再讲一个问题，就是爱的层面跟迷思。迷思就是一般人常见的、没有经过理智反思的思想。譬如，曾经有一个男孩子问我，老师，女人是不是很难了解？通常问这种问题的，背后都有一个故事。我后来才知道他的女朋友跟他分手了，但是他一直不知道为什么，所以提出了"女人很难了解"这样的问题。很难了解的一个原因，会不会因为你从来没学着去了解呢？我于是问他，数学难不难？他说很难。我说你去问数学系的学生，有人觉得很难，有人就觉得不难，你觉得问题在哪里？有的时候不在问题本身，而在于你对这个问题的态度：你有没有想尽办法去了解它、解决它。

爱的第一层面是宇宙层面。在西方的神话中，爱是宇宙的动力，是生的力量，与灭的力量相对。有一部电影叫作《第五元素》。因为希腊人讲四个元素——地、水、火、风。中国也有五行，不过，中国的五行与爱没有任何关系。可是《第五元素》电影还没有演，我就知道第五个元素是什么，就是爱。西洋歌剧有一部叫《图兰朵公主》，图兰朵公主为了给祖先报仇，昭告天下，如果有男人能猜出她的谜语，她就嫁给那个人，如果猜不出来，就杀了那个人。很多人都猜不出来。谜底是什么？爱。所以你答不出来的东西用爱就可以解决。这是西方人一直拥有的想法。西方的基督教基本上就是希望用爱来解决世界的问题。我们中国人很少有这种用爱解决问题、化解宇宙危机的故事。所以爱是宇宙的动力这一点一直是西方人所强调的。加上爱有时候会与性、与繁衍后代扯在一起。通常讲，有了爱才会有性行为，才会有后代，所以后代被称为爱的结晶。

爱的第二层面是生理层面。譬如，头发的长短。头发长短对男生影响不大，对女生影响就非常的明显。特别在我们以前的年代，女生在念大学之前不准留长头发，那时候头发要在耳上一厘米，耳边要剃得清清爽爽，那时候我们叫西瓜皮，再美的女生剃成那样，都萌不起来。所以我们那个时代女生高考完毕第一件事情，就是留长头发。长头发有人留的好看，有人留的不太符合个性，可是大家都要留长头发。为什么呢？我们那时候流行一首歌的歌词中有一句叫"长发为君剪，短发为君留"，头发不是你自己的，是根据你喜欢的那个人喜欢的样子来的。我留学回国的时候，刘德华正当红，因为他说过喜欢长头发女生，所以刘德华的影迷都是长头发的。所以长头发、短头发或男生要不要抓头发，或者理光头什么，有时候是对方的期待。有时候你会以为那是对方的期待，譬如你跟你喜欢的女孩子去看电影，她说，孙老师的发型好酷，你就开始觉得，真的吗？下礼拜你就搞成我这种样子，然后就把自己变得很胖、很老，这真的作践自己了，不需要这样。再如，穿衣服。你说穿衣服不都是格子衬衫吗？有些男生不一样，谈了恋爱之后会各种衣服换来换去。再如，忽然间爱干净了，不一定爱漂亮，爱干净，不化妆的女生忽然间化妆了，

007

这都是很奇怪的。

爱的第三个层面是心理层面。很多人喜欢问爱跟喜欢有什么差别。如果不是做学术研究，通常我们会觉得爱的程度比较深，喜欢的程度比较浅，爱的责任感比较重，喜欢没什么特别的责任感，是相对的。所以问这个没有太大意义。但是不知道为什么很多人很喜欢问。通常你怀疑，你是喜欢这个人，还是爱这个人的时候，那就看你对爱的界定。如果爱是相互的，你不知道对方的情意之前，是没有爱可言的。我喜欢他，但我不知道他会不会喜欢我。如果你喜欢他，他也喜欢你，OK，某种程度可能可以叫作爱。所以爱是很麻烦的事情，大家好像都知道自己讲的是什么，其实可能都不知道。

爱也有情绪的问题。很多人认为爱的对立面就是恨，不，你太浅了，爱跟恨都还关心。爱的对立面是不关心——与我何干，这才是对立面。当一个人的生死你都不在乎的时候，这才可怕。你从爱一个人到恨一个人，这基本上还在同一个地方，因为你还在乎那个人，you care，等到 I do not care 的时候，那就很惨了。所以也有人研究恨，因为让世界毁灭的东西是恨，恨通常要靠爱来化解。嫉妒，很多人认为嫉妒是生活中的调味料。还有漠然，谈恋爱的两个人忽然间再也不打电话了，然后两个人的表情都漠然，你就知道这个人处在一个非常可怕的境界，如果这个人往楼高的地方去，你就要小心，他会跳楼；往河边去，小心他会跳水。人的行动跟他的表情也有关系。一个快乐的人溺水，大概真的纯属意外。一个不快乐的人要是溺水，那大概是自愿的。

爱情也涉及性问题。当然就涉及冲动的问题，还有规范的问题。人类也是属于哺乳动物，所以人类在十二三岁的时候，就会或早或晚走向性成熟。一般的动物在性成熟当下就会有一些性行为出现，比如发出求偶的声音，做出求偶的行为。人类到性成熟的时候就会被压抑。很多人不了解自己的身体变化，不知道怎么办。我们演化到这个时代，性教育依然欠缺，所以根本不知道怎么回事。不知道身体变化怎么回事。你不知道晚上做一些事情是怎么回事，特别是男生，因为女生有的时候因为家教，就不太会去想这种事情，男生很少有人不想这种事情，有人在小学五年级就开始想这种事情。现在你们吃的食物，会让你们的性成熟提早到来。性成熟到来以后，都没有教，没有学，要想让一个人不出事情，这个相对而言是很困难的事儿。女同学去当国中男生的家教，那个国中男生可能对你就会有非分之想。

敏感度的增加跟减少。这也是我们日常生活较少训练的。我们常常觉得有的人直白，"孙老师我觉得你很胖"，像这种话就是没有经过修饰的。

情绪控制跟失控。愤怒管理（anger management）是一个很重要的课程，因为你们这一代人常常被认为是受到父母亲过度放纵，所以你们自己喜欢什么都可以，你要不喜欢就哭闹，你就可以得到想要的东西，所以基本上愤怒对你来讲是一种武器，是达到你所要东西的武器，所以你不高兴，就把愤怒发泄出来，不需要接受任何人的控制。在日常生活中面对别人就会出问题，所以愤怒控制是一个非常重要的功课。我们以前在性平会（性别平等教育委员会的简称）做事的时候，常常有男生跟女生交往，女生答应他，他就好高兴。女生一旦做什么事情不遂他的愿，这个男生就会用心理控制的方法对待女生，不讲话，这算好，没有伤害；更严重的，他会甩对方巴掌，掐她脖子，这很可怕。因为男生力量大，女生就这样被掐着，很可怕的。你知道打一个巴掌很可能耳朵会聋，掐脖子会窒息而死。"可是我生气，她为什么要让我生气?"全部赖到别人身上。我说你知道生气的时候可以做什么吗？教各位一下，你如果真的很生气，第一离开现场，不要看到让你生气的来源，如果你认为生气的原因是来自对方，你最好离开现场。第二如果不离开现场，你就把身子转过去，然后深呼吸，从 1 数到 10，当你这样平静下来的时候，再转过身来，基本上可以渡过这个难关。如果真的有情绪控制不了的状况，就要去看专门的辅导人员，这是可以治疗的。

　　爱与权力关系。权力关系，我要送给你们八字箴言，"平等对待，共同奋斗"。大家的权力基本上是互惠平等的。很多男女关系中，特别是女生被要求要温顺，男生讲话女生要听，女生不能不给男生面子，这就是权力不平等，但是两个人之间协调好是 OK 的。很多人活在今天，尤其是男同学，希望交的对象其实是妈妈兼女佣、兼妓女，看在什么场合，却从不考虑自己能够提供什么。我在婚前教育班演讲的时候，很多人觉得，现在女生不就是要给她一栋房子，给她车子，然后她就会嫁给我了吗？我说，那你就应该找到太太了嘛。你房子不止一栋，车子不止一台，你为什么还找不到太太呢？婚前教育班那么多女生，他有房子，有车子，没人理他。问题显然还在于你不了解的地方。有人认为有钱就有权力，不一定是这样。夫妻之间权力的维系非常微妙。比如男女朋友出门看电影要怎么选择。以前有个女生跟我讲，我男朋友都很配合我，我要去看电影，他都陪我去。我说你看什么片？她说，我要看爱情片，他要看战争片。我说那最后呢？最后都看爱情片。我说你男朋友呢？她说，在电影院里面打呼。她觉得非常感动，没多久，他们两个就分了。为什么一定要勉强看一部电影呢？你不喜欢看爱情片，却勉强去看，在里面睡觉。为什么要浪费这个钱呢？各看各的两个小时以后在外面见面，这不也是一个解决方法吗？或者你们不要去电影院，上网络电视也可以看得到，这不也是一个解决方法吗？很多人有很多解决方法不愿意用，非用这种方式造成两人的破裂。

还有男大女小的迷思。年龄方面，多大是大，多小是小。这其实是一个没有定论的东西。年龄是很多人考虑到的。其实什么人都有，如果你仔细看这个社会上不同的例子，什么人都有。有人跟我说，老师，如果要坚持跟我爱的人在一起的话，我可不可能有一天，嫁不出去，找不到我爱的人？我说有可能。但我可以告诉你，电视新闻的一个例子：有一个76岁的老太太，跟80多岁的一个老先生结婚，上了新闻。老先生坐在轮椅上，老先生的老伴儿死了，晚年都跟这个新娘在一起。这老太太 76 岁第一次结婚，记者就访问她，说某某阿婆，你结婚有什么感觉？她说我等了 76 年，终于等到一个可以依靠的人。我记得非常清楚，我一听完觉得，来这一套，你讲什么？你 76 年来都没有人依靠，你不是活得好好的吗？那个老头儿坐在那里，你能依靠他吗？你这不就是一个场面话吗？你可以说，我喜欢他，我跟他很聊得来，或者说他从来不回嘴，因为他中风了，你就可以讲那个。为什么你会觉得，你76 岁了，还要找一个可以依靠的人。一辈子没有依靠任何人，已经走了 76 年，到 76 岁忽然间要找一个可以依靠的人，你好手好脚，他坐在轮椅上，你如果坐在轮椅上，我还可以理解。可这么一个场面话，记者就好感动。我常常看很多爱情故事，我的答案、我的结论都跟你们不一样，我的观点跟你们不一样。所以我就把这个故事讲给她听，你可能等到 76 岁，才会等到那个人出现。"老师，我怎么会知道我的白马王子什么时候出现？"我说，如果你要等白马王子，那是不会出现的。"为什么？"我说，帝制时代已经过去了，没有王子了。

依附关系，或依恋关系。基本上影响你的感情最大的一个因素就是你的家庭，就是你爸妈的感情。你爸妈感情好，你有相当高的概率属于安全型，很容易跟人家交朋友，很容易碰到开朗的人，因为自己本身开朗。你爸妈感情不好，你对于感情容易属于不信任那一类型的，或逃避型的，不相信人世间有感情这回事，认为大家都是互相欺骗的。当然有人在谈恋爱不顺当的时候，或者在失恋的时候会产生厌世的感觉，觉得全天下都是骗人的，你看他当初跟我海誓山盟，今天他就跟别人海誓山盟去了。

还有规则的问题。谈恋爱到底有没有规则？有的时候规则不太一样。曾经有一对情侣分手了，女的告男的在第一次跟她约会就接吻是性骚扰。我看到这个新闻的时候，就大惑不解，第一次约会就接吻是否算性骚扰呢？我以前很早就问过学生这个问题，你第一次约会是否接吻，之前是否要和对方沟通？结果少数同学认为应该跟对方先沟通，大部分人认为不需要，认为这样会破坏气氛。有人说老师最后结论是什么？最后结论就是，你还是先问一下，尊重对方，这个真的很重要。

我们刚刚讲的爱的各种不同的层面和迷思，其实就是很多人在谈爱情的时候会考虑到的面向，甚至在择偶时候的标准。经常有人对我说，老师你可不可以介绍给我男朋友或女朋友。我经常就会说好，那你要什么样的对象，你可不可以开三个条件，我帮你找。同学通常都会傻傻地开了三个条件，我说这三个条件，找不到。因为人是超过三个条件的，三个条件以外的东西也很重要。譬如从来没有人开"活的"这个条件。我说，古代有一个人，已经死很久了，就很适合你的条件。温柔体贴，有一个结婚的人，他也适合你的条件。条件是讲不完的。更妙的是什么呢？我经常去婚前教育班讲择偶面面观。我说，你只要一开条件，你大概能找到的人就趋

013

近于 0，你开越多条件，趋近于 0 的机会越大，怎么说？你就这样想，如果人分成两种，你开一个条件，你就只有 50% 的机会找到那个人，再开一个条件，50% × 50%，再开下去，趋近于 0 了。懂我的意思吗？你多开一个条件，那个人就越难找。但是故事就没完。你常常就是要找那个硕果仅存，趋近于 0 的人。如果你要求的条件是有车子、有房子，很多人都忘掉，车子、房子都是可变的条件，今天你有车子，表示明天你一定还有车子吗？今天你有房子，你保证明天还会有房子吗？我就见过悲惨的故事。有个人经济条件不错，有房有车。结了婚，半年后，因为经济不景气，丢了工作，车子房子全部没了，可是老婆还在。你不是觉得车子房子很重要吗？最后什么东西比较重要呢？绝对不是车子房子。如果你觉得某些外在条件真的是人生中最重要的东西，我希望这本书可以给你机会重新思考一下，你现在认为人生中很重要的，或者你希望的理想伴侣具有的很重要的条件到底是什么？或者你会有不同的想法。

爱情研究的大饼抢食者

有关爱情的研究，抢这个大饼的人，非常多。

爱情的故事在每一个时代只是不同的人来演而已。有关初恋的电影大概都差不多，非常奇妙的是，美国人谈初恋的电影通常在小学，国中和高中生都开始演狼人、吸血鬼这种有点变态的。东方的电影：韩国的，或者台湾的，或者是日本的，初恋电影大概都在高中阶段，晚西方人差不多两阶段。大家性成熟的时间大概差不多，但是美国人就会早一点演初恋电影，我们是在比较晚的时候演初恋电影。韩国的《建筑学概论》是在大学里面发生的故事。还有人大学毕业连初恋都还没发生。

在学术界最常见的就是文学领域，中文系的老师有时候会写一些与爱情相关的文章，或者做这方面的研究。外文系的老师会对西方的爱情故事做研究，我教爱情历史社会学的时候，借鉴了很多他们的研究。不过，他们对事情的判断，都跟我不太一样。常常他们认为很伟大的爱情故事，在我看来，是人类退化的证明，是完全没用大脑的爱情故事。所以那时候每个学生都觉得，什么爱情故事到我嘴里都变得很糟糕，我说，对呀，这样你的爱情才会很幸福，你要相信那些乱七八糟的故事吗？爱情故事里面我觉得比较重要的地方，是能够学到什么。所以像《伊索寓言》说的，这个故事教育意义是什么，讲给你听。但常常有些人看到一个故事不同的教训。孔融让梨，这个故事的教育意义就是晚辈要尊敬长辈，要把好吃的东西给长辈，让给他哥哥。有人是从小被哥哥霸凌的人，就说这个教训是告诉你，你不给你哥哥吃，他就 K 你一顿。在学校不能这样教，可是有些人的生活教训就是这种东西。同一个故事我们可以看出不同的教训。

心理学也研究爱情，或者有时候他们很含蓄，觉得爱情讲得太直白，就叫作亲密关系，有的叫 intimacy，有的叫 intimate relations，有的叫 close relation。我觉得 close relation 就是把关系关起来，close 关起来，亲密"关"系。心理分析领域也有。弗洛伊德就写过有关爱情心理学的著作。

还有文化研究领域，也有人研究爱情，比较多的人从爱情故事、爱情电影这个角度，来分析爱情的手法，很少从拍摄的手法或讲故事的手法，对爱情的结局提出什么看法。我以前在讲爱情故事的时候，都会提出我的看法，我的看法就是任何故事，都从人际关系开始。从爱情怎么开始的，爱情怎么维系下去，到爱情怎么结束，都可以顺着这个时间，再把它切开，换另外一个角度看，爱情跟人际关系有什么关系。除了男女主角以外，跟其他人是什么样的人际关系，他的家庭有什么影响，电影里面有时候为了节省，爸妈不会出现，但其实爸妈才是最重要的人物。

经济学也有人讲爱情，有一本书叫《爱情经济学》，用爱情的例子来谈经济学，我常常觉得最不浪漫的就是以爱情的例子来谈经济学。我觉得用经济学来谈人都是小鼻子小眼，都是精打细算的人，怎么听都非常不浪漫，不过这是我的意见。还有另外一个人研究爱情法律学，告诉你爱情过程里面如果做了什么事情会犯什么法律的。现有的法律是有涉及爱情的条款，但没有一个专门的爱情法条，其中涉及盗窃、侵占，或者强制性交等。

爱情这个题目好像人人都可以谈，所以有很多文化名人谈爱情，有的人谈自己的，有的人谈朋友的，有的人谈在书中读到的。所以爱情是一个不需要负责任的话题。作家就谈得更多了，有专门的爱情作家。我每次去演讲，人家都会问到我的婚姻状况，我每次都说我的婚姻状况跟我讲的有关系吗？大家都真的认为有。如果你没结婚，那你讲的就是隔靴搔痒。照此逻辑，我们有一个名作家没结婚，他不是一天到晚在讲爱情吗？那不就是一天到晚在隔靴搔痒吗。可是他的书卖得很好啊。有很多人被他的书感动。我认为，演讲者或研究者的个人的经验、研究与生活是切得很开的，没有任何关系的。有的人可以从自己的经验，包括你的追求经验即刻得到更多的养分。你没有结婚的经验，你有谈恋爱的经验；你没有结婚，你也可能跟别人有过其他形式的这种亲密的关系，例如同居。

017

研究者的身份其实不一定对他的讲法有太明确的影响，但是很多人相信有影响。所以照这个逻辑，要研究离婚的人，必须自己离过好多次，这样才能讲得精彩。你没离过婚怎么研究离婚？照这个逻辑，法律系很多人不能念，你杀过人吗？没。你能判刑案吗？不能。你没杀过人，你不了解嘛。

作家也研究爱情。当然常常因为他们想象力丰富，或专注于这样的事情，所以作家虽然没有经验，他还可以幻想出来，或从访问可以有同理的了解，这不是人人能够做到的。

漫画家也是，漫画主题除了外星人这种光怪陆离的故事之外，另外一个重大主题就是爱情故事。

宗教人士也有对爱情的看法。在我年轻的时候，梵蒂冈的教宗发表对于离婚的看法，结果就有人不爽他，说你不是球员，就不要乱订游戏规则。各位听懂了吗？教宗又不能结婚，你管我们离婚什么事啊。

电台主持人对爱情也有研究，靠着声音跟听众传达，尤其我们那个时代。广播人的声音又超级好听，你觉得他一定是很帅或很美，然后就寄予很多期待，跟他谈心事啊，就像现在你们在网络上寻找朋友一样。大家都根据不同的时代提供的环境、提供的管道，去寻找知音。这个管道现在比较多了。以前的管道相对比现在少。

爱情与学术研究。什么时候学术研究变得"正典化"（canonization）？美国大概是最先把它正典化的。美国在 20 世纪 70 年代，还有国家级的民意代表认为爱情不能研究，爱情一研究，人类就没有什么有趣的事情了，希望政府的研究单位拒绝给予这样的研究经费补助。觉得那个都是骗人的东西，你研究那些干什么呢？认为爱情是人类保留的最后一道神秘的东西。当然后来证明了美国的这位民意代表是无知的。

学术研究也有流变，这个问题这几年来越来越受重视，变成显学。

学术研究跟通俗作品之间也都涉及下列这些因素：

态度。你的态度是很严谨还是很轻浮？态度决定一切。不只是做研究，做人也是一样。碰到一件什么事情，态度好一点，可能因为你的态度改变对你的看法。做事也是一样，做任何工作都要客客气气的，讲的话要有礼貌，这样会赢得尊重。你们这一代人最大的问题就是态度太轻浮，尤其是有些大学生。"这不是我的兴趣。"不是你的兴趣你可不可以去了解呢？我虽然兴趣不在这边，但我很有意愿去了解，请你给我机会。这是一种态度。

方法。有的人用观察，有的人用访谈。观察就是在旁边看。有的时候因选择角度、选择观察时间不同，观察到的事情也有差别。像有同学选择吃饭时间观察情侣，看到的都是去吃饭的。你如果选择晚上十二点在校园活动呢？可能会看到情侣的不同行为。而且，你光看可能会看错，有的时候要用适当的方法。不同的学科当然有不同的方法，用问卷法、观察法、访谈法、历史研究都可以。

内容。有些恋人做的事情跟我们一般人是一样的。有人在观察情侣的时候说，我看到一对恋人在等公交车，觉得恋人应该要做不同的事情，至少要手牵手等公交车。如果那对恋人没有手牵手等公交车呢？如果两个恋人各自走在回家的路上呢？他们也会做跟我们一般人一模一样的事情。可是你在刻意观察情侣的时候，就不会想到他们跟我们一般人一模一样，而是认为他们是跟我们不一样的。你看到的东西会因为你观察的焦点而有所差别。

资料。数据源是什么？有的时候你是问别人，有的时候你是自己知道，有的时候你是从别的地方旁敲侧击来的。

除此之外，目标、听众也有关系。你的目标、你的听众究竟是谁？

"爱情是什么？"——大哉问

接下来最主要的问题就是"爱情是什么"？我一开始说这是个很难回答的问题，但是有时候很难回答的问题，有很简单的答案。有时候简单的答案要经过复杂的追寻，我建议你寻找一下答案的方向。

第一，我会建议你从参考书籍找答案。在问老师之前，或是在回答任何人问题之前，你可以自己先做一点功课。有人问你爱情是什么？你可以问老师，或者是上网去查。百科全书、字典，都算是数据源。

第二，通俗作家的书。有些通俗作家有的时候会有一两句很经典的话，像张小娴说的："世界上最遥远的距离，就是我在你身边，你却不知道我爱你。"其实是泰戈尔说的。这句话讲得非常非常的好。为什么你在他身边，他却不知道你爱他呢？你是没嘴巴吗，还是怎样？你这人犯贱吗？你就默默地等在旁边，等着他垂怜你吗？等着他发现："哎哟，你爱我吗？"这是老佛爷跟小李子的关系吗？你清宫戏看太多了。各位不要穿越到清朝去，要穿越就往未来穿越，不要回到过去，回到过去你不会成长的，要穿越往哆啦A梦的时代穿去。国内有通俗作家，国外当然也有通俗作家。通俗作家有他的长处，学术界有人是看不起他们的，但我觉得没有必要，爱情这个问题兼容并包，我们可以学到更多。

那从专业书籍寻求答案呢？真的比较辛苦，你要看很多学术研究。譬如像我，今天早上出门前看了两篇文章，我都不知道怎么做结论。我以为我的教学讲义可以增加一点东西，结果没有。做研究常常努力没有结果，这跟爱情一样。念书一般来讲，会一分耕耘一分收获。谈恋爱呢？常常你耕耘，别人收获，"替别人养女朋友"，这是我那时代的说法，"我为什么现在替别人养女朋友呢？"我买很多好东西给她，结果在六个月之后，她说，"我觉得我们两个不适合"。你说，那六个月算什么？她说，"那六个月我也不知道"。然后她一哭，你就："好，我走"。女孩子一哭，很多男孩子是没有办法的。我是有办法，你一哭，我就看着，递一个量杯给你，你可不可以哭满一公升，我收集一下，看会不会发生什么奇怪的事情。

也可以从个人经验中求答案。有些人问爱情是什么，有的时候不是要求答案，是想告诉你一个故事。"老师，你给我评评理，我过去这六个月算什么玩意儿？如果这是爱情，我怎么会到今天这个地步。如果这不是爱情，那你告诉我，我不要再重蹈这六个月的错误。"所以，同样是问爱情，有些人你是看得出来他是有伤痕的。有伤痕的人，有时候要花比较多的时间，这跟一张白纸是不一样的。有的时候从反省自己的情史中求智慧，如果你没有一个反省的基准，没有一个反省的目标，反省的结果可能是一堆的恨和不解，那不叫反省，因为你没有找到那个根源。很多人被分手了，就说被"打枪"了，然后看自己伤口，不知道为什么自己会被打枪，人家为什么"枪杀"你呢？不知道。那你不好奇不问吗？

几年前，有个女学生来见我，她说，老师我失恋半年了，我最近终于好一点了，可以来看你。我说，你不好也可以来看我啊。你不好来看我，我可能可以让你好得快一点。她就愣在那里。她说，可是我现在已经好了。我说，你乱讲。她就愣在那儿，觉得老师是先知，你怎么知道我没好。我说，你好了，你还会来看我吗？她说，老师，你真是料事如神。我说，我还可以预料你电话簿里面还有那个人的电话号码。她就惊讶地说老师你怎么知道。我说，你只要把名字摆在里面一天，你就还没有好。她说，老师，我现在要删掉他吗？我说，且慢，你先告诉我，你们两个为什么分手。她说，老师，不是我跟他分手，是他跟我分手。我说，好，他说是什么理由。她说，老师，我没问。我说，你不好奇吗？昨天太阳依旧升起，今天太阳升起怎么我俩就没关系了呢？你不好奇吗？好歹问一下。她说，老师，我当然想问。我说，那你问了没有啊。她说，没有。我说，好，那你现在打电话给他，我去上厕所，你坐在我研究室这里打电话给他。我故意上了很久，顺便去绕一下。老师你怎么那么久才回来？老师有深意的。回来以后，我问她说怎么样。她说，老师，他没接耶。我说，是不是他换了手机，你没换，你连电话都没删掉，那你的失恋怎么过去。他的过去了，你没有啊。她说，老师，非常神秘，我突然觉得我打了这通电话以后，我的身心就舒畅了。我说，那电话你删掉没？她说，我删了。从那天开始，我没再见到她。这才真正过去了。有的时候，很明显你是在自欺欺人，哪有过去。最常见的几个问题之一："老师，我怎样可以失恋不难过？"我说，失恋就是要难过啊，你怎么可以不难过呢？你又不是那个抛弃人的人。抛弃人的人通常难过度是非常低的，他只有在你面前说，对不起，我觉得我不要再见到你了，不敢看你，觉得对不起你。你说，对不起，我也有同样的想法。Yeah~Hi five，两人击掌。两个人就很快乐地去吃个晚餐、看个电影，然后分手。我期望你们的分手都有那么好的结果。我一直觉得在一起需要一个典礼、一个仪式，分手也需要。我希望你们在一起的时候，就想好分手的仪式，因为这真的是有可能的。

从别人的经验也可以求答案。譬如你们的朋友啊。有的时候不是你们的问题，你可能在这个时候，还没有碰到人生重要的问题，但是你的朋友先碰到。他晚上睡不着觉、不去上课、躲在屋里面，你总要问一下吧。这是人跟人的基本关心。当好朋友也有好朋友的极限，有些事你做不到的，不要乱在那边添油加醋。很多人觉得这样才是好朋友，"我跟你讲，我早就知道他不是个好东西。""那为什么不早告诉我。"你不是找骂挨吗？人家到时候复合了，然后你说人家不是好东西，你不觉得里外不是人吗？所以，各位要做人家的好朋友，你只能告诉他，夏天要多喝水，不要脱水；不要摔伤，不要怎样；听他讲话，不要做任何评论（comment）。如果遇到什么东西你真的不知道，譬如："为什么他要离开我？"你的答案就是不知道。你真的不知道嘛。所以，作为一个朋友，我先告诉你，有些事情我们做不到的时候，不要太强自己所难。强人所难都很难堪，何况强自己所难。你明明做不到，不要做。你的一句话，有时候在某些关键点上，会对人家产生很不恰当的影响。有些情况可以找专业协助。

通常可以从哪些人的故事中找答案呢？

重要关系人（significant other）。在你生命中，他讲话你会听，他做的事情你会很在乎的人，就是重要关系人。重要关系人通常在小时候是你的爸妈；到了学校，通常是你的小学老师；国中以后，大概就是你的的朋友；到了大学，可能就是网络。总而言之，我们大学老师都不在你们的重要关系人之内，所以那些学生很愿意来找我谈，我也有时间的时候，我都非常乐意。因为我觉得大学生愿意找老师这件事情，其实是给老师很高的荣誉。很多学生觉得，老师你很忙，我不要耽误你的时间，同学，我们的生命就是要被你们糟蹋的。

概化他人（generalized other）。这个概化他人是社会学的另外一个概念，重要关系人通常都是你生命中的重要人物，概化他人是讲不出名字的，常常是一种隐藏性的社会规范。譬如：不要做这件事情，被抓到怎么办，或者人家会笑。那个别人都不是具体的人，像我在灯号不恰当的时候横越马路，会有很强的内疚感。

爱的"正名"

我们接下来回到爱的相关名词。中国古代不太用爱这个字，因为《说文解字》说，爱是行貌，走路的样子。我原来大惑不解，爱跟走路有什么关系呢？我在 1997 年的时候，去德国访问，我就问一个德国学者，他在德国也是个很罕见的研究爱情社会学的人，我说爱跟走路有什么关系呢？他说在西方中古的时候爱情是两个人牵着手走在一起。我们一般认为这就是爱的样子，或者是爱的幸福的样子。所以走在一起的样子不是说两个人列队走在一起，而是他们愿意肩并肩走完人生，这就是我为什么要给你的建议是"平等对待，共同奋斗"。因为爱的最原始的意思走在一起，行貌。看行这个字，旁边是一个"彳"，另外一边是个"于"，就是两个人这样互相搭配，左脚右脚一起向前。爱当然有喜爱、爱好的意思，这是很后来的。也有尊称别人的女儿的，也有惠的意思，在《说文解字》里面，无在上面，心在下面。你说爱怎么无心呢？不是你现在这种想法，这听起来像佛家的想法，但是在原来的意思，除了这个部分不太一样之外，其实是一样的，爱这个字，是一个心脏的画。

爱也有情、性的意思。

英文的部分呢？有 love。love 在希腊的巴门尼底斯（Parmenides）的说法，是必须女神（goddess Necessity）所创

025

造的。希腊神话基本上就是希腊人吃饱没事儿讲故事，很多故事是因为你不能批评时政，所以就把这个故事当成神的故事来讲，这是我的解释。所以宙斯到民间去强奸妇女。其实都在讲当政者为非作歹、不人道的事情。如果从这个观点来看，你就知道希腊神明为什么都那么的不高尚。

按照恩培多克里斯（Empedocles）的说法，爱和争（strife）是宇宙的两大动力，前者主合，后者主分；以阿弗洛黛（Aphrodite）女神为爱的代表。

另外有一个法国人 Denis de Rougemont 研究西方历史上的爱，他整理了五个定义：

第一个是宇宙创生的原则，宗教认为上帝的本质就是爱。所以神爱世人，佛陀希望大家普爱众生，都是一样的概念。当然，神爱世人这一点跟某些教义是不太一样的，因为有些人认为，你要信才会得永生，你不信就不会得永生，这跟神爱世人这种普遍的讲法略有冲突。不过信徒的相信跟我们的相信不一样，所以对很多信徒来说，信就好了，可以得永生了。我不信，我就得不到永生。

第二个是友情，对事物的依附和渴望。希望有一个人可以谈谈心，有一个肩膀可以靠一下，这都是友情。

第三个是情感的吸引力。这是那种类似着魔的生理、心理或神秘力量。你忽然间茶不思饭不想，在别人看来你基本上就是疯了。你怎么会这样呢？谈恋爱的人，有的就进入这种状态。有的人不了解会说，你是不是被下蛊了，怎么会这样？那个人的优点，你完全看到，别人看不到；那个人的缺点，你完全看不到，别人完全看得到。哪一天关系破裂了，你才会想，我当时真傻呀。这就是成长。有的时候在那个当下，你怎么讲都没用。有很多父母对自己小孩谈恋爱这件事情痛苦万分，他为什么会找那样的人呢？

第四个是热情（passion）的折磨。passion 就是一种热情。在宗教里面，passion 还是受难的意思，耶稣受难时，就是 passion，所以热情的人必定受难。受的难，有的来自你的热情；有的来自别人的不谅解；有的来自你喜欢的人不喜欢你，没有办法回报你的感情。所以有的人非常的热情，送你几朵玫瑰花；你在哪里，打出字幕说爱你；你去看电影，就包场说他爱你；或者在蛋糕里面摆上戒指。

第五个是性关系。当然爱与性的关系很复杂，有的爱会包含性，有的性不会包含爱；有的人认为爱就是性，性就是爱，这个我们到时候会讨论，有很多不同的立场。

很多同学的困扰，就是要不要有婚前性行为。大家有没有觉得问错问题，与其问婚前该不该有性行为，我觉得不如问你会不会有一个好的性行为。性行为需不需要学习？跟我刚才讲的接吻一样，接吻还是很含蓄的，可以谈的。性行为要不要学习？我个人认为需要。我们没有学习的结果，就是男生看 A 片，女生大部分人懵然不知，也有少数女生看 A 片，但 A 片是好的教材吗？不是。有好的教材吗？应该有。如果你真的要找参考书籍，我不是特别介绍某一本书，只是告诉你，这种教材有，通常在书店里面用玻璃纸包起来，十八禁。我觉得最重要的是你会不会有一个好的性行为。这种课本有一个好处，所有人都会看得懂，没有那种完全看不懂的困扰。所以你去买来看，自己探索一下自己的身体，你将来有机会，跟你喜欢的人在一起，把这本书也给他看，你们两个人就见解一致（on the same page）了。书上有教你怎样尊重对方，怎样避免疾病等的知识。有一本书叫《新性爱圣经》（*The New Joy of Sex*），是从美国翻译过来的，畅销美国很多年。上面有一些图片，但它基本上是以性教育为准，不是要引起你的性欲望的。所以各位如果对这个有兴趣，现在真的是有可以教、可以学的管道，希望大家不要从 A 片来学习。所以我觉得你会做，总比你不会做好。这不是什么时候做的问题，我觉得你会做以后，就会决定什么时候要做。如果你有宗教信仰，你当然会觉得该在某个时间来做。不是说你会做，你就一定做，很多人会学会拿菜刀，有几个人拿去杀人的？刀可以杀人，可以切菜，那个分寸在你心里。所以在这个阶段，我觉得你应该好好地去了解一下这个事情，然后再决定什么时候要做，做的时候要怎样尊重别人，别人怎样尊重你。

另外一个概念叫 Agape。Agape 不是 agape，agape 也是一个单字，一模一样的单字，发音不同，这是希腊文，Agape 是大公无私的爱，特别是讲神对人的爱，有的时候人对神的爱也叫 Agape，有的说是利他的爱，这个字有很多引申的意思，我们在之后的某些地方会讲到这个。

Eros 用得比较多，我们现在通常翻译成"欲"，欲望的欲。欲望通常都跟性的行为有联结。性行为很广泛，不是只有生殖器官的交接处而已，包含了身体的接触，甚至包含了情感的交流，都是欲，都是 Eros。说一个人穿得很性感，人家穿得性感关你什么事儿。你看了，你就自己起了这个欲念。这不是什么坏事，这是正常的事情。除非你有宗教信仰，如果你一定要逼着自己没有欲念，是很辛苦的事情。各位知道施虐（S，sadism）和受虐（M，masochism）是在修道院里面发展的。修道院怕单独一个人会做坏事，所以让两个人住一间，结果就发生了施虐和受虐。你看《达·芬奇密码》(*The Da Vinci Code*)，历史上有记载的，有些人就有欲望出现，他一直觉得欲望是魔鬼的考验，就拿鞭子打自己，觉得自己真是坏人，越打越爽，S/M 就从那里开始。有人之后就不做了，觉得那是魔鬼的诱惑；有人越打越爽以后，发现了另外一条通路。

Philia 也有爱的意思，像哲学(philosophy)就是"爱智慧"引申而来。

其他英文，譬如：intimacy（亲密、亲近），relationship（关系），friendship（友情、友谊），courtship（求爱），marriage（婚姻），attachment behavior（依附行为），affair（短暂的情欲关系），passion（激情、受难），commitment（承诺、献身），这些基本上都是常见字了。因为英文通常讲 relationship，不会讲我跟他在一起、我跟他约会。我们的 relationship 和西方人不尽相同。Friendship，友谊。最近有一个西方电影，美国的

029

电影，叫作 Friends with Benefits，大陆的片名叫作《朋友也上床》，台湾是翻译成《好友万万睡》，睡觉的睡，也翻译得非常好。这两个好朋友是上床的，我们一般认为上床怎么还是好朋友，朋友跟爱人的界限是不是应该有一些差别，不然何必区分友谊和爱情？

爱情的对象特质

爱情对象有时候是横跨三界的，在神话故事里面特别多，例如《白蛇传》。《白蛇传》是一个人蛇恋的故事。男主角许仙在端午节去逛西湖，碰到两条蛇变的美女，一条青蛇跟一条白蛇，然后就人蛇恋，生出了一个儿子许仕林。最后白蛇被法海和尚镇在雷峰塔下面，最后还是小孩变成状元，请求上天释放他的母亲白蛇出塔。这故事的情节、角色都是很有象征性的。法海和尚象征传统道德的力量，爱情在中国社会里面基本上是不被赞许的。很少人看到这个故事之后，会认为人是可以跟蛇在一起的。人鬼恋就更不用讲了，最有名的电影之一叫什么呢？《倩女幽魂》——聂小倩、宁采臣。

三界指的是天地人的意思。爱情故事的主角不只是人，人死后可能还会变成树木。有个故事简单讲是一个大臣跟他太太很恩爱，国王看了非常的嫉妒，就把这个大臣关起来，后来大臣就死了，太太被国王抓到皇宫里，变成他的夫人，太太不愿意，跳城墙摔死了。摔死以后，国王想要如何处理这两个人。

好心的大臣建议说：人死了把他们葬在一块吧。这个国王说不行，他们违背我的意志，一个葬在城头，一个葬在城尾。结果呢？爱情的力量使得这边长出一棵树，那边也长出一棵树，然后那树根连在一块，这叫连理枝。不仅两棵树连在一块儿，还出现两只鸟，叫比翼鸟。在白居易的《长恨歌》里面就有，"七月七日长生殿，夜半无人私语时。在天愿作比翼鸟，在地愿为连理枝。"就是这么一个典故。你为什么不说下辈子我再来做你的太太呢？这是我们现代人说的话。古代人会说，下辈子做什么我都要跟你在一块儿，不是人形，是比翼鸟、连理枝，我也跟你在一块。

031

白居易的《长恨歌》还有："天长地久有时尽，此恨绵绵无绝期。"恨是很低的境界，爱是最高境界，超越三界的。"三生石上旧精魂"，石头是我前世在那儿等着你。还有席慕蓉那首诗，以前谁都抄写，"我是在佛陀许了多少誓，才变成一棵树，所以你经过以后，那后面飘的落叶都是我的热情和相思。树站在路旁，守着日夜思。"讲得我都感动得不行。所以我变成叶子都伴着你，思念着你。

《诗经》里面有一句现在常常在婚礼上用的，这句话尽量不要用，因为这是个悲惨的故事。叫什么呢？"执子之手，与子偕老。"这听起来很浪漫对不对？但你知道前面两句是什么吗？前面两句叫"死生契阔，与子成说"。什么意思？这个男的被派去打仗，打仗失败了，躲到林子里面，快死掉了，在树林里面，忽然间想到自己的太太，想到当初。"死生契阔"，现在我马上就死了，你还活着，我们隔得那么远。"与子成说"，想起当初我跟你的约定。"执子之手，与子偕老"，我希望我能牵着你的手一起变老，但是现在我就要死了。"执子之手，与子偕老"，只看这两句话是非常浪漫的，但是你别忘了那个故事，你的爱情没有故事中的那种思念。国家需要你的时候，你就得抛弃儿女私情。这些专制的人，这些不太重视情感的人，就觉得你的牺牲是为了更大的福利。

爱情的对象特质。有数量的单数、多数的问题；有单性恋、双性恋、多性恋的问题。也有对象的性别特质：同性恋、异性恋。这些我们会在相关的地方讲到。

爱情的社会学观点

爱情的社会学观点跟心理学有什么不一样？我们不是注重一个情绪而已，爱情当然是情绪的一部分，但是爱情不是所谓的基本情绪，基本情绪是像喜怒哀乐爱恶惧这样的情绪。爱情有的时候按照这个标准就不是情绪，因为爱情会涵盖这一切，有的时候又跟这一切没有太大的关系。

社会学谈到的爱情不止是一种情绪，我们会说爱情是一种社会行动，两个人有共同的目标，从事的一个活动叫作社会行动，就像骑脚踏车，你怕撞到人，人怕撞到你，这个怕撞的行为就是一种社会行动。你独自在公园非常快乐地骑脚踏车，那个就不是社会行动，没有跟任何一个人发生关系。所以爱情是跟另外一个人的关系，不管那个人是真实存在的还是你想象的，都是一种社会行动。

另外，爱情是一种人际关系，是人和人之间的社会关系。这也是社会学的观点之一。

爱情是一种社会过程。这里面会出现很多竞争的问题、冲突的问题，或者顺应的问题、同化的问题；谁要谁听的，权力的问题；金钱的问题；性的问题；道义的问题。这些都是在社会过程里面产生出来的。一般的关系里面不会展现出那么多的面向，爱情是展现最完整的面向，人跟人之间，你最好的一面和最坏的一面，常常都会在爱情里面显现出来。在别的场合不一定会显现出来，尤其公开场合，公众人物都是将最好的一面展示给你看的，你看不到最坏的一面，最坏的一面通常只有在私人关系里面才会出现。

另外，爱情也是一种社会制度。因为我们要结婚，我们都期待我们的小孩能够结婚，能够繁衍后代。现在结婚的人越来越少，变成一个社会问题。如果结婚是一种私人问题，那么结婚的人越来越少，根本就不关任何人的事情，政府担心什么？你要不要生小孩那是你家的事儿。正是因为背后的社会价值是：我们还是期待结婚生子，认为这是人生必经的历程，所以你们的家长才会很紧张。你们现在很紧张，担心找不到工作，因为接下来一大堆的问题都是从找不到工作开始的。你找不到工作，不能立业就不能成家，不能成家就不能生子，不能生子，就不能繁殖后代，然后你们家就绝了后，人类就因此灭绝了。

　　爱情也是一种意识形态。爱情甚至是现代人的精神鸦片。大家都觉得如果没有谈恋爱就结婚，是很奇怪的事情。在我的前几代人，甚至我这一代人，觉得结婚没有恋爱是 OK 的，为什么？因为结婚就是过生活嘛。有的同学问爸爸妈妈当初怎么结婚的。很多爸爸妈妈是相亲结婚的。相亲目的非常清楚，相亲完，经过交往，大概半年就结婚了。很多人认为恋爱不重要，不是婚姻中的要素。只要你愿意结婚，我愿意结婚，我们生小孩，你愿意养家，我们就这样共同地生活。在他们的观念里面，婚姻跟爱情是没有关系的，不需要有关系。有钱人的话，婚姻是一回事。大老婆负责婚姻。我要爱情，再娶第二房。我需要性，再娶第三房。我需要什么再娶第四房、第五房，可以满足你的一切。传统的男权社会，对女性角色进行了细致的分工。我们现在实行一夫一妻制，要求每个人都像百货公司，提供对方所有的一切需要，这个对我们大部分人来讲都是一种过分的要求，大部分人做不到，我们又不知道怎么去适应，所以我们感到婚姻生活变得很糟糕。这是一个时代问题、社会问题，这不是一个你我的问题。

爱的社会过程

　　爱情的社会过程，有几种不同社会过程的主要排列组合。

　　1. 理想型：相识→恋爱→婚姻→家庭。这其实是主流的看

法，不见得只是理想。理想也有可能是你爸妈的理想，不一定
是你的理想。所以讲主流型可能比较好。

2. 传统型：婚姻→家庭→和配偶相识→和配偶恋爱。婚前
可能和配偶没有恋爱，是结婚成家之后，才开始恋爱。

3. 外遇型：婚姻→家庭→和外人相识→和外人恋爱。外遇
常常都不是计划的，至少不是在最初计划，但是在某一时间点
上出现。

4. 无果 A 型：相识→恋爱→分手。

5. 无果 B 型：恋爱→相识→分手。

无果 A 型、B 型是我的总结，就是两人关系没有结果的类
型。就是恋爱之后就分手了，有的甚至还没有恋爱就分手了。

爱情也涉及了不同阶段或面向中的恋人自我。自我在不同
的阶段会改变。谈恋爱的时候，你的自我基本上属于一个扩充
状态，因为你中有他，他中有你，他的就是你的，你的就是他
的，所以你的自我就变得比较大。你们处于关系比较好的时
候，他的账号就是你的账号，他的密码就是你的密码，他的钱
就是你的钱，他的电脑当然就是你的电脑。可是等到两个人关
系不好以后，他就开始换密码、换账号，然后他的就是他的，
你的就是你的，就回到原来的状态。谈恋爱在最高潮部分，有
些人还拍裸照，叫作爱的纪念，等到爱的纪念到了另外一个阶
段，就变成爱的后悔。当初没拍就好了。

恋人之间也有多重关系。我刚才讲到，还有性的部分，这
个大部分人都不谈，甚至很避讳，因为性的问题会惹出很多后

续的问题——生殖的问题，或者身体的问题等，所以我们会有专门一章讨论。

另外还有情的问题。没有感情了，是不是还在一起？这到底道德不道德？有的人认为这是一个问题。

恋人也有义的问题。没有感情了，你为什么还跟他在一起。"还有道义责任。我离开他，他可能会受不了，会寻短见，所以我不能离开他。"可是你不是跟他没有感情了吗？没关系，他慢慢也会发现这一点。"当我们俩在同一个阶段的时候，我们就是分手最好的时候。"有人跟我讲过这个。我说没感情不就是分手最好的时候吗？他说，老师，那要在两个人同样没感情的时候，现在他对我有感情，我对他没感情，所以我要慢慢等待。

恋人还有财的问题。刚开始谈恋爱，你可能会觉得，没有关系，你的就是我的，我的就是你的。我建议大家把财产问题谈清楚，不然的话，可能会有一些问题。我那个时代的江湖规矩，有一件很奇怪的事情，男人跟女人出去，不论做什么事情，一定要男人付钱，这是没有讨论余地的，女生多有钱都是男生付钱。甚至女生说要请客，都要先把钱交给男生，男生去柜台付钱，如果不这样，男生没有面子。这件事情我到现在都大惑不解。但是那时候就有人教我，你千万不能让女生付钱，女生会看不起你。我跟我太太一起出去，有时我太太要付钱，我就出门去等她。但是我这一代人，有的人真的是一定要男生付钱，不管那个钱是谁给的。所以这个也是一个财的问题。要不要共财，共什么样财的问题。

恋人也有力的问题，最难堪的就是暴力，其他就是那种很不明显的力。譬如，男生问今天吃什么，女生讲随便。这个随便不是随便。这随便是一个陷阱题。这"随便"的意思是，你已经对我了解那么久了，你还不知道我要吃什么吗？昨天你不是跟我在一起吗？有很深的含义在里面。你如果傻傻地说，今天是意大利面周，那我们今天再吃意大利面好了，那个面之后可能在你脸上。小心"随便"这两个字，这两个字是非常高段数的。提醒同学们，听到"随便"马上心中要浮起那种警戒，这不是简单的答案。不要傻傻的，就认为真的是随便。

另外，恋人情感就是陪伴的关系，在陪着你，让你不会觉得很寂寞。

037

————— 爱情
The   社会学—
Sociology of love

——第二讲
爱情是什么
颜色的？

—————爱情

The 社会学—

Sociology of love

　　大部分人都需要学习,尤其当你碰到困难了,找不到方向的时候。如何正确处理爱情、亲情、友情,都是需要学习的。有人认为这是天生就会的,没什么好教的、没什么好学的,这种思维方式会阻碍对很多事情的了解,最终,将很多问题归因于个人,将问题变成一个个人问题,而不是一个社会问题。我想强调,很多所谓的个人问题其实是社会问题。爱情问题也是如此,所以,这里我们要从社会学的角度对爱情进行分析。

　　研究爱情的理论不少,苏珊·S.亨德里克(Susan S. Hendrick)和克莱德·亨德里克(Clyde Hendrick)提出下面几种社会心理学的爱情理论:激情爱与友情爱(passionate and companionate love)、爱情的原型(prototype approach to love)、浪漫爱与自我拓展(romantic love as self-expansion)、浪漫爱与演化(romantic love and evolution)、爱的三角理论(triangular theory of love)、爱情故事(love stories)、爱情的方式(love ways)和爱情风格(love styles)等。

在这里，我想详细补充论证的是爱情的依附理论（attachment theory）。attachment theory，有人翻译成依附理论，有人翻译成依恋理论。在爱情里面可能翻译成依恋比较好，依附比较像是小孩子与他的照顾者之间的感情。

1970 年，美国学者齐克·祖宾（Zick Zubin）对日常生活中人们经常好奇却很少深究的问题进行深入研究，这个问题就是，爱情的组成部分与测量方式。他认为爱情有三个部分：第一个就是联合与依赖的需要（affiliative and dependent need），affiliative 这个词在中文中难以有特别准确的翻译，"联合"反映不出其中的内涵。你希望跟他黏在一起，希望跟他有关系，是他的朋友或其他关系。dependent 指你要依赖他、仰仗他。日语中有"守护"一词，正表达了这样一种联合与依赖的需要。这种需要最常见的表现就是"如果我永远不能和某某在一起，我会觉得很痛苦"，"没有某某的话，我会活得很难过"。这在失恋中表现得非常明显。在分手之前，两人经历了相识、交往，最后走到分手，从亲密的关系变成陌生人。有人说，没有他，会很难过。那么，你有没有想过，其实在没有他之前，你也生活得好好的？所以不要强化自己的难过，不需要觉得此刻我难过，这段时间我难过，以后就会一直难过，甚至到轻生的地步。

第二个就是帮忙的倾向（predisposition to help）。你希望能够帮助他，主要表现为"假如某某心情不好，我就应该马上安慰他（她）"，"我会为了某某做几乎所有的事"。我最近听到最浪漫的故事是这样的，一位同学去修微积分，老师让他解题，他不会，结果从后面传来一张字条，写着他的名字，把题目的答案都写在上面，却不知道谁写给他的。帮助的倾向在恋爱关系未开始或刚刚开始的人之中表现得特别明显。你功课做不出来，我帮你；你要做问卷，我帮你散发；你吃不完的饭，我帮你吃；你上不了的课，我帮你做笔记；如此等等。

　　第三个就是独占和融合（exclusiveness and absorption）。你希望跟这个人在一起。这主要表现为"我想独占某人"，希望他的好只有我知道，只有我能够享受到，不要跟别人分享。另外一个突出表现就是"我觉得我可以告诉某人几乎所有的事"，与他一起分享秘密，所以有很高兴的事情，第一个会告诉的人，大概就是你生命中的重要关系人。

　　不少人对祖宾的这一理论提出质疑。有人提出，独占性不是爱情的专利，反而在亲子关系中，这种独占性表现得更为突出。譬如，妈妈不用任何人教导，都会爱自己的小孩，却很难去爱别人的小孩。《伊索寓言》里面有一个故事，猎人去打猎，乌鸦妈妈就说，你可不可以不要打我的女儿，我的小乌鸦。猎人说，你的女儿长什么样。乌鸦妈妈说，全森林里面最美的就是我的女儿。后来的故事大家都知道，猎人把森林里的乌鸦都猎杀了，因为森林里面最丑的就是乌鸦。

　　还有人认为，祖宾理论中对爱情的描述也适用于友谊。朋友也可以有联合与依赖的需要，也可以有帮忙的倾向，也可以独占与融合。比如在一些电影里，特别是描写中学生的电影里，女生会有你和我交朋友就不许与那个人交朋友的情节；男生则会有加入帮派的情节，作为这群人的朋友，就不是那群人的朋友。所以，朋友里面也有这种独占性的倾向。

在探讨爱情问题中，有一个问题给很多人造成了困惑，到底爱与喜欢有什么不同？通常会产生困惑是因为你已经离开了喜欢，走到爱的地方。纯粹的喜欢通常不会让人感到困惑，你和一个人是纯粹的友谊，没什么可困惑的；你和一个人已经是恋人，也不会困惑。正是这种"友达以上，恋人未满"的情况下，才会困惑。祖宾对爱与喜欢的关系进行了认真的量化区分。

爱情量表（love-scale）项目

1. 假如某某心情不好，我就应该马上安慰他（她）。
2. 我觉得我可以告诉某某几乎所有的事。
3. 我发现我很容易忽略某某所犯的错误。
4. 我会为某某做几乎所有的事。
5. 我想独占某某。
6. 如果我永远不能和某某在一起，我会觉得很痛苦。
7. 假如我寂寞的话，我第一个会想到去找某某。
8. 我主要关心的是某某的福祉。
9. 我会原谅某某所做的任何事。
10. 我觉得该为某某的幸福负责。
11. 当我和某某在一起时，我会花很多时间看着他（她）。
12. 某某告诉我秘密时，我会很高兴。
13. 没有某某的话，我会活得很难过。

喜欢量表（liking-scale）项目

1. 当我和某某在一起的时候，我们几乎都是一样的心情。
2. 我认为某某很容易适应。
3. 我会高度推荐某某去一个需要负责任的工作。
4. 在我看来，某某是一位相当成熟的人。
5. 我很相信某某的良好判断。
6. 许多人在简短认识之后就会很喜欢某某。
7. 我认为某某和我是很相似的。
8. 我会在班级或是团体选举中投某某一票。
9. 我认为某某是一位能很快赢得别人尊敬的人。
10. 我认为某某是一位相当聪明的人。
11. 某某是我所认识的人中间最可爱的一位。
12. 某某正是我自己想要成为的那种人。
13. 在我看来，某某很容易受到别人的推崇。

爱的颜色论

约翰·艾伦·李（John Alan Lee）的爱的颜色论（color theory of love）非常有名。李于 1970 年在他的博士论文《爱的分类》中提出此理论，接着在 1973 年出版专著《爱的颜色》。李认为，爱情跟颜色是可以类比的，怎么类比呢？因为颜色有所谓的三原色，原色又可以互相配合而产生其他的颜色，所以他觉得这是一个颜色论（color theory），他也特别强调爱情的风格不是一成不变的，但是常见的有六种。前三种是爱情的三原色，后三种是爱情的延伸色。

第一种叫作肉体爱（eros）。也就是身体上强烈的吸引，英文就叫 physical attraction，简单说就是被帅哥、美女所吸引。肉体爱的另一种表现就是一见钟情，这种故事在电影里特别多，日常生活中则非常少。有人进行调查研究，发现大概只有16%到18%的情侣是一见钟情。所以一见钟情不是没有，只是通常你碰不到。

第二种叫作同伴爱（storge）。storge 原为希腊字，原意是指手足之间或玩伴之间随着时间发展逐步开展的亲爱之情。这种爱情是比较常见的。在农业社会中，大家从小一起长大，慢慢发展出亲爱之情，进而相互承诺，最后结合在一起。现代社会中也不乏这样的例子。就像有些同学说的，我与我的男朋友或女朋友已经越来越像亲人了。这就是同伴爱。有人说少年夫妻老来伴。我今天还看到一个老先生跟老太太一起在街上走。老先生大概年纪比较大，动作比较慢，上公车时，老太太就把老先生扶上去，然后自己上去，动作都非常慢。上车以后，老先生拉拉老太太的衣领说，衣领要拉平。这就是老年人之间的示爱了，平淡而温柔。这种同伴爱比较像传统的朋友关系，爱人关系都是这种以伴为主的，而不是以肉体的情感为主。这种关系的人如果说出"我爱你"会觉得很别扭；如果被问到"你爱不爱我"，会回答："我当然爱你，你为什么会问这种问题？"处于这种关系的人通常心中没有理想的外形条件，也不会有意识地选择爱的伴侣。这种人不是"寻找爱"的人；他们选择喜爱的活动，而通过这些活动认识同道中人。

　　第三种是游戏爱（ludus）。Ludus 拉丁文原意是"玩耍"或"游戏"的意思。最早由公元元年罗马诗人奥维德所使用，指游戏人间、不专一的爱情。表现为有伴侣，不能专注于其中一个；心中并没有一个理想的伴侣，不愿意只和一位伴侣发展感情。我将游戏爱称为"爱穿开裆裤"的心理。我随时要尿就尿，反正不会尿湿裤子，随心所欲，不在乎天长地久这回事，只在乎曾经拥有。有人研究认为，游戏人间的人，可能他们的原生家庭就是这样：父母感情不好，或者游戏人间，他会把游戏人间当成普遍法则。所以你的爱情风格，某种程度是根据你看到的风格做标准的。

　　这是爱情的三原色，其混合就会产生爱情的延伸色，表现为不同的爱情形式，以下是三种爱情的延伸色：

　　第一种是疯狂爱（mania）。mania 是希腊字，指的是仿佛被雷击中的爱情，原文是 theia mania，神要使他发狂。爱的其实是"爱的感觉"，而不是特定的对象，是一种要永远谈恋爱的感受，对爱恋对象的表现是迷恋、强烈的忌妒心和占有欲，需要不断确定对方时时刻刻爱着他。如果不确定对方可以同等回报他的爱时，他不会轻易表露自己的感情。皮尔（Peele）和布罗德斯基（Brodsky）在 1975 年出版的《爱情与上瘾》一书中认为，这种爱情和中了毒瘾类似。这种爱情是肉体爱和游戏爱的混合：像肉体爱一样，渴望强烈的、肉体上的关系，却不能像肉体爱的爱人一样慎重选择自己喜爱的对象，往往一厢情愿地将自己幻想的爱人特质投射到不恰当的爱人身上，任何局外人都可以明显看出，他爱的对象并不具有这些他想要的特质。像游戏爱一样，可以和任何人谈恋爱，并且希望能够掌控全局，不会让自己落入弱者的地位，不过并不像游戏爱的人一样能保持冷静和拥有自信。年轻人的初恋往往是这种类型，有些中年人在对一段同伴爱的婚姻生活感到乏味之后，会转求这种爱情，也就是外遇等。

第二种是实用爱（pragma）。实用爱是游戏爱与同伴爱的混合。实用爱的特征有：希望爱人拥有日常生活需要的实际又实用的特质，不像肉体爱一样会强调身体特征；强调一个同型的伴侣（compatible partner）：同一种宗教、政治偏好、社会阶级和兴趣；虽然不像同伴爱一样和同伴是一起长大，但是和游戏爱一样希望有能够掌控的自信，有计划地去发现适合的爱情对象，他们会以这样的方式来选择对象：列出希望伴侣拥有的特质、列出候选人名单、仔细评估各个候选人，而后选出其中最恰当的并与其交往。这种人会经常和亲友讨论他的可能选择对象，因此，相亲便是非常典型的实用爱的形态。

第三种是利他爱（agape）。利他爱是肉体爱与同伴爱的混合。原先出自基督教的概念，由奥古斯丁首先提出，是为了遏止肉体爱的冲动，必须具有和上帝结合的基督教观念。利他爱在成人的爱情关系中是最罕见的。这是一种无我的、付出的、利他的爱，爱人者觉得有义务要去爱，纵使没有爱的感觉。这种爱的形态受理智的影响较深，比较不受感情的影响；比较是意志的表达，而非情绪的抒发。在现代社会中，没有爱人或伴侣的神职人员往往才会表现出这种利他爱。爱人者有强烈的责任感要去照顾爱的对象，并且觉得对方有被照顾的需要。如果觉得对方和别人在一起会更幸福、更快乐，他也会放弃这种关系而给对方祝福。

爱的风格及其典型特点的描述

爱情不是只有一个样态，上述所谈到的，只是爱情风格中比较常见的几种形式。实际上，在现实生活中，爱情风格又存在着混合、交叉。以下列举出来几种供读者参考：

1. 同伴的肉体爱（storgic eros）。比起利他爱要常见，不管童年如何，他们觉得受益良多，觉得已经学会如何和自己相处，并认为爱情是成熟和丰富人生的要务，不论爱情是否获得回报。认为爱是响应别人的需求，所以纵使别人不回报，也不会忌妒和想要占有；相反的，如果有更好的人出现，他们反而会拱手相让；不会强迫对方表示爱意或是要求对方承诺；不重视性的亲密关系，而强调温柔、温情；爱的对象不如爱的行为来得重要。

2. 游戏的肉体爱（ludic eros）。对生活满意，对应付问题有自信；容易认识人，喜欢新经验，包括各种爱的经验；喜欢对方，不在乎身体类型；把爱当成艺术或戏剧来享受，也希望对方有同样的感受，可是又不想涉入太深；会表达对某个特定人物的感受；会避免妒忌和占有，一旦关系不能让人愉快，

049

就会中断关系；认为爱是创造性的，每个人都应该从中得到乐趣。

3. 同伴的游戏爱（storgic ludus）。和实用爱类似，但结果不同；强调发生关系，而不仅仅是实用的永恒伴侣关系；不认为需要和对方谈恋爱，拥有这种爱的风格的人往往结过婚，有机会外遇时，会享受，但会要求对方识相和自制；生活作息如常，但是彼此方便时会和对方见面；不会有忌妒心和占有欲，而对方一旦有这些情绪，就会结束关系；表达的情绪不会很强烈，也不会很广泛，对未来没有承诺。

对上述谈及的理论，也有不少批评者。批评者的主要意见有：第一，这种爱情理论以西方人为中心，因此是种族中心主义（ethnocentrism）的。第二，这种爱情理论是非历史主义（ahistoricism）的，没有考虑到历史上爱情的变化。西方学者研究发现，古希腊是同性爱与异性爱并存的；欧洲中古时期还存在骑士爱，所谓骑士爱，就是一个骑士对贵族夫人奉献的爱，其中基本没有色欲，而主要出于对荣誉的追求。第三，这种爱情理论只支持现行的社会安排或制度。但是到目前为止，伟大的爱情故事通常是违反世俗规定的，爱情故事某种程度上都是革命。譬如罗密欧与朱丽叶的故事，两家是世仇，两个年轻人却不顾一切地相爱，并由于爱情产生极大的勇气来反抗现实。

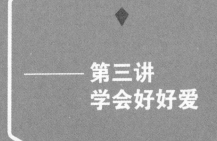

第三讲
学会好好爱

———— 爱情

The   社会学—

Sociology of love

克莱德·亨德里克和苏珊·亨德里克进一步发挥了李的爱情颜色理论，他们将李提出的六种爱情运用不同的项目进行测量。

肉体爱（Eros）

1. 我的爱人和我初次见面就相互吸引。

2. 我的爱人和我之间有着刚刚好的身体"吸引力"。

3. 我们的性爱是很密集和满足的。

4. 我觉得我的爱人和我是命中注定要在一起的。

5. 我的爱人和我很快就发生肉体关系（我的爱人和我很快就发生情感关系）。

6. 我的爱人和我彼此了解对方。

7. 我的爱人符合我理想中外型美／帅的标准。

游戏爱（Ludus）

8. 我尽量让我的爱人保持一点对我对他／她的承诺的不确定感。

9. 我相信我的爱人不知道我的某些事情是不会伤害到他／她的。

10. 我有时候要让我的两个爱人彼此不知道对方的存在。

11. 我很容易而且很快会从失恋中恢复。

12. 假如我的爱人知道我和其他人所做过的某些事情之后，他／她会很生气。

13. 当我的爱人太过依赖我时，我就想要退缩一点。

14. 我很享受和不同的人玩"爱情游戏"。

同伴爱（Storge）

15. 一直到过了一段时间，我才发现我恋爱了（我很难说清楚友谊的结束和爱情的开始在什么时候）。

16. 我只有开始关心过一阵子之后，我才能够爱（真正的爱首先需要一段时间的关心）。

17. 我仍然和我曾经谈过恋爱的人保持着很好的友谊（我希望我爱的人会永远是我的朋友）。

18. 最好的爱情是从长期的友谊延伸而来的。

19. 很难说清楚我的爱人和我是何时开始谈恋爱的（我们的友谊随着时间慢慢变成了爱情）。

20. 爱其实是一种深层的友谊，而不是一种神秘不可解的情绪。

21. 我最享受的爱情关系是从好的友谊发展而来的。

实用爱（Pragma）

22. 在我给予承诺之前，我会考虑一个人的未来。

23. 在我选择爱人之前，我会尽量仔细规划我的人生。

24. 最好是和自己背景相似的人谈恋爱。

25. 选择爱人的主要考虑是他／她对我家人的看法。

26. 选择伴侣的一个重要因素是要看他／她是否会是一个好家长。

27. 选择伴侣的一个考虑是他／她是否会帮助我的事业。

28. 在和任何人深交之前，我会尽量考察他的遗传背景和我是否相似，这样对下一代比较好。

疯狂爱（Mania）

29. 当我的爱人和我不愉快时，我的胃会不舒服。

30. 当我失恋时，我会很沮丧，甚至想要自杀。

31. 有时候我会因为恋爱而兴奋到睡不着。

32. 当我的爱人不注意我时，我全身不舒服。

33. 当我恋爱时，我很难对其他事情专心。

34. 假如我怀疑我的爱人和别人在一起，我就无法放心。

35. 假如我的爱人一阵子不理我，我有时候会做傻事，以便引起他／她的注意。

利他爱（Agape）

36. 我会竭尽所能让我的爱人渡过难关。

37. 我宁愿自己受罪，也不愿我的爱人受罪。

38. 我要把我爱人的幸福放在我自己的幸福之前，才会感到幸福。

39. 我通常会愿意牺牲我自己的愿望来达成我爱人的愿望。

40. 我所拥有的东西我的爱人都可以尽情使用。

41. 当我的爱人生我的气时，我仍然会无条件完全爱他／她。

42. 我会为了我的爱人忍受一切。

爱情理论三角论

罗伯特·J.斯滕伯格（Robert J. Sternberg）于 1986 年首先提出爱情的三角理论（the triangular theory of love）。这个三角，不是三角恋的意思，而是指爱情的三个构成要素：亲密

（intimacy）要素、激情（passion）要素和决定／承诺（decision/commitment）要素。这三个要素构成一个三角形，当所强调的要点不同时，三角形会呈现出不同的形状。

1. 亲密要素。亲密要素强调的是情感部分，就是爱情关系中的亲近感（close feeling）、关系感（connected feeling）以及一体感（bonded feeling），在爱情关系中创造出一种温暖的经验。表现诸如，特别喜欢跟他讲话，有什么事情优先跟他分享；希望跟他有一体感，人家骂他，你会很不高兴，人家喜欢他，你会觉得与有荣焉，有一点像偶像的粉丝跟偶像之间的关系；在爱情中，会有一种温暖的感觉，譬如谈恋爱的人，在一个阶段，想起对方都会嘴角不自觉泛起微笑，写他的名字就觉得幸福到不行。

斯滕伯格和格莱杰克（Sternberg & Grajek）指出，亲近关系中的亲密性有下列十个特点：

（1）想要提升被爱者的福利，这有些像前面提到的利他爱，你会为了他做一些事情；

（2）和被爱者体验幸福，你希望把你高兴的事情也跟他分享；

（3）看重被爱者，你觉得你爱的那个人真是值得，他真的是杰出到不行的人物，你会把对方有点像偶像那样子崇拜；

（4）在需要时可以仰赖被爱者，对于你爱的人，觉得我可以依赖他，今天作业做不出来，或者想不出什么来，可以打电话给他，他会给你想法（idea），甚至他会帮你做；

（5）和被爱者相互了解，和他讲话，不必多说，一个眼神就完全知道你的意思，很有默契；

（6）和被爱者分享个人的自我和所有物；

（7）从被爱者获取情绪支持，当你难过的时候，他会安慰你，而且他的安慰是有用的，别人的安慰都是没有用的；

（8）给被爱者情绪支持；

（9）和被爱者有亲密的沟通，会跟他讲一些话，是不会随便跟人家讲的；

（10）在个人生命中珍爱被爱者，你会觉得他存在，你才存在，他不存在，你活着好像也没有什么意义，这在传统爱情故事里面特别多，接近疯狂爱。

2. 激情要素。激情大概就是我们一般人比较熟悉的爱情的感觉，在爱情关系中导致浪漫（romance）、身体吸引（physical attraction）、性结合（sexual consummation）等的驱动力。激情要素主要是性的需求，也包括其他需求：寻求自尊、和别人发生关联、支配他人、臣属他人，以及自我实现。

3. 决定／承诺要素。这是在爱情中最被忽视的要素，这一要素包括短期与长期两个部分。短期是指决定自己爱上某个人；长期是指承诺维持爱情关系。长期、短期只是一个相对的分法，如果你的寿命有限，长期、短期的意义就更不一样，曾经有人问过我这样一个问题："如果我跟一个有罕见疾病的人谈恋爱，你有什么建议？"我说先恭喜你，因为你有机会知道你的恋爱期限是非常短的，所以你知道什么事重要，什么事不重要。我们大部分人都不知道这次恋爱会谈多久，但是你知道。因为你知道期限，所以你更知道你的优先顺位（priority）。我们因为不知道期限，所以我们的人生常常做一些事后看来不太重要的事情。通常决定要先于承诺，两者并不一定一起出现。因为决定要爱上某个人并不表示要和那个人维持长久关系，承诺要和一个人发展长期关系，并不表示爱上那个人，可能为了义务或其他爱情之外的原因。

八种延伸类型

059

这三个要素再进行排列组合，又可以出现八种延伸类型。

1.只有亲密要素：喜欢（liking）。真正友情中所体验到的感觉和经验，觉得和对方亲近、有关联、温暖，而没有强烈的激情和长期承诺。

2.只有激情要素：迷恋爱（infatuated love）。"一见钟情"、天雷勾动地火；把对方当成理想化的对象来爱恋；存在着自己无法控制的强迫行为或强迫观念，两人关系很不对称，很可能是一厢情愿；当事人或许自己不察觉，可是很容易被外人看出来；有些时候这种爱"来得快去得也快"；身体和心理都会被对方所激起感受。

3.只有决定／承诺要素：空洞爱（empty love）。

经常发生在已经交往一段时间，却已失去相互情绪上的牵挂和身体上的吸引力的停滞关系，或许可以称为"鸡肋关系"。

鸡肋，食之无味，弃之可惜。除非有很强的承诺，比如经历战争，忽然间战争要把你们分开，感情可能会变得非常浓烈，因为战争会让你知道情感的可贵，否则爱情有可能会消失于无形。这种情况有时发生在两人关系的开始，有时发生在近乎结束的时候。因此，空洞爱并不一定是关系的终点。空洞爱有可能是单方面的。

4. 亲密＋激情要素：浪漫爱（romantic love）。意即比喜欢还多一点的身体上或其他方面的吸引力。浪漫爱具有身体上和情绪上两方面的吸引力。承诺并不必然是浪漫爱的一部分，例如：浪漫的夏日恋情在夏天过后就消失了。代表故事诸如罗密欧与朱丽叶等。对迷恋爱和浪漫爱应该做区分，从迷恋开始的关系可能发现身体吸引力以外的吸引力。浪漫爱也不一定从迷恋开始，可能先从友情开始。

5. 亲密＋承诺要素：温情爱（compassionate love）。有着长期承诺的友情。经常发生在已经没有性吸引力的婚姻关系中，许多浪漫爱最后都会演变成温情爱：激情消退、亲密仍在。

6. 激情＋承诺要素：愚蠢爱（fatuous love）。好莱坞电影中常见的剧情：情侣相识、很快订婚、很快结婚，可能很快又离婚。称其为愚蠢的原因是这种爱只以激情作为承诺的基础，缺乏亲密关系中的稳定因素。此种爱情很容易挫败，因为激情很容易消退，只剩下承诺。

7. 亲密＋激情＋承诺要素：圆融爱（consummate love），又称为完整爱（complete love）。这是浪漫关系所努力的最终目标，达到这种爱不容易，要维持更困难。我们只将这种关系保留给我们最重视的人。

8. 缺乏任何要素：无爱（non-love）。这种连朋友都不算，就是路人甲了。也就是我们大部分的人际关系，不涉及任何有意义的爱情或是友情。

爱情三要素的几何学

爱情三要素的几何学端赖两个要素：强度与平衡。一个人对于另外一个人爱情的强度越大，一个人的爱情三角形就越大。爱情的平衡决定了爱情三角形的形状。完全平衡的关系是等边三角形，不平等的关系的爱情三角形会偏向最大要素的一方。不是一方面有感情就好，如果两方面的情感恰当，就是一个比较平稳、平衡的感情关系；如果你的情感偏向一方，或另外一个人偏向另外一方，那你们大概就已经慢慢走向分离的道路。爱情这件事情需要两个人的配合，是很不容易的事情。

爱情的三角形有很多种形式，比如：真正的（real）情况相对于理想的（ideal）三角形，这两个三角形重合的程度怎么样；自我的（self）相对于他人的（other）三角形，你觉得自己怎么样，觉得对方怎么样，有些人会觉得，我比较多爱他，他比较少爱我，我常常会替他着想，他从来不替我着想；自我知觉的（self-perceived）相对于他人知觉的（other-perceived）三角形，有些事情当事人感受跟外人看法是不一样的，有时从别人来看，你们俩好甜蜜，因为他看到你们的时候，都是公开场合，而你们吵架的时候，他没看到；思想（thought）相对于行动（action）的三角形，所谓思想的巨人，行动的矮子，可能在想象中，你的爱情生活多姿多彩，在实际的生活和行动中，你却不敢有任何行为。

爱情是一个故事

斯滕伯格从 20 世纪 90 年代中期开始提出，爱情是一个故事。爱情的故事有三个元素：情节、主题和人物。根据元素在爱情故事中所占比重不同，可以区分为五大类，二十六种类型。

1. 不对称的故事。

（1）师生故事。这里的师生，不一定是真实的社会身份，而是指在爱情中，两人的角色、地位。处于老师地位的一方，发现自己在亲密关系中居老师角色，经常发觉自己在亲密关系中教伴侣许多有关人生的事情，有时觉得伴侣像学生，也喜欢伴侣能从自己身上学到许多。处于学生地位的一方，则会发现自己在亲密关系中居学生角色，经常发现自己在亲密关系中从伴侣身上学到许多，有时觉得伴侣像自己的老师，同时喜欢伴侣有许多东西可以教自己。

（2）牺牲故事。这种亲密关系的特点是，其中一方或双方喜欢为伴侣而牺牲，认为为伴侣作牺牲是真爱的表征，毫不犹豫地为伴侣作牺牲，常常为了伴侣放弃自己想做的事。知道伴侣快乐令自己感到快乐。相信亲密关系不只是爱，更是为爱牺牲，相信牺牲是真爱的关键部分，经常为伴侣的利益作牺牲，经常为满足伴侣的需要牺牲自己的利益。

（3）政府故事。在这一类型的爱情故事中，又可以细分为两类。一类是独裁政府中的管理者与被管理者的关系，一类是民主协商的关系。

对于在独裁关系中充当管理者的人来说，他要做亲密关系中唯一的重要操纵者或决定者。认为关系基本上是关于谁在控制谁，而自己绝对不想做被控制的人。认为让伴侣从一开始就知道自己要当家作主是很重要的。自己乐意做唯一的重要决策者，因为否则"将天下大乱"。对于在独裁关系中充当被管理者的人来说，他认为关系像政府；有人该为所有的决定负责，而自己愿意让伴侣做那个人；不介意伴侣做大部分决定，因为他认为有一人负责较好；认为有人对关系中的重要决定负责是很重要的，而愿意让伴侣做那个人；认为仅一人操控关系中的重要决定实际上更有效，而不介意那个人不是自己。

对于在民主协商关系中的恋人来说，他们认为关系是一种权力分享；认为（与多数人相信的相反），爱与权力的议题是能解决的，只要伴侣愿意分享爱与权力；认为伴侣从一开始就学习如何一起做决定是很重要的；伴侣和自己分享做决定的过程是很重要的；认为伴侣能形成和谐关系的唯一途径是分享权力；认为维持伴侣之间平等的唯一方式是分享权力；认为关系是有关学习分享每一件事，包括权力；认为权力分享对亲密关系是重要的，就像权力分享对政府是重要的。

（4）警察故事。在爱情关系中充当警察角色的人，有以下特征：认为监督伴侣的行为以维持关系中的某种秩序是必要的；认为在关系中需要严密监视你的伴侣；认为让警戒松懈，完全信任伴侣是愚蠢的；如果自己的伴侣与异性紧密共事，绝不能信任他／她。在爱情关系中充当嫌犯的一方，具有如下特征：伴侣经常一天打几次电话问自己在做什么；伴侣严密监视自己；伴侣需要知道自己所做的每件事；如果不让伴侣完全知道自己的行踪，他／她会很生气。

（5）色情故事。在这一类型的爱情关系中，充当客体的一方具有以下特征：不介意被伴侣当成性玩具；能满足伴侣所有性欲和奇想对于自己是非常重要的；当与一个不要我尝试色情性行为方式的伴侣在一起时，感到无聊；我喜欢我的伴侣要我尝试崭新、不寻常，甚至痛苦的性技巧。充当主体的一方具有如下特征：喜欢用多种性技巧，尤其那些别人会视为古怪或贬低伴侣的性技巧；与在性生活上不爱冒险的伴侣在一起绝无法感到快乐；喜欢像性玩物的伴侣。

（6）恐怖故事。在这类爱情故事中，充当加害者的一方具有如下特征：常常让我的伴侣知道我在当家，纵使那使得他怕我，我也要让他知道；当我感觉我的伴侣有些怕我时，我觉得兴奋；认为让伴侣有些怕自己没什么不好；有时做吓我伴侣的事，因为我认为让一个人有些怕另一个人对关系有好处。充当受害者的一方则具有这样的特征：认为有点怕你的伴侣令人兴奋；当伴侣吓我时，我感到兴奋；不断与熟悉恐怖故事的人进入关系；容易与有时吓自己的人在一起。

2. 物品故事。

在物品故事中，人和关系都不是因它们自身，而是因其作为物的功能而受重视。人或关系都不重要，只要某些功能被达成。人作为物的关系主要有以下几类：

（1）科幻故事。处于科幻故事中的一方或双方有如下特征：常被有不寻常、奇异特质的人吸引；有时我伴侣的行为实在很古怪、奇异，我几乎怀疑他是否是这个星球的人；对有些人宣称了解他们的伴侣感到很惊讶，因为我有时觉得我的伴侣像外星人；感觉自己的伴侣实在很古怪、奇异，有时我不知道他接下来会做什么；有时候我不能理解我伴侣的行为，他仿佛来自科幻小说；伴侣非常令我困惑，有时我觉得他可能来自外星球；有时觉得我的伴侣实在古怪透了，仿佛他并非来自此世界；伴侣对我来说像外星人，古怪、奇异极了。

065

（2）搜集故事。处于搜集故事的一方或双方有如下特征：喜欢同时与几个不同的人约会，一个人符合自己的一项需要；认为有多个伴侣是正常的事；有时喜欢知道自己能同时与多少人约会；认为爱像搜集钱币：集得越多，藏品越有趣；不相信一位伴侣能满足我所有需要，因此，喜欢有多位伴侣，每位满足不同需要；喜欢同时有多位亲密伴侣，每位在我生命中有一个独特位置；发现当自己只有一位亲密伴侣时，很不快乐；喜欢同时有多位亲密伴侣，每位担负不同的角色。

（3）艺术故事。处于艺术故事中的一方或双方具有如下特征：人生乐趣之一是享受伴侣的肉体美；肉体美是我在伴侣身上寻找的最重要特征；肉体不美的人，我根本没有兴趣；喜欢被美丽事物，尤其是好看的人围绕；希望能像欣赏一件艺术品般欣赏、赞美我的伴侣；不能想象自己对肉体不美的人许下永久承诺；伴侣仪容端正，对于我是很重要的；伴侣的不寻常肉体美对我是很重要的。

关系作为物的爱情故事有如下几类：

（4）家庭故事。处于这一类型爱情故事的一方或双方都认为：理想关系像照顾周到的家——美丽、清洁、整齐、令人骄傲；家是关系的"堡垒"，它是关系开始和终止的地方；夫妇所住的家像他们及他们关系的延伸；当我为我们的家做事，我觉得像在为我的亲密关系做事；不在乎家的人经常经营不好关系；你从家能看出夫妇的关系质量；觉得我们一起维持的家是我们关系的重要部分；有时觉得若没有家这个"堡垒"，就很难想象我们的关系。

（5）复原故事。在这类爱情故事中，充当协助复原者的一方具有如下特征：喜欢与能够面对人生问题的人在一起，帮助他们使生活恢复秩序，喜欢伴侣需要我的协助以克服问题的关系；认为美好关系意指能为遭逢人生逆境者带来新生的关系；经常与需要我的协助以从过去创伤中恢复的人在一起。充当复原者的一方具有如下特征：需要能帮助我挥别痛苦过去的人；

相信关系能救我出逆境；需要帮助以挥别过往；认为最好的关系是伴侣和我都能贡献大量时间及精力，帮助我挥别过往的关系。

（6）宗教故事。这一类故事还可以再细分为两类：在关系中的宗教和将关系当作宗教。在关系中的宗教，即爱情关系中的一方或双方具有宗教信仰，其具有以下特征：不能想象自己处在一个伴侣不分享我精神信仰的关系中；认为亲密关系里的亲密与和谐需要伴侣具有相似的宗教信仰；对伴侣的奉献只能在我对信仰的奉献的更大脉络中观照；对伴侣的爱在我心中有一个神圣地位，就如我的精神信仰在我心中有一个神圣地位；认为爱应是人的宗教生活的一部分；认为爱像精神信仰——只能由你的心灵感知，不能由你的理智感知；认为在最好的关系里，人应该帮助彼此靠近神；伴侣分享我的宗教信仰对我来说是很重要的。

将关系当作宗教的人则有以下特征：在关系里寻求救赎，犹如别人在宗教里寻求救赎；感觉我的关系已拯救我走出沮丧，关系对我的作用如同宗教一般；不知道没有伴侣我该怎么办；关系已救我走出生活中的阴影；发现我现在较不需要宗教，因为我正处于一关系中；当我未拥有关系时，我觉得好像身处茫然大海；对我而言，拥有关系就像拥有宗教。

（7）游戏故事。处于这类爱情故事的人具有以下特征：认为爱像游戏；有时你赢，有时你输；认为约会像游戏；你扮演你的角色并希望赢；喜欢视关系为游戏，我的输可能是别人的赢，反之亦然；认为输赢的不确定性是游戏的有趣部分。相信关系中的伴侣像游戏中的对手，每方都想赢，不想输；当爱情伴侣与我分手，我觉得像在游戏中落败；常从谁赢谁输的角度来思考爱情关系。

3. 合作故事。

（1）旅行故事。处于这一爱情故事中的人具有以下特征：认为在一个良好的关系里，伴侣会一起成长，一起变化；认为爱是一个不断发现、不断变化的过程；认为开始一段关系，像开始一段有趣而富有挑战性的新旅程；视伴侣为与我一同经历人生旅程的人；在我的亲密关系中，盼望伴侣与我对人生有所探索、发现；认为变化和发现是亲密关系成功之钥；认为关系是一个不断变化、不断发现的过程；享受与伴侣一起经历所有人生旅程。

（2）编织故事。处于这一爱情故事中的人具有以下特征：认为爱情生活是你制造出来的东西；认为我们创造出我们自己想要进入的关系；认为我们所在的关系显示出我们想要追求的爱情；认为涉入亲密关系像织一条裙子或一件衬衫，织得好不好全看你自己的手；认为选择伴侣像为你自己织毛衣，得为自己找到最适合的图样；认为人有权利完全创造自己的独特关系；能把我的关系塑造成任何我想要的样子；能建构我与伴侣的任何一种关系。

（3）花园故事。处于这样的爱情故事的人具有以下特征：认为唯有你愿意花时间、精力照顾关系，你才能得到好关系；

认为被弃养的关系无法生存；认为关系需要不断滋养，以度过人生起伏；认为成功关系的秘诀是情侣彼此照顾，照顾他们的爱；认为爱只有在受到不断滋养、照顾时才会繁荣；认为两个人间的爱情关系类似纤弱的花，一旦被弃养便会死亡；细心滋养照顾关系是很重要的；愿意贡献大量时间及精力给自己的关系。

（4）事业故事。处于这一爱情故事中的人具有以下特征：认为亲密关系是伙伴关系，就像多数事业关系；认为亲密关系不只是爱，而且是经营一个家庭；认为亲密关系中的最重要议题是金钱的来源与花费；认为在爱情关系中，就像在工作中，双方应按"工作分配"履行责任与义务；每当我考虑与某人发展关系时，也总考虑这关系的经济含义；总而言之，我相信经济考虑在关系中居关键地位；认为关系在许多方面像事业；认为好的关系其本质是事业关系。

（5）耽溺故事。处于这一爱情故事中的人具有以下特征：无法想象没有我的伴侣的爱情生活；没有我的伴侣，会发疯；对我而言，需要有伴侣围绕，就像需要有空气呼吸一样；认为没有我的伴侣，我无法生活；没有伴侣的爱，我的生活无意义；伴侣一离开我，我的生活就完全空白；没有我的伴侣，我不能活；几乎完全依赖伴侣来获得快乐。

4.叙事故事。

（1）幻想故事。处于这一爱情故事中的人具有以下特征：认为关于亲密关系的童话能成真；认为人应该等待他/她梦寐

069

以求的伴侣；认为只要你能找到你的真命天子／天女（Mr./Ms. Right），近乎完美的关系是可能的；只要你能遇见你的真命天子／天女，"结婚后从此过着幸福快乐的日子"是可能的；确实相信灯火阑珊处有我的完美伴侣；既然有的人可以使童话成真，我的童话没有理由不能成真；希望在我的关系中，可以把我的伴侣视为像童话中的王子（或公主）；认为最好的关系就像童话一样。

（2）历史故事。处于这种爱情故事中的人具有以下特征：经常思考我与伴侣共享的时刻及我们共享的经验对我的意义；认为要知道一个关系的未来，应该去看它的过去；对我来说，保存那些使我们想起共享快乐时光的照片或物品是很重要的；认为过去是我们重要的一部分，不应该把它忘记；认为周年纪念日相当重要，因为它使我们想起我们共同的历史；喜欢回忆我们关系中重要的事件，因为我相信过去是我们重要的部分；不能想象我们的历史与现在（或未来）分开，因为过去已成为我们的一部分；认为一对情侣的共同过去必然对他们的现实关系很重要。

（3）科学故事。处于这一爱情故事中的人具有以下特征：认为理解爱情关系就像理解任何其他自然现象一样，你必须发掘它的支配法则；认为要理解一段爱情关系，必须要从科学观点解读它；喜欢分析我的关系的不同方面，而且认为这样做相当有用；认为使关系成功的最好方法是从逻辑、科学的观点来接近关系问题；认为若能从逻辑的观点而非情感的观点去探讨关系问题，则会有更多的人拥有成功的关系；喜欢与我的伴侣客观地分析，讨论我俩关系的不同方面；认为关系能够经由理性分析、解剖，达到完美；完整地分析、理解伴侣对我而言是可能的。

（4）食谱故事。处于这一爱情故事中的人具有以下特征：认为达到亲密关系有对的方式也有错的方式。如果你知道对的方式，你就能成功；认为要有好的关系，你必须遵循所有必要步骤；认为好关系的秘诀，像好菜的秘诀，它要求正确配料及留意细节；认为在关系里，成功的人是那些已发现关系亲密之道的人；认为在亲密关系里成功像能煮好菜，用太多或太少配料都不对；认为好关系必须依循若干制胜步骤；认为使关系成功很像依循食谱以求烹饪成功；认为有一套某些人找到、某些人没找到的关系成功秘诀。

5.类型故事。

（1）战争故事。处于这一爱情故事中的人具有以下特征：认为争论对亲密关系而言是健康的；认为争吵使关系更活络；认为双方不吵架的关系是死的关系；认为争论比妥协更有趣；认为经常争论有助于使问题浮上台面，让关系健康；喜欢与伴侣争斗以让事情有趣；认为关系中有大量的争执其实对关系是有利的；真的喜欢与伴侣争斗。

（2）剧场故事。处于这一爱情故事中的人分为演员角色和戏迷角色。充当演员角色的人具有以下特征：认为我的关系像戏剧，有些是喜剧，有些是悲剧；经常为我的伴侣演戏；发现自己在关系中扮演的角色就像在戏剧中一样；我的关系就像一出戏，只是我自己编写剧中的高潮。充当戏迷角色的人具有以下特征：常常被能扮演不同角色的人吸引；喜欢能扮演不同角色的人；喜欢有戏剧气息的人；喜欢与能根据场合改变行为的人约会。

（3）幽默故事。处于这一爱情故事中的人分为观众和喜剧演员角色。充当观众角色的人具有以下特征：喜欢能够看到我们冲突的幽默面的伴侣；喜欢有时能看到议题的幽默面的伴侣；认为把关系看得太严肃会破坏关系；喜欢在关系紧张时能让我笑的伴侣。充当喜剧演员角色的人具有以下特征：有时是用幽默来避免面对关系中的问题；常常喜欢在伴侣对我生气时开玩笑，主要因为我认为当关系紧张时，能自我嘲笑是很重要的；喜欢在与伴侣发生冲突时使用幽默，因为相信关系中的任何冲突都有幽默面；当与伴侣意见相左时，常把它拿来开玩笑。

（4）神秘故事。处于这一爱情故事中的人分为侦探和神秘人物角色。充当侦探角色的人具有以下特征：常常被有神秘气息的人吸引；喜欢我的伴侣有点神秘感；常常被举止神秘的人吸引；认为有秘密的神秘伴侣相当迷人。充当神秘人物角色的人具有以下特征：认为没必要让我的伴侣很了解我；喜欢在我的亲密关系里创造一种自我的神秘感；对伴侣隐瞒许多秘密，并且很喜欢这样；相信不让伴侣知道你的底细是好的。

讲完这么多类型的爱情故事，斯滕伯格提出了爱情成功的条件：了解、体会故事在爱中的角色，了解自己的爱情故事。了解爱情故事的方法就是思考何种人吸引你，何种事件在你与这些人的关系中发生，这些人和事件嵌入了哪种故事。问你自己书里、电视上、电影里何种爱情故事吸引你；问别人他们对你的看法。

　　此外，还应了解伴侣的爱情故事，考虑你的理想故事与你所处的故事间的联系；试着将故事的优点最大化，缺点最小化；了解尽管故事引导我们如何选择伴侣、维持关系，但故事不控制关系或伴侣；了解故事影响发生在关系中的事件及对事件的诠释；了解故事是在不断地被书写；懂得在一种故事内，有许多种书写的方式；了解爱情故事是有可能改变的。

073

爱情的依附理论

　　依附理论原先是由约翰·鲍尔比（John Bowlby）提出的，他先后写了三部著作：《依附与失落：依附》（*Attachment and Loss：Attachment*）（1969）、《依附与失落：分离、焦虑和气愤》（*Attachment and Loss：Separation，Anxiety，and Anger*）（1973）和《依附与失落：失落》（*Attachment and Loss：Loss*）（1980）。

　　他的主要理论是，观察婴儿和幼童在和主要的照顾者（primary caregiver）分离一长段时间后的行为：婴儿在成长过程中会对主要的照顾者产生情感上的依附；当和主要照顾者分离时，婴儿会产生情感上的挫败感。当人类或是灵长类幼儿在和母亲分离时，会产生一连串的情绪反应：首先是抗议（protest），包括哭闹、寻找、不让别人安慰；其次是失望（despair），这是一种被动的状态，会有明显的悲伤；最后是冷漠（detachment），在母亲一旦回来时，表现出防卫性的忽略或是躲避。

鲍尔比提出几个命题：当一个人有自信地认为他的依附人物会因为他的需要而出现时，他与没有这种自信的人比较，不会强烈地或长期地害怕；这种对于依附人物的自信的有无是在不成熟期——婴儿期、孩童期、青春期——中慢慢培养而成的，而且在往后的日子里都很难改变；个人在不成熟期所培养对于依附人物的可接近性（accessibility）和情感交融（responsiveness）的期待在相当程度上反映出个人实际所有的经验。如果你是一个安全型的人，在谈恋爱的时候，会很容易相信别人。在人际关系也一样。如果你是一个焦虑型的人，你就常常怀疑，那个人是不是还在爱你，你每天都要确认一下，你今天还爱我吗？最明显的人物是谁？白雪公主的妈妈。她每天要问，魔镜魔镜，世界上最美丽的女人是谁？直到有一天魔镜烦了，说最美的女人不是你，是白雪公主，故事就开始了。这个白雪公主的故事，没有魔镜就没意思。这魔镜呢，其实就是心理的魔镜。这种依附行为是人类从摇篮到坟墓都会有的。后来的学者就将这个理论转向爱情的研究上去。

谢弗（Shaver）、哈赞（Hazan）和布莱德肖（Bradshaw）三个人对婴儿的依附特质和成人的浪漫爱特质做出了比较：

1. 依附链接的形成和特质要视依附对象（Attachment Object；AO）的敏感度（Sensitivity）和情感交融（Responsiveness）程度而定。对浪漫爱而言，爱的感觉与我们对于真实的或是虚构的爱情对象（Love Object；LO）的兴趣和回报是否具有强烈的欲望有关。

2. 依附对象提供一个安全的基地，婴儿感到有能力和安全感去探索。对浪漫爱而言，爱情对象真实的或想象的回报会使得一个人感到有自信和有安全感等。

3. 当依附对象出现时，婴儿会比较高兴，对挫败的容忍度也会提高，也比较不怕陌生人等。相应地，当爱情对象被认为是作出回报的，爱人者就会更高兴，对一般生活也有比较正面的看法，对人也比较友好和善。

4. 当依附对象不在，或是不够敏感时，婴儿就会焦虑、心不在焉、不能自由探索。当爱情对象表现出漠不关心或是拒绝时，个人就会焦虑、心不在焉、无法专心等。

5. 依附行为包括：寻求亲近或是接触——包含抱、触碰、爱抚、接吻、摇晃、微笑、哭泣、跟随、紧抓等行为。浪漫爱的表现：希望和爱情对象在一起，和爱情对象拥抱、触碰、爱抚、接吻和做爱，微笑和大笑，哭泣，紧抓，害怕分离等等。

6. 当害怕、受挫、生病、受威胁等时，婴儿会寻求和依附对象身体上的接触。当害怕、受挫、生病、受到威胁等时，爱人者会想要被爱情对象所拥抱和安慰。

075

7. 在遭遇分离或失落的痛苦时: 婴儿会哭泣、呼喊依附对象、企图找到依附对象, 如果找不到时, 会感到悲伤或无精打采。在遭遇分离或失落的挫败时: 恋爱者哭泣、呼唤爱情对象、希望找到爱情对象, 假如不可能相见会变得哀伤和无精打采。

8. 和依附对象重逢时, 婴儿会微笑, 并且会发出欢迎的声音或是哭泣, 跳跃并且傻笑, 接近依附对象, 希望被拥抱等。和爱情对象重逢时, 或者当不确定爱情对象会不会回报却收到回报时, 爱人者会感到狂喜、拥抱爱情对象等。

9. 婴儿会和依附对象分享玩具、新发现等。爱人之间喜欢分享经验、交换礼物等, 并且想象爱情对象对于有趣的景观会怎样反应等。

10. 婴儿和依附对象会长时间注视对方; 婴儿似乎会对依附对象的身影感到着迷, 并且喜欢人家碰他的鼻子、耳朵、头发等。爱人之间常会长时间注视对方, 迷恋对方的身体特征, 并且喜欢探索对方的鼻子、耳朵和头发等。

11. 婴儿感到和依附对象融为一体, 随着发展, 常常会对于平衡融合和自主感到为难。爱人之间有时会感到和爱情对象融合为一, 平衡融合和自主经常是他们关心的问题。

12. 虽然同一个时间婴儿可能依附很多人, 可是通常只会有一个主要的关系, 有一个依附的层级关系 (hierarchy of attachments)。尽管许多成年人觉得可以, 而且也会"爱"不止一个人, 可是经常在同一个时间只会"强烈地爱"一个伴侣。

13. 分离、母亲的不回应等，到达某一个程度，就会增加婴儿依附行为的程度，例如寻求亲近、紧抓等。逆境，如社会不赞许、被迫分离等，到达某一个程度，会增加爱人之间感情的强度，并且导致相互许诺誓约。

14. 婴儿会轻声细语、唱歌、说婴儿话等；妈妈会混合着说一些婴儿话和妈妈话；婴儿和妈妈之间有很多非口语的沟通。爱人之间会轻声细语、唱歌、学婴儿说话，使用母性的温柔腔调等，他们之间的沟通多半是非口语的。

15. 反应灵敏的母亲会察觉到婴儿的需要，"懂婴儿的心理"等，有很强的同理心。爱人之间会感受到神秘的被了解和被体谅，有很强的同理心。

16. 婴儿所体验到的依附对象是很有力量的，认为依附对象是慈爱的、无所不知的。在发展的早期，"好的依附对象"和"坏的依附对象"在婴儿心理上是有区别的。爱人之间刚开始会忽视或否定爱情对象的负面质量，而把爱情对象看成是强有力的、特别的、至善的、"奇迹"，等等。

17. 当关系不顺的时候，婴儿会焦躁，婴儿对依附对象的赞同或是反对也会特别警觉，在爱情关系稳定之前，爱人之间对于爱情对象的回报与否的讯号相当敏感。情感，包含从狂喜到失望都系在这些讯号上。

18. 婴儿对于依附对象的同意、鼓掌、注意等会表现出相当的快乐。至少在两人关系的早期阶段，爱人之间的最大幸福都来自爱情对象的赞同、注意，等等。

　　从上述这些比较看来，依附特质和浪漫爱特质存在着惊人的相似性。

——第四讲
爱情的依附
风格

爱情
The 社会学
Sociology of love

三种依附风格

成年人在爱情中的依附风格主要有三种：安全型（secure）、焦虑型／两难型（anxious/ambivalent）和避免型（avoidant）。谢弗、哈赞和布莱德肖整理了以下几种依附风格和其对应的行为。

安全型的特征是：我发现自己相当容易和别人接近，而且在依赖别人或被别人依赖时也感到很自在，我不常担心会被遗弃或是别人太过接近我。这种安全感往往根植于小的时候，照顾你的人给你一个安全的环境，让你相信这个世界是可以依赖的、可爱的。有一个心理学的游戏，你如果玩过或听过，就知道，什么是安全型的人：让游戏者两臂张开往后倒，有人会接住你，有人就毫不迟疑地往后倒，这就是安全型最好的代表之一。

避免型的特征是：我和别人太过接近会很不自在；我很难

完全信任别人，很难让自己去依赖别人。别人靠我太近我就会紧张，而且，当爱情伴侣希望能和我更亲密些时，我觉得很不自在。

　　焦虑／两难型的特征是：我发现我希望和别人接近时，别人都很不情愿的样子。我经常会担心我的伴侣并不是真正爱我，或是并不想和我在一起。我希望和别人完全融为一体，但这种想法常常会把别人吓跑。

依附风格与爱情经验

表1　依附风格与爱情经验

	依附类型		
	避免型	焦虑／两难型	安全型
幸福（Happiness）	3.19	3.31	**3.51**
友爱（Friendship）	3.18	3.19	**3.50**
信任（Trust）	3.11	3.13	**3.43**
害怕亲近（Fear of closeness）	**2.30**	2.15	**1.88**
接受（Acceptance）	**2.86**	3.03	**3.01**
极端情感（Emotional extremes）	**2.75**	**3.05**	2.36
忌妒（Jealousy）	**2.57**	**2.88**	2.17
强迫观念（Obsessive preoccupation）	3.01	**3.29**	3.01
性吸引力（Sexual attraction）	3.27	**3.43**	3.27

续表

	依附类型		
	避免型	焦虑／两难型	安全型
结为一体的欲望（Desire for union）	2.81	**3.25**	2.67
回报的欲望（Desire for reciprocation）	3.24	**3.55**	3.22
一见钟情（Love at first sight）	2.91	**3.17**	2.97

附注：图表中的粗体字表示该列的平均数差异已经达到统计显著水平。同一列中，当一项的平均数和其他两项依附类型不同时，这一项数字用粗体表示，该列的其他两项彼此之间则没有显著差异。当一项平均数和另一项平均数有显著的不同时，此二项皆以粗体表示。当三项数字彼此之间两两都有显著差异时，三项都用粗体表示。

表格连同上述附注的数据源来自谢弗、哈赞和布莱德肖，原文为英文，由孙中兴老师翻译成中文。原表格强调之处仅以粗体表示，但为方便读者阅读，本表除了粗体之外，又加上灰色底纹标示。

083

　　表1反映了依附风格与爱情经验之间的关系。表格的右侧是三种依附类型，哪一种得分比较高，就表示为那一种类型的人常常感受到的爱情经验。从表格中我们可以看出，安全型的人在爱情中经常感受到幸福、友爱、信任，他们将爱描绘为幸福的、友爱的、信任的，并且就算是伴侣有错，还是能够接受和支持他们的伴侣。通常，这一类型的人的关系可以维持比较长久。他们通常认为：浪漫的感觉起起伏伏；在一开始的时候往往会达到一定的强度；有些关系中的浪漫爱不会消退。

　　避免型的人在爱情中经常表现为害怕亲密、情绪起伏变化大、善于忌妒，在正向的爱情特征方面得分不高。他们通常认为：令人神魂颠倒的浪漫爱只存在于小说和电影中，真实生活中是不存在的，浪漫爱很少会持久；很难找到一个可以真正产生浪漫爱的恋人。

　　焦虑／两难型的人将爱描绘为迷恋、期待回报和融为一体，情绪起伏变化大，在爱情关系中表现出极度的性吸引力和妒忌。他们通常容易坠入情网，常常觉得自己开始坠入情网，虽然很难找到他们所谓的真爱，因为不相信有人真的会爱他，可是又期待真爱，所以就在寻找与不能确定之间徘徊。

依赖风格与心理模型

表2　三种依附关系与自我、双亲

	安全型	焦虑／两难型	避免型
自我	很容易和人相处，认为别人也都是有善意和好心的	对自己比较怀疑	在前两者之间，不过通常比较接近焦虑／两难型
母亲	给孩子提供充分的安全感，不过度介入孩子的生活	和安全型的母亲相比：比较爱介入孩子生活，而且比较不公平。和避免型的母亲相比：有反应而且有趣	和安全型的母亲相比：严格要求、不尊敬别人、挑剔

续表

	安全型	焦虑/两难型	避免型
父亲	对子女比较公正,且讲求情感	和安全型的父亲相比:不公平而且也比较有威胁。和避免型的父亲相比:比较不公平但是比较讲感情	和安全型的父亲相比:讲求强迫(forceful)、不关心
双亲关系	恩爱快乐	不快乐	没什么感情

数据来源:孙中兴根据谢弗、哈赞和布莱德肖的文字内容制表。

从表 2 可以看出,三种依附关系与自我、双亲的关系。安全型的人很容易跟别人相处。焦虑型的人对自己会比较怀疑,觉得自己没有能力,就算自己都考上了清华、北大,觉得我没有考上最好的院系;考上了最好的院系,又认为我不是第一名……永远可以有作践自己的地方,觉得自己不够好的地方。避免型的人对自己的看法就在两者之间。

双亲关系中的母亲部分:对焦虑/两难型的人,其母亲与安全型的母亲比较,多比较介入而且比较不公平;跟避免型相比,焦虑两难型的母亲有反应,而且比较有趣,比上不足比下有余。对避免型的人来说,其母亲与安全型母亲相比,往往是严格要求、不尊敬别人、挑剔,让人感觉你做得永远不够好。我以前认识的一个人,他得到博士学位之后,在美国打电话给他的母亲。他很高兴地说,妈,我得了博士学位了。他妈说,这有什么稀奇,你拿诺贝尔奖的时候再打回来。

双亲关系中的父亲部分：焦虑／两难型的人，其父亲跟安全型的父亲相比，不公平而且比较有威严；跟避免型父亲相比，焦虑／两难型的父亲是比较不公平，但是比较讲情感。避免型的人，其父亲与安全型相比，讲求强迫、不关心。传统的父亲都认为，只要在外赚钱养家就可以了，男主外，女主内。这种父亲都不知道辛亥革命已经成功了，帝制已经过去了，旧思想应该被转变，还这样做，结果就是家庭非常不幸福，小孩不喜欢他，太太也不喜欢他，变成一个可怜的男人。他们会觉得这个世界都不知道感恩，我对我太太那么好，她也不知道感恩。我对我小孩那么好，小孩也不知道感恩；我要是不在外面努力赚钱，他们哪有今天，就变成那样非常愤懑的一个人，青年人叫作愤青，我们可以叫他们"愤老"，愤怒的老年人。

爱的原型分析

爱情的原型理论，或称爱情的原型分析（prototype analysis），这一学术流派与其他流派研究方法的不同之处在于：大部分的爱情理论都是学者根据现有的研究调查或者过去的研究成果，拟出一个爱情的指标，不管是三个元素、六个元素，或者几种类型，用这种类型再来测量或者是研究其他人的爱情。有一派人就觉得为什么我们不从日常生活中一般人的想法——他认为爱情是什么——来做一个总整理，看看能够整理出多少爱情的要素，这个叫作原型（prototype）。贝弗莉·费尔（Beverly Fehr）就是其中的代表人物。以下这个"爱的特征"表格是贝弗莉·费尔的看法。

爱的特征

表 3　爱的特征

编号	特　　征	Fᵃ	B & C	L & A	
				1	2
1	信任 Trust	X	X	X	X
2	关心 Caring	X	X	X	X
3	诚实 Honesty	X	X	X	X
4	友情 Friendship	X	X	X	X
5	尊敬 Respect	X	X	X	X
6	关心对方的福祉 Concern for the other's well-being	X			
7	忠诚 Loyalty	X		X	
8	承诺 Commitment	X	X		X
9	接受对方的现况 Accept the other the way he or she is	X	X	X	X
10	支持 Supportiveness	X			
11	希望和对方在一起 Want to be with the other	X		X	
12	对对方感到有兴趣 Interest in the other	X			
13	爱意 Affection	X	X	X	X

编号	特　　征	Fᵃ	B & C	L & A	
14	接近 Closeness	X			X
15	了解 Understanding	X	X		X
16	分享 Sharing	X	X	X	X
17	希望对方得到最好的 Want the best for the other	X			
18	原谅 Forgiveness	X			
19	亲密 Intimacy	X	X	X	X
20	对方是重要的 Other is important	X			
21	大方开放 Openness	X			X
22	和对方在一起觉得很轻松 Feel relaxed with the other	X			
23	喜欢 Liking	X			X
24	同情 Compassion	X	X	X	X
25	奉献 Devotion	X			X
26	给予 Giving	X		X	X
27	幸福 Happiness	X		X	X
28	可以谈任何事 Feel free to talk about anything	X			
29	为对方做事 Do things for the other	X	X		
30	觉得自己不错 Feel good about self	X			
31	责任感 Responsibility	X			
32	温馨的感受 Warm feelings	X		X	X
33	耐心 Patience	X	X		
34	长长久久 Long-lasting	X			X

续表

编号	特　征	Fa	B & C	L & A	
35	离别后会想念 Miss the other when apart	X			
36	安慰对方 Comfort the other	X			
37	依附 Attachment	X	X		
38	性的魅力 Sex appeal	X			
39	触碰 Touching	X		X	X
40	性的激情 Sexual passion	X	X	X	X
41	彼此需要 Need each other	X			
42	相互满足 Mutual contentment			X	
43	将对方放在第一位 Put the other first	X	X		
44	无条件的 Unconditional	X			
45	奇妙的感觉 Wonderful feelings	X		X	
46	生理上的吸引力 Physical attraction	X	X		
47	笑 Laughing	X		X	
48	牺牲 Sacrifice	X	X	X	X
49	帮忙 Helping	X			
50	同理心 Empathy	X			X
51	景仰 Admiration	X			
52	前景看好 Positive outlook	X		X	
53	仁慈 Kind	X		X	X
54	保护 Protectiveness	X			
55	相似性多 Have a lot in common	X			
56	兴奋刺激 Excitement	X		X	X
57	安全 Security	X		X	X

089

编号	特　　征	Fª	B & C	L & A	
58	时时想念对方 Think about the other all the time	X		X	
59	活力 Energy	X			X
60	心跳加速 Heart rate increases	X		X	
61	心醉神迷 Euphoria	X		X	
62	凝视对方 Gazing at the other	X			
63	只看到对方的优点 See only the other's good qualities	X			
64	精神紧张 Butterflies in stomach	X			
65	不确定 Uncertainty	X		X	X
66	依赖 Dependency	X		X	
67	害怕的 Scary	X			X

说明：

1. Fª= Fehr (1988b)；B & C = Button & Collier (1991)；L & A 1= Luby & Aron (1990) Script Instruction；L & A 2= Luby & Aron (1990) Attribute Instructions.
2. 只有相同的或是近乎相同的回答才会被合并在此一表中。例如：Button & Collier 的"无论如何都接受对方"（accepting each other no matter what）特质被当成 Fehr 的"接受对方的现况"（accept the other the way he or she is）特质中；"将别人放在自己之前"（putting the other before self）被当成"将对方放在第一位"（put the other first）。Fehr 的特质是根据其典型性（typicality）从高到低依其层级排列的。原表为英文，表格内容及上述脚注内容皆引述自费尔（1993：94-95），由孙中兴翻译成中文。表中的"X"的符号意味着该研究提到的特质。

　　我们对表格中的项目择其要者分析一下。第一个是信任（Trust），所有的研究都认为，爱情关系里面信任是非常重要的，甚至居于首位，如果爱情关系里面没有信任，那就不用讲了。我们跟一般人之间的相处，不需要太强的信任感，譬如你到商店买东西，你大概不认识店员，你为什么会相信他？因为这个机构你认识，你相信这个机构，这是制度信赖（制度信任）。邮局或者银行的那些雇员先生、小姐你大概都不认识，你为什么会相信他不会骗你的钱呢？是因为你相信他的机构，不是相信那个人。所以你可以自己分析一下，你日常生活会相信某些事情，到底是因为那个人，还是因为那个机构。

你的朋友、你喜欢的人万一讲话不让你信任，通常刚开始你会信任他，慢慢地你发现，怎么搞的，这个人有的时候讲话不让人信赖，你要去确认。跟你约会时，没有出现，是为什么？是记错日子，还是他自己忘了？这事情是有的。还是他其实当初答应你是敷衍的，或者其实你们没讲定。"有空我们吃饭。"好啊。"今天晚上？""再说吧。"你觉得这是要，还是不要？到晚上你觉得不是要吃饭吗？"没有，我跟你说再说。""我不是说今天晚上吗？""所以我说再说。"你看这就是没讲好。有的人之间有默契，完全不必多做说明；有人没默契，讲了都不一定成功。信任是很重要的关系。

关心（Caring）也是非常重要的。信任与关心，在朋友或其他关系中也存在。

诚实（Honesty），男朋友、女朋友之间，常常还有不诚实的地方。恋爱中到底多大部分你可以保留自己的秘密，还是男女之间要有所谓 100% 的诚实，这个每个人的想法不太一样，每个人的做法也不太一样。有人是100%的诚实，有人发现千万不要诚实。我在很年轻的时候，学长就告诉我，你不要把你前女友的事情，或者你追过女孩子的事情，都告诉那个你要追的女孩，那样她不会跟你在一起的。如果她到时候跟你翻旧账，你就一律不承认。你就说，她是你最爱的人，而且是唯一，穿帮了再说。可是，后来我还是选择做自己。学长永远不承认他有前面的女朋友。以前我们是有实体相簿的，你们现在是数码相簿，例如都贴在人人网上面，所以你们这个时代的人真的要撒谎很难，因为人人网就是证据。我们那时代只有你的相簿，所以有人到别人家要去看相簿，发现忽然间空好多格。只要跟前女友的合照全部都抽换掉，来不及补新的照片，你就知道他最近情感状态有变化。现在的年轻人无法这样做了，因为你现在所有资料都可以被查证。所以你做坏事，警方要查到很容易，像信用卡的交易、通话记录，你们应该越来越诚实。

尊敬（Respect）。尊敬有的时候是一个不太清楚的字眼，什么样的状况叫尊敬？大学老师进来教室，没有人喊起立敬礼，高中以前你都喊，高中以前大家也都起立敬礼，为什么到大学就不一样了呢？大学老师不值得尊敬吗？我有一次测试说，同学，第一堂课、最后一堂课要起立敬礼，班长马上就说，好，各位同学听我的口令，起立，然后大家就真的起立，吓死我了。我就觉得好像回到军国主义时代，但有些人认为这是对老师的基本尊重。

关心对方的福祉（Concern for the other's well-being），只

有 Fehr 的调查研究认为这一点很重要，其他研究似乎不认为这一点很重要。

忠诚（Loyalty），只有两个研究者觉得很重要。在爱情关系里面，忠诚应当跟诚实没有太大的差别。别忘了这是一般人所做的陈述，所以把它们视为两种特质。

接受对方的现况（Accept the other the way he or she is）。以前有学生问过我一个问题，我觉得这个问题不可思议。她说，老师，我的男朋友一直对于我的初吻献给别人这件事情耿耿于怀，请问我该怎么办？我说，有办法，你去找小叮当，回到你的初吻的前一刹那搞破坏，然后就不会有初吻，之后你再回来这个时间点，你就跟他是初吻了。不然你怎么办？已经发生的事情你要怎么办？很多人不能接受对方的现况，这个通常都会导致情侣之间很严重的问题。

爱意（Affection）。有时候英文跟中文不是那么完全的对应。Affection 也指两人之间的情感，不只是单方面给对方的爱意。

分享（Sharing）。你跟他在一起不只有食物、思想的分享，各方面的分享都是很重要的。

同情（Compassion）。Compassion 就是跟对方嘘寒问暖的同情，是一种真正的关心。

性的需要（Sexual passion）。性的激情，这个特别是在爱情开始的时候比较需要，到了后来谈恋爱的中后期，就会越来越少。有的人甘之如饴，但对有些年轻人来讲，天哪！没有性行为这还叫爱情吗？性行为，从广义来讲不止于狭义的性交，有人觉得小手摸一摸，就已经快乐到不行，尤其到了一定年龄，觉得能够握着小手，迈向一个共同的未来，这样就是幸福了。你觉得幸福，别人也觉得幸福。不是一定要天雷勾动地火、好莱坞电影式的幸福。

牺牲（Sacrifice）。这件事情有的时候会牵扯到一点道德的问题，你爱一个人，你是不是该为他而死？王菲的歌《我愿意》里，有一句歌词："我愿意为你抛弃我生命"，很多做家长的会觉得，干什么呢？如果你喜欢的人过世了，你要殉情吗？在古代的印度有一个教派，这种行为叫 sati，意为殉夫。某一个教派，某一个地区，丈夫死了以后，妻子要陪葬的，非常不人道。爱情里面有人会觉得这是我自愿的，我没有了他，我活着也是没意义的。就像《泰坦尼克号》这部电影的萝丝，失去了杰克，活到快 100 岁，这有什么意义呢？这是牺牲的主题，在某种情况要不要一起死，这是一个不太好说的题目，可以有很多不同观点的讨论。

爱情的精萃分析

这是赫吉（Hegi）和伯格纳（Bergner）的理论研究。主要有以下内容：

1. 先区分两种定义方式：形式定义（formal definition）是找出构成一个概念的必要和充分条件；族类相似（family

resemblance）的定义，因为大多数的概念都找不到一个共同特质，所以只能诉诸"族类相似"。

2.两人希望通过一般人回答"假如 A 和 B 有爱情关系，B 缺乏哪些特质会被认为 A 不爱 B"，来找出爱情的精萃。

3.他们从前人的研究中发现："因为对方的缘故而对对方好"（investment in the well-being of the other for his or her own sake，IWB）是四种关系——浪漫的（romantic）、双亲的（parental）、友情的（friendship）和利他的（altruistic）——的精萃。

4.在浪漫关系方面，除了"因为对方的缘故而对对方好"的要素之外，相关项目的重要性依序为：性欲望（sexual desire）、情感亲密（emotional intimacy）、自由做自己（freedom

095

to be ourselves)、知识／了解（knowledge/understanding）、信任（trust）、专注（preoccupation）和相似（similarity）。

5. 在双亲爱方面，除了"因为对方的缘故而对对方好"的要素之外，相关项目的重要性依序为：喜爱（affectionate feeling）、尊敬（respect）、享受（enjoyment）、接受（acceptance）、知识／了解（knowledge/understanding）、自由做自己（freedom to be ourselves）、专注（preoccupation）、信任（trust）和情感亲密（emotional intimacy）。

6. 在友谊爱方面，没有任何一项符合精萃判准。最高分的两项是享受（enjoyment）和"因为对方的缘故而对对方好"。

7. 在利他爱方面，也没有任何一项符合精萃判准。分数高低依序为："因为对方的缘故而对对方好"、尊敬（respect）、承诺（commitment）、信任（trust）、享受（enjoyment）、接受（acceptance）、自由做自己（freedom to be ourselves）、喜爱（affectionate feeling）和知识／了解（knowledge/understanding）。

——第五讲
怦然心动：
爱情的开始

爱情
The 社会学—
Sociology of love

　　爱情的过程分三个部分：爱情的开始、爱情的维系和爱情的结束。这在概念上是很容易区分的三个阶段，但是在实际生活中则不太好区分。很多人说自己的爱情还没有开始就结束了。我说没有开始，绝对不会结束，你不要自己骗自己。没有谈恋爱，绝对没有失恋，这是语义学上的问题。如果你说，我失恋了，可是你根本就没有与人谈恋爱，那也就无所谓失恋，失掉的只是你的"自恋"而已。因此，我们还是有必要对爱情的各个过程做一鉴定。这一章，我们来鉴别一下爱情的开始。

爱情开始的界定

　　爱情一定会有一个开始。很多人是在回忆的时候才发现他们的爱情是何时开始的。譬如问一对爱人：你们俩什么时候开始恋爱？有人可能会回答不知道，我跟他认识好久了；有的人则会很清楚地记得，是哪年哪月的哪一天。

　　有时爱情的开始也是阴差阳错的。我有一对朋友，很美满很恩爱。我曾经问他们，你们的爱情怎样开始的？先生说，我大一时参加新生杯篮球赛，我们那年得了冠军，最后的三分球是我投进的，在场上表现得英姿飒爽，就在那个时候，我就发现场边有一双眼睛，一直盯着我看，就是我的太太。结果太太在旁边说，乱讲，我念大学四年，从来没去过篮球场，更不要说去替谁加油，他根本就看错人了，所以他追错人了。可是为什么还要结婚呢？因为彼此合适，所以将错就错地开始，展开美好的生活。

爱情开始的界定有的时候由当事人提出，有些则是由研究者做出。

1. 爱情开始的征兆。

当下的察觉。通常有些有经验的人会一眼看出开始的征兆。譬如，一群人去吃饭，有些人很敏感，马上就察觉了，谁跟谁有特别的关系：他们俩座位选在一块；男生会特别关心这个女生；大家分别的时候，男生会关注这个女生，你等一下坐什么公车回家？如果一视同仁，就应该每个人都问，那他只问某一个人，特别关心某一个人的时候，就露馅了。

事后的建构。这在恋爱中极为常见。有些是爱人之间希望达成共识，所以建构出一些共同版本；有些则是自我感觉良好。表白失败的人常常会事后建构，他怎么会不接受我呢？他不接受我，那以前他对我好又是什么意思？他对我好不就是希望我们能够确立恋爱关系吗？如此这般。

自己的感觉和向往。以前我叫学生做一个作业，就让你幻想，如果你没有开始过爱情关系，你觉得你的爱情要怎么开始？我年轻的时候对自己爱情开始的幻想是，我去逛书店，看到一本书，我要去拿那本书的时候，碰到另外一个手指头，如此开始一段爱情。

对方的确认。爱情的开始总需要对方确认一下，如果没有确认，就是单相思。我念大学的时候，喜欢过一个长头发、会弹钢琴的学妹。当时我很认真地追求她。我们那时候的恋爱规矩是，一个女孩子在你表白三次之前，一定不会答应，第三次的态度才是真的，前两次都是少女的矜持。我每天给她打电话诉说衷肠，我的学妹永远说这句话，学长你不要再打来了，我不会跟你出去。如此反复了一个月，她始终都是这句话，我这才确定学妹真的是在拒绝我。所以这纯属我的单相思，爱情没有开始。现在这样做，就是不受欢迎的骚扰了。各位可要注意，时代不同了。

别人的起哄。在电影《那些年我们一起追的女孩》里面，多多少少也有别人起哄的情节。从别人起哄可以看出你的心理，看不出他/她的心理，有时候会造成对方的难堪。譬如，一群人每天围着一个女孩说，你跟某某男生交往吧，他是好人。你觉得是好意，人家觉得困扰。所以，在这个阶段，作为旁观者，最好不要起哄，要尊重当事人的意愿。

2.爱情开始的过程。

模式的有无。爱情的开始有没有模式呢？你如果问别人，别人一定告诉你，该做什么，但是这是你自己想做的吗？我希望在书店认识人，我们为什么不能约在书店见面呢，看她喜欢哪一区的书？其实这是认识彼此更好的方法，不是吗？我没有这样做，就听别人的，觉得爱情的开始有一个模式，遵循这个模式，会显得自己好像比较见过世面。没见过世面就是没见过世面，为什么要装出一个不是你的样子去跟人家交往？到时候两人深入了解，发现你不是那个样子，那不是更麻烦吗？很不幸的，到现在为止我看到很多男生在追女生的时候，都还是不诚实的，都认为是有模式的——送花、喝咖啡、逛街，这样就能追到一个女孩，但其实不见得所有女孩子都喜欢这一套。

社会规范的缺乏。大家都不知道爱情怎么开始，怎么结束，也不知道怎么邀请人家。一起喝下午茶，逛逛书店，走走路，聊聊天，这都是办法。或者如果你认为你将来交往的人，心地善良很重要，那你就邀请他／她一起去做义工。他／她如果不喜欢做义工，那你很早就知道，你跟他／她志趣是不相投的。

如果把每个人比做一颗钻石，每个方面的特点，就是钻石的一个切面。首先要了解你生命中钻石切面最大的一面是什么，然后找到一个能够辉映的人，那你这个人生就有很好的开始。怕的是，你自己都不知道自己是谁，就更不知道你会碰到什么样的人，那么不管你有没有爱情，都是一场混乱。

童年和青少年时期

在童年和青少年时期，很多人在爱情问题上手足无措。有些手足无措是因为紧张，这个问题小，因为其实这是很常见的；有些手足无措是因为没教、没学，这个问题比较大。我们不知道怎么开始，也不知道怎么结束。

还有爱情向往的问题，如果没有好好正视过自己对爱情的向往，将是一个极大的问题。没有认真地研究思考过，就会认为自己就是全世界，全世界就是自己，不知道其中的多样性。对于任何人而言，都应该走出属于你自己的爱情之路，千万不要因为别人怎么样，就一定要跟着别人怎么样。你是你，别人是别人，你应当与自己的爱人共创一个独特的未来。

参考标准。大部分人会参考大众媒体传递的观点，这是商业化的结果。会特别要求要怎么样，譬如出去约会不能够把头发设计成什么样子；你不能不一起看电影；你不能不一起吃饭；等等。

成人时期

在成年时期，影响爱情吸引力的要素有哪些呢？

第一是身体的吸引力（physical attractiveness）。虽然我反对"外貌协会"，但是外貌绝对是你第一个会感受到的东西。有人对我说，"老师，我的恋爱对象至少要看着顺眼"，我说你眼睛闭起来比较好，闭上眼睛，你就会用心去看。眼睛会蒙蔽你，心不会。面孔姣好的人，会在第一时间、第一印象上比较有利，这是不需要研究就知道的事情。

第二是诱发（arousal）。这个人会引起你的兴趣，诱发你身体的变化、心理的变化或行为的变化。爱情常常会让人想变成更好的人，这就是为什么有些人会说爱情常常是伟大的动力。

第三是邻近性（proximity）。一旦喜欢上对方，会希望经常在他身边，跟他在一起，常相左右。上课也在一起，吃饭也在一起，希望时时刻刻都在一起。

第四是互惠（reciprocity）。你为他做一些事情，期待他给你的回馈也这么多。但是往往这个交换是不等价的，或者是很难等价的。譬如，在我年轻的时候，有些男生帮女生上课、抄笔记，女生回馈他什么呢？跟他看电影。你觉得这等价吗？所以这是互惠，而不是等价。

第五是相似性（similarity）。这里有两个二分之一理论，就是只说对了一半的意思。因为有人就说，两个人差别越大，越容易在一起，这叫相辅说；也有人说，两个人相似度越高，越容易在一起，这叫相似说。更精细一点的说法是，刚开始认识的时候，相似很重要，交往以后，随着时间拉长，互补性就取而代之，变得很重要。一个人做饭，一个人洗碗，这种互补、相互合作的情况，也是造成相互吸引的原因。

第六是阻挠（barrier）。遇到阻挠，有可能会选择对爱情退却；但也有人遇到阻挠，反而会愈挫愈勇，更坚定彼此想要在一起的想法。当遇到阻挠的时候，双方应该彼此沟通，找出一个双方都能接受的解决方案，不应该只是以爱为名，要求单方面的退出或忍让。你可能觉得是为了对方好，但是对方不见得也会这么认为。

成人的爱情理论中，吸引力的理论也十分有趣。

难以到手（hard-to-get）说。这一理论似乎对女性特别适用——你越难到手，人家越觉得你珍贵。在 20 世纪 60 年代，美国的女性特别讲求"少女的矜持"，就是说，男生约你出去，千万不要第一次邀请就出去，答应得太容易了，他就不会珍惜。

相似（similarity）说。你之所以会喜欢一个人，那个人对你有吸引力，是因为他有很多地方跟你一样，你最在乎的事情，他也在乎。你们具有相同的兴趣，爱同一类型的音乐、游戏、书籍，等等。

相辅（complementarity）说。这个说法与相似说恰恰相反，认为人更容易被与自己不同的人吸引。比如，《那些年我们一起追的女孩》里，功课好的沈佳宜就喜欢功课不好的柯景腾。

循序渐进（sequential filtering）说。就是在不同的阶段，我们会筛选对象。因为你会成长，他 / 她也会成长，刚开始你可能觉得那个初入门共同的兴趣是很重要的；等你再大一点，可能你忽然觉得那个东西不重要，他 / 她还觉得很重要，这样逐渐筛选之下，一些人就不再是你所喜爱、交往的对象。

刺激——价值——角色说。由于不同的刺激，你的价值观会随之改变，你选择的或喜欢的角色也会随之改变。有些人在大学时候可能会比较不在乎金钱上的多寡，然后可能在大学毕

105

业以后发现金钱的重要性，就开始对钱很重视，这样他的价值观就发生了变化。

二元体形成（dyadic formation）说。二元体是社会学和社会心理学的概念。两个人怎样就变成了一对，而不再是两个不相关的人呢？很多电影会设计从误会开始，就像《傲慢与偏见》那样，他看她讨厌，她看他也讨厌，可是最后却成为一对佳偶。你喜欢一个人，很可能会跟他在一起；你开始不喜欢一个人，也有可能和这个人在一起，这才是人生奇妙的地方。

106

关系的开始

一段爱情关系的开始通常要靠表白。表白首先要有一个对象。表白与你的性别和对象的性别有很大的关系。在我们的文化中，一般是男生去对女生表白，这通常被认为是正常的，也是受到鼓励的。但是如果女生对男生表白，似乎就有问题了。男生只会说，我喜欢一个女生，不知道她是否会喜欢我；女生却会说，如果我告诉一个男生我喜欢他，会不会不被珍惜。这正反映了这一观念。

其次，既然去表白，自然要有表白的内容，也就是该怎样表白。通常表白之前我们会有激情的感觉，比如，看到他／她就很紧张，或者很开心，很希望看到他／她，只要走在他／她身边就会很高兴，甚至走在他／她背后都有一种幸福的感觉。

那么，对一个人表白，要不要把这种感觉说出来？你喜欢他什么？你已经了解他/她什么？希望进一步了解他/她什么？很多人去表白，只会说一句，我喜欢你。然后就没有了，这样的表白显然是没有吸引力的。

再者，表白也有时间地点的问题。有人问，表白在什么样的时间地点比较合适？当然是在正常的时间和正常的地点。厕所显然就不是正常的地点，晚上12点以后，理论上也不是正常的时间。有些人喜欢在夜店喝完酒后表白，这其实绝对不是好的时间地点。表白至少要在清醒的时候。

另外，表白中还有害怕失败的问题。表白失败的概率非常高。为什么？因为很可能你看上他/她，他/她没看上你。所以要表白成功，只有一个办法，就是让你喜欢的对象有机会了解你。因为他/她不了解你，他/她不一定不喜欢你，他/她没有像你那样的感情，因为在双方的感情上，你已经预跑了好几步，你已经可能在一百米的地方，他/她还停留在原地，你们俩的感情不对等；比如你已经在网络上查了很多东西，查他/她的同学，了解他/她的家庭状况，对他/她了如指掌，可是他/她对你一无所知。所以你不能期待一表白，就马上进入一个平等的关系，应该预留缓冲期，通过一段时间，慢慢让彼此越来越接近，这样子就有机会。所以你不要因为说"同学我喜欢你，可不可以跟我交往？"这句话就尴尬，人家还不了解你，怎么跟你交往呢？换个方式，"同学，有没有时间，我们喝个下午茶，我想多了解你，也让你多了解我一下。"我觉得这样

107

成功概率就相对高一些，因为你没有给人压力。

关系的开始也有条件问题。在表白之前或之后，有些人会考虑自己或者对方的条件。很多人受到社会观念的影响，要求彼此门当户对，不能高攀；或者有些人的想法恰好相反，就一定要高攀。条件涉及自己的条件和对方的条件。条件中有相互的因素，你现在的条件、他 / 她现在的条件，未来都有可能改变，如果你用现在来看他的未来，除非你真的预测神准，不然谁也看不到谁的未来。他 / 她现在家境很好，将来会不会家道中落？他 / 她现在穷困潦倒，将来会不会飞黄腾达？如果单以经济条件衡量，其实是狭隘浅陋的。

条件问题也包含了环境因素。环境因素是一个广泛的说法，包括你的家庭环境、社会环境、你的朋友，等等。

有些人的条件和过往择偶经验有关。要从过往的经验中汲取经验教训。很多人有失败的感情经历，如果不反思为什么会造成那个结果，我们很容易得出的结论就是，男人没一个好东西，或者女人没一个好东西，因为那个人抛弃了你，你就做出这种非常夸张的结论。这是完全没有好处的，你完全不了解男人和女人，就把所有的男人或者女人当成一样；那么你下次交往的时候，还会陷入同样的境地。你完全不知道自己在哪里跌倒，你就不知道在哪里站起来，或者你就站不起来。所以现在这个交往对象你也不能好好对待他 / 她，因为你以前的情感经历是，你对他 / 她付出真心换来绝情，所以你这次就先绝情，那么这个关系注定毁灭。所以我说，假如你把每一场恋爱看成初恋，把恋爱的单位不要看作一个个人，而是"那个人"和"现在的自己"，好好经营，如果分手，好好了解原因在哪里，你将不断取得进步，避免很多错误。

另外，还要考虑的是社会涵括（social inclusion）和社会排除（social exclusion）问题，也就是他是属于社会上所接纳的一群人，还是社会上所排除的一群人。社会上都会有接纳和不接纳的族群。每个国家或每个文化，会有看不起其他的民族和文化的人。族群之间有些人会有种族中心主义（ethnocentrism）的想法，觉得我们这个族群最优秀，不要和某个族群来往。有的是由于历史累积造成这个错误的印象，有些是来自政治的操弄。像台湾在以前有省籍问题，有些人会认为本省人跟外省人最好不要通婚。有些本省人家庭可能在二二八事变的时候，家人受到不公平的待遇，所以碰到任何外省人，都会觉得他们是统治阶级的一部分。

我也碰到过这样的案例，两个年轻人相爱了，才知道一个是本省人，一个是外省人，本省人的家长就是二二八事变的受害人，因此极度反对两人的爱情，这对年轻人仍然非常勇敢地结婚了。双方家长一直到小孩出生以后才慢慢接纳这桩婚姻，可是当事人从头到尾都没有怀疑过。因此，你要相信你的爱情，别人可以不相信，甚至你爸妈都可以不相信，但你一定要相信，你不相信的话，这段爱情就是没有意义的。现在还是有人偶尔会来跟我说，他自己喜欢上一个他/她爸妈不可能接受的人，该怎么办？我就说，那你就排除你爸妈，选择相信你的爱情。他对我说，可是老师，我怎么知道我是对的？我说，你不会知道，你不做你不会知道，但是至少你现在相信你是对的，你理性地跟自己对话一下，发现你是对的，也许有一天你会说服你爸妈，或你爸妈有一天会了解。自己的决定，自己负责。

社会尺标理论（sociometer theory）。这一理论由马克·利里盖尔（Mark Leary）和同事所提出，主要观点是：自尊（self-esteem）的一大部分是反映了别人对自己的看法，因此每个人心中都有一个社会尺标来衡量自己被别人接受（即社会涵括）或是拒绝（也就是社会排除）的可能性。别人对我们有越多正向的反应，我们就觉得自尊越高。譬如，来上我课的人越多，我就觉得我真的讲得好；如果我上课到后来都没学生来，那我当然自尊会受影响了。以前有一个简单的实验，一个很会讲课的老师给学生上课，实验者和学生串通好，让学生在课堂上不断摇头，不看老师，老师就讲不下去了。换一个老师，学生在课堂上与老师不间断目光交流，一直面带微笑边听边点头，老师的课就越上越起劲。

在恋爱方面，对方的接受会增强自尊，因此强化择偶的想望；对自己伴侣价值感觉较高的人，会在择偶时要求比较高的标准；对方的拒绝会削弱自尊，但并不会因此降低择偶的想望。在交友的状况中就没有这种影响，交朋友，你的要求会比较少，他对你的影响，相对而言就比较少。

"配对游戏"（pairing game）的实验。这一实验由学者埃利斯（Ellis）和凯利（Kelly）提出，游戏规则是，在每个参与者额头上，随机贴上一个他们本人看不到的一个数字，这个数字代表着参与者的"虚拟配偶值"（fictional mate value），要求参与者尽量要找到最高"虚拟配偶值"的人，然后要求交往。

111

被要求的人可以接受或拒绝。如果被接受，这两人就成为一对
而离开游戏现场。如果被拒绝，就继续找，直到找到为止。最
后让参与者猜自己的"虚拟配偶值"。最终，配对成功的都是
分值差不多的人。这个游戏的目的是破除掉我们的一个迷思。
每个人都想找比较好的人，而忘掉了自己的条件，其实最终成
功找到另一半的，都是寻找和自己条件差不多的人。

对于择偶条件，有非常多的角度。

在先天上，有八字、血型、星座。

在个性上，有相似说、互补说（或称为相辅说）。

在外貌上，有身高、五官、胖瘦。

在生理上，有些男性有处女情结，要求自己的恋人、配
偶一定要是处女；女性则少有处男情结，这是极其不对等的
关系。

在感情上，近现代人要求从恋爱到婚姻，要有一个过程；
对于古代人而言，则遵从"父母之命，媒妁之言"，夫妻在婚
嫁之前多未曾见过，则往往是"先结婚，后恋爱"。

在经济上，则有经济基础说，也就是面包与爱情哪一个
更重要的问题。回答这一问题，你得假设前提：如果你没有面
包，而且面包真的是维系你生存的重要食物之时，当然是面包
重要，譬如你饿了几天几夜，自然会选择面包，爱情相对就不
重要；但同样的道理，如果你有了面包，那爱情就比较重要，
面包就不重要了。

其他条件则有：姓氏，过去不少地区有同姓不得通婚的规

矩；籍贯，有些人对特定的省份有不理性的偏见；国籍，不少人不希望自己与外国人结婚，对与外国人结婚的人也有一些偏见；宗教信仰，不少人希望自己结婚的对象与自己有同样的宗教信仰；此外还有兴趣、价值观、缘分等条件。

五大（Big Five）特质

心理学上将人格（personality）分为五大类。人格特质也有可能会影响关系的开始。

第一，开放性（openness to experience），指是不是接受新经验的人。大部分的人都觉得年轻人比较容易接受新的经验，年老的人比较不容易。但是同样在年轻人中间，有些人可能比较愿意去尝试新的事物，有些人就会墨守成规。具有开放性的人，他／她交友的情况就会更广泛。

第二，负责性（conscientiousness），指的是负责任的程度。与负责任的人相处会比较有安全感，你事情交给他，他／她会办得很好，让人放心。负责性也有程度上的差异。

第三，积极性（extraversion），这个人做事是不是很积极，对事情看法是不是很积极。

第四，亲和性（agreeableness），这个人是不是很好相处，具有亲和性的人比较容易交到朋友。

第五，情绪性（neuroticism），情绪性是比较负面的特质，譬如一碰到什么事情就很容易生气。

爱情的小船说翻就翻

所以用五大人格特质考量，可以找到比较适合自己的人，你可以找相似的人，两个人都拥有某一种特质，譬如两个人都是开放性强的人；你也可以找相异、互补的人，譬如开放性强的人可以找开放性弱的人，这样就比较互补。

对两人未来的评估。当你没有共同方向的时候，你就觉得在一起没有任何必要，但是有没有共同方向，不是一个命定的东西，是两个人愿不愿意去奋斗、去追求的东西。你追求不一定追求得到，但不追求一定没有。所以你们就是这样对未来没有期盼，又被现代媒体恐吓"你们这一代人会很惨"，然后你果然就没期盼，后来果然很惨，这就叫自我应验的预言（self-fulfilling prophecy），因为你的不作为，造成了某些预言的成功，不是预言本身会成功，是因为你没有作为所导致的。

"罗密欧和朱丽叶效应"（Romeo and Juliet Effect）。双方在交往的时候存在家庭因素的影响，这在集体文化的国家里面尤其突出，"罗密欧和朱丽叶效应"就是这样的意思，或者华人文化就叫作"梁山伯和祝英台效应"，因为故事差不多。罗密欧和朱丽叶效应就是说，罗密欧跟朱丽叶在一起，为什么恋爱那么坚贞呢？很简单，因为家庭反对。你家庭愈反对，他/她愈坚贞；所以你不反对了，他们可能反而不会在一块儿了。两个人之间本身存在着问题，但是因为家庭反对力量的出现，让他们把所有的精力集中在对付反对力量上，就忘掉了要去解决两个人中间的问题，所以他们俩会很合作。这以前叫作联合次要敌人，打倒主要敌人，次要敌人就是你的伴侣，主要敌人就是你爸妈。所以如果你爸妈不参与、不介入这两个年轻人的事情，他们年轻人出了问题，他们的精力就可以用来解决他们之间的问题，了解他们之间的差异是可以超越，还是不可以超越，而不是花大量的时间在对付家长上，对双方存在的问题视而不见。

一见钟情（Love at First Sight）。很多人对爱情有些错误的想法，认为既然谈恋爱，就应该轰轰烈烈，希望走到天涯海角都要跟你在一起，加上情歌的推波助澜，更容易有这样的想法。有些好莱坞的浪漫电影也会传达这种轰轰烈烈的爱情观点。情歌对谈恋爱的人好，对失恋的人是特别有效，你就觉得那每一个歌词都写进你的心坎里。每个时代都有那种歌曲，字字扣人心弦。在这种情况下，有人分不清是好莱坞迷思还是现实生活。也有所谓昏了头，年少轻狂时作出的一些决定，最后让人后悔不已。另外，两人相爱也有外在刺激的影响。1974年，加拿大心理学家 D. G. 达顿（D. G. Dutton）和 A. P. 阿伦（A. P. Aron）就做了著名的吊桥实验。一个美丽的风景区，既有稳固的石桥，也有不稳固的吊桥。实验研究经过石桥和吊桥的人在情绪上的变化。他们的结论是，如果制造一个能让你心跳，或者生理有急剧变化的环境，你很容易会对那环境中碰到的第一个人产生好感。

开始与开始不了

有人说总是开始不了恋爱，原因是什么呢？

"宅男"与"干物女"。这是现代新出现的词汇，指不喜欢出门交际的人。不出门交际，自然也就难以开始爱情生活。

"暧昧最美"的迷思。有人是这样讲的，暧昧最美，我为什么去表白？我喜欢他/她，我就跟他/她搞暧昧就好了。暧昧最大的困扰就是，你不知道是真的还是假的。很可能最后，和你暧昧的那个人，就与别人开始恋爱了。

表白的错误假设。假设对方的情感和自己相似，实际不是如此，假设对方的价值观跟自己相似，实际大相径庭。这两种情况都很常见，表白者最终也多以失败告终。

对方情感的回馈。有些人没有像你一样的情感，你付出爱情，他能回馈你的只是友情。对于很多表白的人来说，这是不可接受的。

　　性别与爱情的开始，也可以有一些制度性的尝试。我们社会学家相信制度，认为很多看似个人的问题，其实是制度安排的问题。那么制度造成的问题，就可以用制度来解决。譬如可以制度性地在学校中举办一些活动，让学生在适合的环境中，用健康的态度去表达感情。像台湾大学曾经举办过"台大校园倒追日"，学生会在 2014 年的毕业季也办过台大单身季的活动，让学生去认识朋友，在毕业前尝试修习爱情学分。台湾师范大学每年的 6 月 5 日校庆也有西瓜节的活动，让学生可以用赠送瓜类表达情意，例如：红西瓜代表"爱慕"、黄西瓜代表"友情"、苦瓜代表"爱得好苦"、胡瓜代表"糊里糊涂爱上你"等，通过各式"瓜语"传递出不同的情意。

117

———— 第六讲
怎样才幸福：
爱情的维系

爱情
The   社会学
Sociology of love

上一章我们介绍了爱情的开始，这一章我们要讨论爱情的维系。大部分的故事、电影，都在最重要的地方断线，王子跟公主经历了千难万险以后，就非常快乐地活到99岁，可是真正的问题就难在那里。爱情开始了，然后呢？所以你告白成功，我可以恭喜你；我也可以说，同学，你苦日子来了，你每天得花多少时间去照顾你的爱情？告白成功，你终于跟喜欢的人在一起，而后你们要开始磨合了。不要以为告白成功，就大功告成了。没有，这才刚刚开始呢。所有的欢乐和苦难一起都来了。你要怎么维持这段关系呢？

爱情的例行化与深化

很多人把爱情看成阶段性过程，从恋爱到婚姻，是非常大的转折。所以才会有这样一句话，婚姻是爱情的坟墓。怎么会是坟墓呢？因为婚姻是爱情的另外一个阶段，甚至最高、最难的阶段，因为你腹背受敌，如果最后你能够得到高分，必定要经过千锤百炼。

所以在结婚前很多人会怯懦，就拿这个当挡箭牌，说我要永远谈恋爱，这样的话才会新鲜。你能够永远是那一个年龄吗，你永远是 25 岁吗？这个是很多人的奇怪幻想。所以恋爱是有阶段的，如果用电子游戏来比喻，就是段数愈高，局面愈高，问题愈难。所以谈恋爱的时候，刚开始告白，只有跟他／她告白就好，关他／她爸妈什么事儿，等告白了一阵子，两个人要出去玩了，就涉及去哪里玩、去哪里吃饭、去哪里看电影等问题。

有人则秉持多阶段的爱情观。爱情不是到一个阶段就结束了，从谈恋爱到结婚，或者从谈恋爱到分手，都有很多阶段。在不同的阶段，双方互动对象增多、互动层面扩大、互动规则增加、面对挑战增加。

关系维系的定义

增强（reinforcement）理论，分为两个方向，正向增强和负向增强。你跟一个人来往，那个人给你正向的回馈，你当然就会很高兴，所以你也会给他正向回馈；反之，他给你的都是负向的回馈，你会很沮丧，也给他负向的回馈。

社会交换（social exchange）理论。首先，社会交换理论通常与经济学的交换理论不太一样，经济交换理论注重成本和效益的可数量化、可衡量和可共量性。社会交换有的时候是那种不可共量的，也不可量化的，比如友谊与爱情。我们都希望获得的奖赏最大，惩罚最小。为什么很多人恐惧告白失败？因为失败对你来讲是一种惩罚，惩罚的最大化就是失败。

和爱情有关的意涵。爱情就是希望在最没有安全感的领域获得奖赏，并且，是跟别人相比胜出的结果才重要，不是你获得胜利，是因为别人没获得。

斯滕伯格提出了衡平（equity）理论。第一，每个人都愿意自己的成果最大化，奖赏要大过惩罚，可是最大的问题就在这里，什么叫最大化呢？你怎么知道你今天跟这个人来往，是你最大的利益，而不是你不跟他来往，才是你最大的利益呢？第二，在彼此之间协调出一套具有共识的成本效益分配。但是，成本要怎么算？吃个饭叫成本吗，花的时间叫成本吗？效益怎么计算？他对你一笑就是效益，他生气就不是效益？第三，发现不被平等对待的时候会觉得很沮丧，所以我主张爱情上要"平等对待，共同奋斗"。第四，人们会企图消除沮丧，恢复平衡关系。这一理论的前提是，人世间的东西都可以量化，并且显然每一个人知道什么是自己最大的利益。

关系摆荡（relational dialectics）模型由巴克斯特（Baxter）提出。这一理论的意思是，关系摆荡在三种选项之间：自主或关联（autonomy-connection）、开放或封闭（openness-closeness）和老套或新鲜（predictability-novelty）。第一个，你要自主跟他发生关联，意为两个人黏在一块儿，或者说要有自己的时间跟空间。第二个，你跟他的关系是开放还是封闭。开放就是我

123

跟你在一起，我还是一样可以交其他的朋友，不管是同性的朋友，还是异性的朋友，但你是我唯一的男朋友或女朋友，这样的开放；封闭就是说你跟我交往以后，不要再跟任何其他人在一起。第三个，你跟他交往的时候，你的行为模式或者思想，到底是要表现出老套还是新奇。恋人彼此熟悉了，就会有这样的现象，你一开口，他就知道你会讲这样的话，对你的行为具有一定的预测。恋人之间有时也会刻意制造一些新奇，但这种新奇，某种程度上也是一种老套，因为永远无法回到不熟悉、处处新奇的状态。

巴克斯特针对此，提出五种摆荡应付策略：

第一，循环摆荡（cyclic alternation）。面对同一种紧张状态，双方在两极之间轮流采取敌对立场。例如，平日强调自主，周末强调关联。这在现在这样一个生活节奏紧张的时代，倒不失为一个选择。

第二，区隔（segmentation）。建立不同的关系领域以满足两极的不同需求。例如，某些活动分别参与，某些活动共同参与。

第三，妥协（moderation）。在两极之间寻找妥协点，并不完全依靠其中任何一极。例如，双方在恋爱中都不完全告诉对方所有的秘密。

第四，暧昧（disqualification）。用暧昧模糊的方式满足两极的要求。例如，有人在提及自己亲密的信息时，使用"有人"而不是"我"。

第五，换角度看事情（reframing）。不把摆荡的两极看作互斥的，让两极同时可行。例如，两人坐在沙发上，一人看报、一人看电视，同时满足自主和关联的摆荡。

投资（investment）模型

这一模型由鲁斯布尔特（Rusbult）和布恩克（Buunk）提出，投资模型强调承诺的重要性，并认为和承诺相关的三个因素是：对关系的满意程度（成本和效益的比值），对关系满意程度越高，就会承诺越多；其他选项性质的察觉，你还有没有其他的可能性，抑或他/她就是你可选择的最好的人；投资的大小，包括内在的，像情绪，外在的，如共享的财产。

一个人越对自己的关系有承诺，则越愿意通过行为机制和认知机制维系彼此关系。承诺就是你要维持关系。行为机制包含什么呢？第一，顺应，什么事情你都顺着他，两人就不会有冲突，他决定什么，你说好。第二，愿意牺牲，这是利他主义，愿意替别人牺牲这一点，是爱情一个很大的力量。在危难的时候，有些人甚至牺牲自己的性命去拯救对方。第三，原谅别人对你的背叛，在这一问题上，不同人的选择差异很大，有的人采取零容忍态度，你只要做错一次，我就跟你切断关系，有的人则采取原谅态度。

认知机制包括什么呢？第一，认知互赖，我跟你的关系是休戚与共的，你好，我也好；你不好，我也不好。第二，正向的幻觉，我们有一个共同的向往，譬如，将来大学毕业，我们一起去一个城市生活。第三，对其他可能的贬抑，两个人在一起了，那么彼此就觉得对方是最好的，认为其他的追求者或者可能性，就绝对没有对方好。

　　鲁斯布尔特（Rusbult）通过研究发现，满意（satisfaction）和奖赏（reward），与成本（cost）的相关达到显著水准。也就是说，你对关系越满意，就会觉得自己得到的奖赏越高，成本花费相对而言是比较低的；奖赏可以显著地预测满意，你奖赏越多，你就知道他／她会越满意；但是成本就没有办法预测反应，有的时候你多投入或少投入跟结果没有太大关系。满意与投入大小、承诺（commitment）的关系呈正相关，而替代的品质跟承诺只呈负相关。奖赏与投资（investment）可以正向预测承诺，替代人选（alternatives）跟承诺则呈负相关，成本跟承诺没有显著相关。其中也存在性别差异。对男性来说，替代人选不能显著地预测承诺，你不能因为他有多少替代人选，就以此来判断他会不会在这个关系中维持承诺。较多的奖赏、投资以及较少的替代人选会增加承诺，较大的成本鼓励较多的承诺。对女性来说，就不太一样，替代人选的减少会增加承诺，意思就是女人很希望往外看，我还有别的选择，我为什么跟你在一起呢？较大的奖赏跟投资，以及较少的替代人选会增加承诺，但成本却不会鼓励承诺。

　　斯普雷彻（Sprecher）的研究认为，爱情中有自变项和应变项。自变项有：

1. 满意（satisfaction）：到怎样的程度你才会放弃一段很满意的关系？（1= 我没有很满意的情感关系；9= 我有很满意的情感关系）

2. 投资（investment）：到怎样的程度你才会放弃对于他／她的重要投资（例如：时间、共同的朋友、物品、活动、回忆、情感）？（1= 我不会有所损失；9= 我会有很严重的损失）

3. 社会支持（social support）（对于情感关系的社会支持或失恋的社会反对）：你的亲朋好友会有多反对？（1= 完全不会反对；9= 严重反对）

4. 替代人选（alternatives）：你的替代（人选，方案）和现在的情感关系比起来有更多吸引力吗？（alternatives 也可以是和别人开展一段新关系，开始和别人约会，或是自己独处）（1= 更没有吸引力；9= 有更多吸引力）

5. 平衡／不平衡：有时候情感关系会不平衡，有人会付出比较多。思考一下你的关系中交换的不平衡状况，其中一个人在某一方面的时间付出比较多。当你的情感关系变得不平衡时，哪一方比较可能付出更多？（1= 我的伴侣比较可能付出更多；9= 我比较可能付出更多）

应变项就是承诺（commitment）。有四个测量承诺的问题：

1. 你对你的伴侣有多么投入（committed）？（1= 相当不投入；9= 相当投入）

2. 你有几次严肃考虑过和你的伴侣终止情感关系？（1= 从未考虑过；9= 有好几次）

3.明年你有多大可能会试图终止你和伴侣的情感关系？（1= 相当不可能；9= 相当可能）

4.未来五年你有多大可能会试图终止你和伴侣的情感关系？（1= 相当不可能；9= 相当可能）

研究发现，首先，情感承诺（relationship commitment）和满意（satisfaction）、社会支持（social support）呈正相关，与替代质量（alternative quality）和不平衡（inequity）呈负相关。譬如，父母支持的爱情关系，成功的可能性就相对高一点。其次，投资和情感承诺无关。所以，不要认为投入了很多时间、金钱，就一定能够成功。最后，最能预测情感承诺的两项因素是替代人选（alternatives）与满意。如果有替代人选，通常分手就会很干脆，毫无牵连。

感情维系的功能

卡普兰（Kaplan）曾提出关系维系的三大功能：

第一，情绪表达（emotional expression）。维系情感的目的就是让情绪得到正常表达，可是很多人在交往以后，反而不会正确地表达自己的情绪，为了让对方高兴，常常掩饰自己心里的想法。明明不高兴了，看到他，却故意要装出高兴的样子，这就是没有正确的情感表达。

关系界定（definition of relationship）。你跟他 / 她既然是男女朋友了，但是你要做某些事情，讲话分寸到哪里、身体的接触要到哪里？关于这些事，情侣双方想法可能会不太一样，必须通过沟通来界定两个人的关系，哪些是可接受的，哪些是不可接受的。

第三，秩序维持（preservation of order）。两个人发生冲突的时候该怎么办？我通常的建议都是在没有发生冲突的时候，设定好冲突的规则。如果我们将来吵架，我们要怎么做，如果我们将来分手，我希望能够怎么做，两个人可以先交换意见。这个东西就像消防演习一样，消防演习要在天气很好的时候，这样你就能够知道，哪里需要加强。

129

最小利益原则
（Principle of the Least Interest）

最小利益原则是 Waller 于 1938 年在《家庭：动态解释》（*The family: A dynamic interpretation*）一书中最早提出的。他发现，在一些交往关系中，双方是不平等的，有的人比较有权力，颐指气使；有的人则卑躬屈膝。情感涉入较浅的人在情感关系中比较具有权力，可以控制情感、关系的存续。是你爱我的，不是我爱你；是你当初求我跟你在一起的，不是我求你。这种人在关系里面就比较有权力。而另一方可能反应就是，拜托嘛，拜托嘛，求你做我的男/女朋友。平等的情感涉入会有较高感情的满意度和稳定性，所以我才会建议你们平等对待。

关系维系行为
（Relational maintenance behavior）

戴维斯（Davis）提出三种关系维系的外在力量：

第一，控制影响关系的社会和自然环境。譬如说，我们一起去度假，一起去冲浪，一起走吊桥，脱离日常生活。那么两个人浪漫的感觉，就会借着这种外在的刺激慢慢提高起来。所以很多人建议，当两个人情感关系遇到瓶颈的时候，去度假吧。你到外面去走走，离开你现在的日常生活环境，让你有机会见到这个人或你自己，在另外一个环境中的另外一个样子，有机会重新点燃爱苗。

第二，不满就说出来（have-it-out）并加以改善（work-it-out）。不要有什么不满意就憋在心里，只跟自己的好朋友讲，或在社交网上讲。比较奇特的现象是，大部分在关系中处于弱势的人都会对关系不满意，但都不敢直接对恋人讲，只会对不相关的人抱怨。

第三，通过重新整合的仪式更新关系。比如：关系周年庆、聆听"两人的定情歌"、外出约会吃大餐等。

艾尔斯（Ayres）对于关系维系策略有三种分类：

第一，避免策略（avoidance strategies）。就是对于伴侣做出改变关系的行为，故意视而不见。譬如，他骂你装作没听到、装作没看到，每次挨骂都装傻。到了结婚以后，这常常是老公的策略。

第二，平衡策略（balance strategies）。将恩惠和情绪支持的数量保持恒定，以免关系生变。也就是说，不要一次性地让他／她满足，而是分批给他／她满足。

第三，直接策略（directness strategies）。直接告诉伴侣关系应该维持不变。但是关系很难维持不变。大部分人都不了解关系一定会变，一定会变得平淡的。所以很多人就问这个问题，我跟我的男／女朋友，已经到了像亲人的地步，请问我该怎么办？其实你不必怎么办。哪有每天都维持高亢状态的？就像天气，哪有每天都是晴天的？晴天、雨天、阴天，就是这样子交替出现，有变化才有意思；关系中也是这样，有冷淡、有亲密，这样才有意思，每天都很亲密，每天都很冷淡，这都是不对的。

巴克斯特（Baxter）整理关系维系策略的分类时，将其归类成下列十二项：

1. 改变外在环境（changing the external environment）。比如一起去度假，不要老去同一个地方。很多夫妻最大的共同兴趣跟出游的地点是大卖场，你就算是去大卖场，也可以换另外一家，改变一下环境。

2. 沟通（communication）。沟通的方式、内容非常重要。

3. 后设沟通(meta-communication)。譬如说两个人在一起，有一方碰到困难会采取不沟通的这种策略，另外一方就会很难过，通常是男方不沟通，女方就会问，你为什么不讲话？探讨

131

"你为什么不讲话"这个事情就是后设沟通，也就是把沟通当成一个讨论的主题。

4.避免后设沟通（亦即通过压抑来维系）(avoid meta-communication)。表现为我就是不讲话，你再问我千百遍，我也不讲话，讲了就错，干脆不讲。

5.反社会策略（anti-social strategies）。譬如，强迫伴侣在某些方面做出改变。很多人谈恋爱之后就会希望伴侣变成这个样子、那个样子，譬如变得长发飘飘、白衣胜雪、玉树临风，等等。

6.顺社会策略（pro-social strategies）。譬如，很多人谈了恋爱就会整个人都变得高兴起来，对人的态度也变得良好了。

7.仪式（ceremonies）。包括庆祝、重新宣告的仪式等，比如在认识的纪念日、恋爱纪念日、结婚纪念日等，送对方礼物，表达爱意。

8.自发性（spontaneity）。自发性需要努力具备，是比较困难的。

9.在一起（togetherness）。花时间在一起相处。有人说，对不起，我今天很忙，我今天晚上要去见客户，等等，这都是借口，会让人讨厌。刚刚谈恋爱时怎么总有时间相处？后来不想花时间在一起了，才找一堆借口搪塞。

10.寻求／允许自主性（seeking/allowing autonomy）。允许各自在交往关系中仍保有自己的一些自主性，拥有自己的想法和空间，不需事事迁就对方。

11. 寻求外在协助（seeking outside help）。譬如，国外有关于婚姻的咨询师服务，一旦双方认为婚姻存在问题，可以共同去咨询。譬如好莱坞电影《史密斯夫妇》（*Mr. and Mrs. Smith*）中，就有婚姻咨询的片段。

12. 其他（other）。其他和维系关系有关的策略。

关系维系的行为类型

根据卡纳里（Canary）和斯塔福德（Stafford）的研究，关系维系的行为类型，一种是策略的（strategic）关系维系行为，是有计划的、有特定目标地维系两个人的关系，譬如计划旅行，这是非常有策略和目的的，要花时间去准备。另一种是例行的（routine）关系维系行为，是习惯性的、无特定目标地维系两个人的关系，两个人的相处已经形成了固定的模式。

如何策略地维系关系呢？主要有五种类型：

第一，积极主动（positivity）。要有礼貌、精神振奋的谈话，避免批评对方。

第二，开放（openness）。要安排时间讨论两人关系中的问题，不要怕触碰两人之间的问题。

第三，允诺（assurance）。表达爱意并允诺未来的方向。尤其是两个人没有结婚的时候，在交往过程中常常会搞不清楚，对方是不是还喜欢你。有的时候纯粹只是撒娇；有的时候是真的不确定，为什么你最近都不理他？或者，这个礼拜跟上

133

个礼拜态度不太一样；等等。如果没有沟通、没有确认，没有重新给他允诺，他会觉得你是不是在离开、疏远他。

第四，运用社会网络（use of social networks）。参与彼此的亲友活动，并且让亲友知道两人之间的关系，有时候可以帮助你们去解决问题，帮助你们有广阔一点的人际关系，而不是只活在两个人的小世界里面。活在两个人的小世界，有时候冲突会比较直接。我们都会有发脾气的时候，我们都会有不想理人的时候，我们都会有一些闹小别扭的时候，别人能够帮一点忙，这个冲突就比较容易过去。

第五，分工（sharing tasks）。家庭琐事和责任的分工。这个问题对于结婚的人来说，是非常重要的一点。

关系维系策略的归纳

关系维系的策略有哪些呢？

第一，正向的策略，让互动的过程愉快。为达这一目的，首先，需要精神抖擞（nice and cheerful）。例如，在他／她身边的时候，我要尽量表现出神采奕奕，而且正向肯定，不要表现出很颓废、对这个世界没有希望的样子。

其次，恩惠（favors），为了表达我们的关心，我会帮助对方。谈恋爱或者维持关系，互相帮助这一点是非常重要的，如果自私自利，是绝对不可能建立关系的。你光说帮助，也不一定是恋爱关系，但是在恋爱关系中一定会有帮助。这个帮助是彼此的，但传统的帮助都希望是男方帮助女方、男方来解救女方，白雪公主需要别人拯救，而不是白雪公主可以自救。但其实，白雪公主也可以选择自救，不一定只能被动地等待王子。

再者，正向社会行为（pro-social behaviors）。包括：正向主动（pro-active），就算我不高兴，我做事也很积极。有人不高兴就写在脸上，表现在行为上，比如不高兴就甩门。回应（Reactive），为了让她高兴，我会做很多牺牲。我们以前那个时代，男生都要做这些主动回应的事情，扮演牺牲的角色。此外，也可以表现情感（show affection），譬如通过经常牵手和拥抱来传递对彼此的情感。

第二，开放（openness），直接讨论，倾听对方，并且提供意见。

但是这个涉及"限度"的问题，有些人的关系到后来不是提供意见，而是指手画脚，特别是男生。在我们那个时代，都觉得女生笨，女生见的世面少，女生常常有妇人之仁，做事情常常容易被骗，我们男生要是不站出来，女人就完了。这种救世主的心态，导致男生常常不是提供意见，而是直接跳出来指导。在我们那个时代，很多男女关系一开始就是不平等的。婚后不平等，那是不用讲的，因为没有女生期待关系是平等的，男人本来就要比女人强，我才要依仗他。"良人者，所仰望而终身也"，这句话孟子那时代就说过了。男人若比较弱，没有女生会看得起他，所以当时的有些女生就甘于权力弱小的那种角色。这当然是不合时代潮流的想法。

135

开放包括：自我揭露（self-disclosure），彼此分享别人不知道的事情，这叫自我揭露。你不会跟老师讲，你不跟其他人讲，但你会跟他/她讲。后设关系沟通（meta-relational communication），譬如说沟通彼此的问题与感受，讨论两个人关系中所发生的问题，力图找到解决的方法。历史（history），我们经常讨论我们的过去，包含提及过去男女朋友，这要有健康的关系，才做得出来，有的人就极力隐藏。建议（advice），包括给建议（advice-giving）——我会尝试提供过去的经验，以及寻求建议（advice-seeking）——我仰赖他/她的建议。有些人并没期待你提供建议，而你总是给建议，这就是一个权力不平等的关系。有些时候对方只是在发出一种感情讯号，可是我们男性到现在为止的训练就是有问题要给出建议。我们就是答案的提供者，这是男人应该做的角色。首先要学会倾听，之后问，你是否需要建议？而不是一上来就给人提建议。男人要学习做个倾听者。冲突（conflict），当他/她作出某些让我生气的事情的时候，我会让他/她知道。所以有时候关系中有这种预警系统，譬如，你再说，等一下我会生气。有人没有预警系统，马上就发飙，让对方觉得怎么会这样呢？我在好好跟你讲事情，怎么你就气成那样？有人有这种情绪管理的问题。同理心的行为（empathic behavior），就是说我们会倾听彼此的意见，不妄加论断。倾听已经很难了，倾听之后还不妄论断，这接近圣人的境界。我们大部分人听到一半就开始给建议了，要认真耐心倾听，确实需要很高的情商和智慧。

第三，允诺（assurances），公开和私下的允诺对方。允诺是很不容易的，不能随便答应，答应了就要做得到。所以孔子说："民无信不立。"允诺的内涵包括：首先，支持（supportiveness），我支持他个人的成就和目标。我们跟人家交朋友，跟人家建立比较深的关系，就是因为我们的信念相近；即便不相近，另外一个人也会支持我们，这常常是我们要跟人家在一起的原因。其次，舒服（comfort），我们在一起的时候感到舒服并且相互支持。你跟他聊，就是聊得来，你听他讲话就是舒服，这就是人与人之间最愿意在一起的原因。再次，需求满足（need satisfaction），我会尽量满足他 / 她的需要，满足对方的需要，这也是我们会跟人家在一起的重要原因。最后，公开宣示（overt expression），公开表达无条件的爱。

第四，社会网络（social networks），主要指亲朋好友。两个人一起生活，很大程度上社交网络会相互交融。譬如，我尽量接受她的那些我不认识的朋友。

第五，分工（sharing tasks），践履关系中的例行工作和杂务。譬如，分享打扫的责任，两个人共同生活，家务劳动等如何分配，也是非常实际的问题。

第六，共同活动（activities），也就是互动双方选择花时间彼此相处以维系关系。首先，双方会在一起共度时光，不管去看夕阳，或者看日出，或者干什么。其次，例行事件和场所，譬如，我们会一起去同一个酒吧。再次，仪式，譬如，我们参加周末足球赛，或者要看棒球赛选择支持哪一队。再次，反仪式，偶尔我会为了出乎她的意料带她外出度假。再次，说话的时间，会安排两人谈话时间。最后，偶尔造访和出游，譬如，两个人异地恋，去探望他／她；两个人一起旅游；等等。

第七，卡片、信件和电话，使用不同的管道保持关系的联系。譬如，写信给对方，过生日的时候寄生日卡给对方，有事没事打个电话，等等。

第八，避免（avoidance），躲避人或问题。首先，逃避议题。总有一些话题你不想谈，不喜欢谈，譬如我最不喜欢谈的就是胖。其次，躲人。譬如，我躲着他，不要看到他。有人喜欢某一个人的时候，看到他就觉得尴尬，立刻就躲。再次，其他交往，我们会规划不同的活动，以便跟各自的朋友相处。如果有机会谈恋爱，一定要规划自己的时间跟共同的时间，还要跟自己的朋友来往，也要让他／她跟自己的朋友来往。最后，协调自主，这就是尊重对方的隐私权。不要一谈恋爱，对方的账号密码、你的账号密码就混在一块儿，一旦哪一天分手了，就麻烦了。

第九，反社会行为（anti-social），也就是看似不友善的行为。间接的方式有，我的情绪起伏不定，让他不想跟我亲近。谁想跟一个起伏不定的人亲近？因为你的情绪起伏不定，一般的朋友都不知道你当下的情绪是什么意思。跟你亲密的人其处境会更糟糕，招谁惹谁了，不知道该怎么跟你相处。直接的方式有，对他的朋友很不客气，这会让他的朋友觉得很尴尬，如果你跟他在一起，他的朋友某种程度就要变成你的朋友。你批评他的朋友，某种程度就是在批评他；就像他的朋友要批评你，他也会很难过一样。可是有人不懂，就希望掌控一切，这种控制狂最后的生活通常会很惨。

第十，幽默（humor），也就是讽刺和笑话。正面的方式，譬如彼此称呼对方好笑的绰号，像我这样胖的可能就会被叫作嘟嘟。通常在成长过程里面，越狠毒的绰号，就表示这个人的人际关系越好。负面的方式，譬如嘲笑他的鼻子。

情感发展

斯滕伯格（sternberg）提出十种对关系发展具有重要性的主要特质：

1. 沟通（communication）／支持（support）：两个人要沟通彼此的想法，你要支持对方所做的决定。

2. 了解（understanding）／欣赏（appreciation）：你要了解和欣赏他／她，不要觉得他／她做的事情都很无聊，没有意义。

3. 容忍（toleration）／接受（acceptance）：每个人都有不同的优点与缺点，你要把他的缺点当成缺点来批判呢，还是接受他／她的缺点？就像有人胖，你要接受那个人胖，而不是一直嫌他／她胖。

4. 弹性（flexibility）／可塑性（modifiability）：人类不是已经完成了的动物。我们都是在不断地摸索之中，在不断变化之中，所以你不要期待去认识一个人时，那个人已经是一个完成的作品。你要想到，你也不是完整的人，两个人交往，是不断地让自己跟对方变成更好的人，让两个人的关系变成更好的关系。有些人会感叹，好男人或好女人都被人家捷足先登了，这种观点真的是错误的，多数人都是经过两个人的磨合以后，才变成所谓的好男人、好女人。波伏娃在《第二性》中说："女人不是天生的。"同样，男人也不是天生的，他们都是不断地受过文化的刺激以后，然后在交往过程中，通过沟通交流，了解到自己的一些错误，逐步改善。

5. 价值（values）／能力（abilities）：情感也和双方拥有的价值或能力有关。在爱情刚开始的时候，往往我们是欣赏对方的一些观念或是能力，进而倾心于对方。斯滕伯格指出，人们在刚开始谈恋爱的时候，经常会称赞对方的能力，随着交往时间愈长，慢慢愈来愈不会称赞对方。但其实肯定彼此的能力和价值是很重要的，这有助于关系的维系。

6. 家庭（family）／宗教（religion）：有些人说，我不能跟单亲的人来往。但是，看问题不要单看形式。有些人是单亲，但是他的父母处理得很好，彼此之间友善来往，孩子的情感也就很健康；反之，有些父母虽然没有离婚，但是不停地争吵，孩子的情感也不会很健康。因此各位千万不要有这个误区，认为一个形式上完整的家庭的孩子就健康，或者一个单亲家庭养育的孩子就不健康。

7. 财务（finances）／杂务（chores）：当两人在一起的时

间愈久，生活圈愈来愈重叠，自然就会涉及一些经济问题或是日常生活的琐事，譬如：两人的财务该如何区分，吃饭或出游的花费由谁埋单，一些杂务和琐事该由谁处理等问题。这些都是很实际的状况，双方要沟通彼此的想法，找出一个双方都能够接受的分工和处理方式。

8. 外表吸引（physical attraction）／激情浪漫（passionate romance）："外貌协会"的人特别会注重外表。有些人觉得所有的关系都应该激情浪漫，所以万一两个人变成亲人以后，好像就没有关系了。这都是误解。

9. 喜欢（liking）／友情（friendship）：依照斯滕伯格的爱情三元素理论，在爱情发展的初始阶段，我们感觉比较强烈的感情是激情、热情（passion），随着关系逐渐发展，亲密感（intimacy）扮演的角色愈来愈吃重。喜欢、友情某种程度上就是这种亲密感的表现。随着交往的时间愈长，两人之间的炙热情感火花虽不再像热恋期般浓烈，但是，正是因为还喜欢着对方，拥有友情也同样具有信任、亲密等特质，两人的关系还可以维系。

10. 忠诚（fidelity）：情感中的忠诚对于关系的维系也很重要。一旦关系中有一方出轨，要回到原本的关系状态，自然需要多花一些修补的功夫。更别提如果有人是持"零容忍"原则，把对方出轨（不忠诚）视为一种不能容忍的错误，两人关系就只能走向破裂。

在爱情关系中，有些特质会随着时间而改变其重要性。

141

首先，有些特质会随着时间的推移变得越来越重要。这些特质是：第一，共享的价值，当你年华老去，可能不像以前年轻时那么漂亮，美女也不够美了，帅哥也不够帅了，但是你们还有共享的价值，这是两个人会撑下去的重要的东西。你看到他／她还是像当初看到他／她那样，他／她的一颦一笑不会因为多了一条皱纹，就在你心中少掉一点重要性。第二，愿意响应对方做改变，表示你是爱他／她的，你愿意为他／她做一些改变。第三，愿意容忍对方的缺点，譬如对我来说，就要有人容忍我胖，觉得胖一点儿不算什么。第四，适配的宗教信仰。对于宗教徒而言，这一点是非常重要的。信仰一样的宗教最好，如果不能，也要尊重彼此的宗教信仰。

反之，也有一些特质会随着时间的改变而变得越来越不重要。这些特质是：第一，对于彼此的兴趣。很多夫妻看起来不像夫妻，就是共同过生活的人，他们一起经营这个家，没有那么多浪漫想象，目标就是过日子，让子女也过得好。第二，面对彼此的家长。刚刚结婚的时候，可能觉得家长很重要，看重家长对自己的评价等，后来越来越不重要。第三，专注地聆听彼此。很多老夫老妻讲话是牛头不对马嘴的。比如先生回家说狗喂了没有，太太说那个钱交了没有。夫妻就这样太太讲太太的，丈夫讲丈夫的，都听到了，只要没有说没，那就表示有。

有趣的是，调查发现，随着时间流逝，适配的宗教信念会越来越重要。人很奇怪，到了四五十岁，忽然间对宗教的问题、对生命的问题，有不同的体会。尤其万一有从小一起念书的同学、朋友去世了，就会开始注重养生了、注重生命了、注重多与老朋友联络了。这种感觉在 30 岁的时候不会出现，40 岁的时候不会出现，50 岁的时候就会出现了。再有就是对传统文化价值感兴趣。譬如，我以前觉得京戏非常无聊，现在听听就觉得还不错。

另外，婚姻关系里面有所谓七年之痒（seven-year itch）。但是在社会学研究里面发现，现代人有两大离婚高峰，并不是结婚七年，而是在结婚后的第二年和结婚后的第九年。为什么呢？结婚后的第二年就是磨合期，如果没有磨合好，多数夫妇在这个时期也没有生小孩，两个人很容易就分道扬镳了。结婚后第九年成为离婚高峰的原因是，这个时期，多数家庭的孩子已经进入入学龄，夫妻双方放在照顾子女上的精力相应减少，夫妇双方发现，以前为了照顾小孩，两人疏于沟通，等到小孩去上学，两个人忽然间觉得彼此非常陌生，于是走向离婚。

143

爱的表示和行动

那么，什么是爱的行为与表示呢？

第一，情感的支持。两人彼此成为对方情感的寄托，互相支持彼此。

第二，生活照顾。生活上面他 / 她会照顾你，你会照顾他／她，比如男性在天气冷的时候，他就会带你去吃比较热的东西，或者把自己的长袖衣服脱下来披在你身上，好多人认为这是男性温柔体贴的象征。

第三，日常陪伴。不要小看日常陪伴的重要性，细水长流的生活陪伴也是情感的重要表现形式。

第四，互赠礼物。赠送礼物是一个非常重要的，可以表达两个人之间情意的一种方式。

第五，分享秘密。因为你爱对方，你们拥有相当的信任和情感基础，所以你可以与他／她共享秘密。

爱情发展的事件

学者霍姆伯格（Holmberg）和麦肯齐（Mackenzie）将爱情发展过程归结成 51 个爱情事件，研究爱情发展会经历哪些阶段，发生哪些事情。当然不是所有的爱情都会朝一个方向发展，这里的 51 个爱情事件是双方成功走向婚姻的一种模式，我们不妨对照观看一下：

1. 两人相遇；
2. 两人针对共同兴趣开始闲谈；
3. 分享共同兴趣；
4. 一方被另一方吸引；
5. 相互吸引；
6. 电话聊天、增进彼此了解；

7. 谈及自己兴趣；

8. 变成朋友；

9. 提出第一次约会的请求；

10. 第一次约会；

11. 决定继续约会；

12. 非正式约会次数增加；

13. 公共场所的短期约会（如：看电影）；

14. 第一次牵手；

15. 第一次拥抱；

16. 第一次接吻；

17. 享受彼此为伴；

18. 爱情发展出浪漫关系；

19. 约会越来越自在；

20. 发现彼此的新事物；

21. 学习彼此的价值观和道德观；

22. 变成好朋友；

23. 开始关心对方的幸福；

24. 开始专一来往；

25. 自我揭露（例如：目标、梦想、秘密想法）；

26. 谈论过去的感情；

27. 强调在一起的快乐；

28. 开始参与对方的日常生活；

29. 开始增加性方面的亲密；

30. 开始认识对方的朋友；

31. 爱情开始增长；

32. 开始花更多时间在一起；

33. 开始花更多时间单独在一起；

34. 开始成为最好的朋友；

35. 讨论爱情的期望；

36. 在一起感到安适并且相互支持；

37. 第一次性行为；
38. 第一次表现对于对方的承诺；
39. 开始完全信赖对方；
40. 情感中出现诚实；
41. 第一次说出"我爱你"；
42. 见对方家人；
43. 开始认识对方家人；
44. 开始和对方家人建立关系；
45. 开始独享亲密事件（例如：生日和节日）；
46. 开始和对方家人分享特别的事件（例如：生日和节日）；
47. 开始共同讨论未来；
48. 决定要和对方共度此生；
49. 公开宣布两人要共度此生；
50. 同居；
51. 订婚。

关系维系建构单位

西格曼（Sigman）提出"关系持续建构单位"说（Relational Continuity Constructional Units，RCCU），旨在探讨在伴侣缺席的情况之前、之中或之后，一个人建构关系持续的行为。RCCU 有三种类型：

第一，预想的单位（prospective units），指两人分离之前的行为。包括：互道再见；议程设定（agenda establishment），对于未来互动的期望，例如"明天早上办公室见"；使用象征符号，如结婚戒指或订婚戒指；留下痕迹，例如，将物品如牙刷等留在对方家中。

第二，思念的单位（introspective units），指在缺席期间，关系不同时出现的情况下的行为。又可分成两种：（1）附属物品，如球队夹克、结婚戒指、对方的照片，都在对方缺席的情况下表示关系的存在。（2）媒介，如问候卡片、便条、电话、电子邮件。

第三，回顾的单位（retrospective units），指在关系不同时出现结束后的行为。例如，回顾两人不在一起时的问候和会话。

吉尔斯顿·迪迪亚（Gilbertson Dindia）和艾伦（Allen）的研究发现，两人分开越久，关系的满意度越差；分离的时间越长，越会影响关系的持续。

关系维系的离心力和向心力的模拟

根据卡纳里和丹顿（Dainton）的整理，关系维系的向心力是指感情维系、保温或是升温；离心力是指感情降温、降级或中止。

向心力包括：承诺（commitment）、宗教信仰、自我认同、无法挽回的个人投资、有小孩、法律规定、财务义务、社会网络、没有其他选择，觉得两人的关系有未来发展可能等。

离心力包括：第一，不使用维持关系策略，例如，不去约会，不做任何努力去维系两人的关系，这样两人的关系可能很快就变得非常冷淡。第二，感情的一个月半衰期（half-life），有人将半衰期翻译成半生期，是从化学元素的概念来的，意思就是说感情每隔一个月会减量一半，到后来趋近于零，就会慢慢冷淡。所以你要是提出过这样的问题，我跟他/她已经越来越没感情了，要不然你们就去旅游，重燃爱火；要不然你们大概就是慢慢走向分手之路。结婚通常不是重燃爱苗的方式。

第三者介入与关系维持

情感维系最大的危机通常就是第三者的出现。通常谈第三者会有两种情况，一种是在谈恋爱关系中第三者，另一种是在婚姻中的第三者，这两种情况略有不同。

针对第三者，学术界使用的相关概念有外遇（love affair）、不忠（infidelity）和二元体之外的关系（extradyadic relations）。

在形式上有：

"一夜情"（one-night stands），这是在第三者介入中比较简单的形式，只要本着双方自愿的原则即可。激情外遇（passionate love affairs），外遇是与激情联系在一起的，往往与懈怠、无聊形成鲜明对照。以某人为对象的性幻想（sexual fantasy），有人认为这是精神外遇或情感外遇。伴侣交换（mate exchange），也就是所谓的"换妻俱乐部"。这种行为在美国及世界许多地方都有，都是夫妻双方自愿参加的，并且参与者不认为存在道德问题。二元体之外的浪漫依恋（extradyadic romantic attachment），也就是伴侣以外的异性好友，但是自我认定与他人认定之间可能有差距。传统的解决方法很简单，就是你一旦有了女朋友，你就不要再跟异性的朋友来往，也不要表现那么亲密的关系，增加瓜田李下的嫌疑，还造成你生活上的困扰，但在现代社会不太可能如此处理。调情（flirting），什么样叫作有趣的谈话，什么是调情，对这个问题各人感受不一致，有些人就不觉得那是调情，而是觉得你不要说话那么轻佻。嫖妓（sex with prostitute），这一直是个很大的问题。有些国家禁娼，有些国家不禁，娼妓有没有存在的必要，这个是解决不了的难题，讨论不完的问题。

149

　　第三者的介入，在现代婚姻中具有普遍性。第一，汤姆森（Thompson）整理了过去 12 种婚外情的研究发现：至少婚姻中一位伴侣会发生婚外情的概率介于 40% 到 76% 之间，其中 13% 的男性和 21% 的女性宣称曾经有过"单纯的"精神外遇，而 31% 的男性和 16% 的女性有关性和情感关系的婚外情。第二，婚姻中的外遇要少于约会或同居关系中的外遇（劈腿）。因为对同居、约会的法律束缚力比较低，外遇的后果相对而言没有婚姻严重；婚姻中由于责任感、法律束缚等缘故，外遇就相对少。第三，男同性恋关系中的劈腿现象要比异性恋关系多，但是女同性恋关系中的劈腿现象却比异性恋关系少。第四，黑人、再婚的人、教育程度很高或很低的人、都会地区的人，以及没有宗教信仰的人都比较容易劈腿或有外遇。第五，男人比女人的外遇比例要高，不过有越来越平等的趋势。第六，大部分文化和社会都谴责外遇，认为是不道德的行为，20世纪90年代约有70%到90%的美国人认为外遇是不道德的，1997年的调查发现，78%的荷兰人认为外遇是错误的行为。第七，对外遇态度比较宽容的人多半是年轻人、教育程度高的人、中上阶层的人、宗教信仰薄弱的人、住在都市的人、具有比较自由的政治观念的人。第八，大多数社会对于男女外遇采取双重标准，对于女人的外遇行为要比对男人的同样行为有更多的谴责。男人外遇通常会被原谅，女人有外遇就万劫不复。托尔斯泰的小说《安娜·卡列尼娜》正体现了这一点。

根据利纳尔达托斯（Linardatos）和莱登（Lydon）的研究，当两人的关系内化为当事人自我的核心时，比如就会把"我们的"当成是"我的"，有吸引力他者的出现和介入就是等于对自我的威胁，因此当事人会启动认知的机制来维护既有的关系免遭破坏。所以并不是所有的人碰到外遇都毫无抵抗能力，有些人是有的，这些人就是责任感比较强的人。如果你有交往关系了，有人还来跟你表白：我喜欢你，你大概礼貌的说法就是谢谢你，但是我已经有男/女朋友了，我对我的感情很满意，我不会再有另外一段关系。

第七讲
分手快乐：
爱情的结束

————————— 爱情

The 社会学——

Sociology of love

这一章我们要探讨的问题是爱情的结束。我们可以用图示的方式来表达：

153

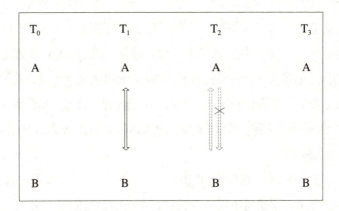

图 1　爱情关系的结束过程示意图

数据来源：孙中兴绘制。

在时间点 T_0 的时候，A 与 B 是完全不相识的两个人，很多人忽略两个人还有这样一段关系。尤其在分手的时候，最常见的一个痛苦呼号就是："没有他／她，我怎么活得下去？"可

是在 T_0 阶段，你就不认识他/她，你还是活得好好的。所以我一定要强调 T_0 阶段，提醒你，你有过一段时间是没有他/她的，你活得下去。

接下来时间点 T_1 那个箭头是双箭头，表示两个人就有了交往、在一起了。当然从 T_0 到 T_1 是一个很难的过程，但是因为现在讲到爱情过程的结束阶段，所以爱情过程的开始这一段就省略来讲。通常讲爱情的开始从 T_0 到 T_1，爱情的延续就从 T_1 到 T_2。

接着我们就要谈 T_2 到 T_3。关键在 T_2 的某一个时间，忽然间两个人的感情出现了某种情况的不对等。我们抽象地说只能这么描述，每个不同的个案可能有不同的说法。T_2 这个时间点，B 对 A 觉得两人还在关系里，箭头还成立；A 对 B 则觉得自己已经没有投入那么多了，图中的箭头就打了个叉，这时候才是分手的真正开始，一个人心中已经起了疑惑。但是通常 T_2 会延伸出来另一个时间点，也就是什么时候 A 告诉 B 说："我们分手吧。"

到时间点 T_3 的时候，B 也同意了，两人分手了，A 又是 A，B 又是 B，可是这不是一个循环，不会回到过去那个 T_0 的时间点，因为 T_3 这时候你充满了对这一段交往时间的回忆，所以你确实可以有没有他/她的日子，但是因为你有这个记忆，所以你会痛苦。这是你在 T_0、T_1 的时候不会有的。有人说我一直痛苦怎么办？痛苦就哭嘛。《中庸》说："喜怒哀乐之未发，谓之中。"我们都有这种情绪，好的不好的都有，"发而皆中节，谓之和。"你不能高兴的时候装作不高兴，不高兴的时候装作高兴，自己会疯掉了。不高兴就是不高兴。该悲就悲，该怒就怒，该乐就乐，所以失恋这阶段要怎样不难过，那是不可能的事情，不要做不可能的事情。失恋一定难过，我怎么忘记他 / 她，不可能忘记他 / 她的，所以你不用强迫自己会忘掉他 / 她，终有一天会忘掉，你把他 / 她摆在记忆中很好的位置，将来再看到的时候，不会再难过，那是比较重要的。所以不要立刻就想自己怎样摆脱痛苦。痛苦总有一天会过去，某天你忽然发现，你早上起来之后，是带着微笑的，那天痛苦就走了，你的记忆永远会在，但是再看到那个画面的时候，你就不会那么痛苦了，这就是成长，这就是人生的智慧。

结束的开始

第一，结束是一个过程。爱情是一个过程，结束是一个过程中的小过程，但是这个过程有多长，不是看你的回忆有多长，而是看你的悲伤有多长。哪一天你再看到这段回忆，再也不悲伤的时候，就真正结束了。这种结束不仅是形式上的结束，更是心理上的结束。心理上真正的结束，就在于你可以面对回忆不会再度悲伤。

第二，结束是恋情的回顾与前瞻的混合和混乱。你在分手的时候，两人当初相处的美好画面都会出现，就会让你难过加上难过，很奇怪，被告知要分手的人很少在分手的时候，想到对方的不好，想到的都是对方的好，平常都不会想到，被人家告知要分手，忽然间想到对方真的是很好的一个人。

第三，分手谁说了算？以前在以男性为中心的社会里面，理所当然地认为，应该是由男人来提出分手。分手其实应该是两个人的事情，不是谁说了算。不管男方想分手还是女方想分手，都应该明确地表达出来。但是有的时候，有些人在分手时怕麻烦，不知所措，所以选择逃避，想用不了了之法分手。

关系结束的形式

关系结束的形式有：情侣的分手、夫妻的离婚、外遇分手、一方死亡。所以严格来讲，所有情感都会结束的，即使不结束于分手、离婚、外遇，也会结束于死亡。既然有死亡，那么怎么样可以有一个永恒的爱情关系呢？关系结束了，活在你记忆中，那才是真正的永恒。所以永恒的爱情关系是在记忆中的，不是在现实当中存续的。世人可能会认为梁山伯与祝英台的爱情故事是永恒，但他们是真人真事，还是当时的人创作出来的故事，都难以判断。他们永恒的爱情只存在故事里。

关系结束的相关因素

关系结束有三个层次的相关因素：个别因素、二元体（dyadic）因素和网络因素。

首先，在个别因素中，有以下因素影响关系的结束：

1.年龄。青少年时期结婚的人比较容易有不稳定的关系，太早结婚可能心智不成熟、经济能力不成熟、情感能力不成熟，所以婚姻不会维持太久。二十几岁结婚的人离婚率会比青少年时期结婚者低，但是二十几岁之后结婚的人离婚率又会比较高。伴侣之间的年龄差距过大也比较容易导致关系不稳定。

2.族群。非裔美国人比美国白人的离婚率高。低收入的人、低职业地位的人、低教育程度的人，以及丈夫失业的人比较容易离婚。中国传统说法叫作"贫贱夫妻百事哀"，但是如果夫妻虽然贫贱，两个人性情相近、有共同想法，还是可能维持的。父母离婚的人也比父母没离婚的人容易离婚，再婚率也比初婚率高。婚前生子的人比较容易离婚，婚后生子的人比较不容易离婚，特别是当小孩是男孩时更不容易离婚。情绪性（neuroticism）人格因素，也就是体验到负面情感的倾向高的人容易结束关系，譬如对方不经意的一句话、一个动作，就东想西想的人，关系就容易结束。亲和性（agreeableness）低而且积极性（extraversion）高的人，容易婚姻破裂。

其次，在二元体因素中，有以下因素影响关系的结束：

1.两个人态度相近比较容易成为朋友或是情侣。

2.态度相近的情侣关系比较不容易破裂。态度相近也就意味着看法、价值观的相近。

157

3.对两人关系满意的情侣比较容易展现正面情感，对关系不满意的情侣则会展现负面情感。

4.负面行为比较容易成为侦测关系满意度的指标：不是说你们两个人享受什么，而是两个人彼此会去忍受什么。负面情绪的表达可以预测婚姻满意度，但此因素会随着时间的流逝而减弱。享受，谁都能享受，你看他帅，谁看他都蛮帅，你看她美，谁看她都挺美；但是如果你能容忍他／她的缺点，也许就是你跟别人不一样的地方。

5.不满意的伴侣展现比较多的负面行为。

6.面对冲突时，婚姻不满意度和离婚是高度相关的。

7.妻子比丈夫更经常展现要求（demanding）行为，丈夫则比妻子更常展现退缩（withdraw）行为。

8.丈夫比妻子更不满意婚姻时，婚姻容易破裂。

再次，在网络因素中，有以下因素影响关系的结束：

1.亲朋好友对于情感关系的赞同会降低伴侣关系破裂的可能性，不赞同则容易导致关系的破裂。

2.伴侣两人网络成员的重叠程度越高，关系越稳定；网络重叠程度减弱，关系稳定性也跟着减弱。

3."罗密欧和朱丽叶"效应对于男女朋友和夫妻的影响是不同的。"罗密欧和朱丽叶"效应就是指家里的介入，因为家里的介入让两个人花很多的精力在应付家里的反对，而没有去面对或正视两个人之间关系中的问题。

分手考虑

分手要考虑哪些因素？

范德比尔特（Vanderbilt），阿格纽（Agnew）和威尔逊（Wilson）研究承诺（commitment）、分手考虑（dissolution consideration）和分手行为（leaving behavior）之间的关系。

首先要考虑的是承诺因素。分手实际上是违背了当初的承诺。承诺要素的考量有：第一，我承诺要维系我和伴侣的关系，如果这种认同越强，就越不容易分手。第二，我希望我们的关系长长久久。第三，我想要处在这样的关系中。第四，我想要我的关系有更长远的未来，例如，我可以想象和我的伴侣能从现在开始到几年后都还在一起。第五，我感到很认可（very attached to）我们的关系，与我的伴侣有非常强的联结。这些承诺因素的分数越高，则关系越稳固。

分手的考虑因素有：第一，我曾经考虑过中止我们的浪漫关系。第二，我越来越觉得我应该和我的伴侣分手。第三，我发现自己希望伴侣和我当初没有发生浪漫关系。第四，我几乎要告诉我的伴侣，我要中止我们的浪漫关系。第五，我告诉过我伴侣之外的人，我可能会中止我和他／她的关系。你不敢先跟他／她讲，你先跟你的朋友讲，这也代表你大概已经开始要打"退堂鼓"了。

研究发现，承诺和分手考虑在概念上以及经验上是独立

159

的，没有相关的。分手考虑介于承诺和分手行为之间，从考虑分手到真正分手中间是有一段时间差的，所以任何一方提出分手的时候，大概都已经考虑过一段时间了。只有承诺的因素不能解释分手行为，要加入分手考虑、考量才恰当。

分手的原因

分手到底有哪些原因？

首先，基础原因。表现为：第一，追求时的热情浪漫感觉消退。消退是必然的，只是面对这个必然，人们要采取什么样的方式应对。如果认为消退就是没感情，那就分手，关系很轻易便结束了。第二，亲密感和彼此包容的情况减少。刚开始恋爱的时候，你在包容他／她，比如吃东西很慢，你觉得这是慢条斯理，那时候任何事情都会往好的方面解释。等到两个人关系稳定以后，任何事情都向差的方面解释。每次吃饭那么慢，多浪费时间！

其次，角色的增加。随着关系的深入，要处理的不只是男朋友、女朋友的关系而已，要面对的人很多。你不是只有面对他／她，你还要面对他／她的爸爸、妈妈，甚至还有兄弟姐妹、他／她的朋友等。有人很讨厌关系的复杂，这通常是分手的另外一个原因。

再次，沟通的匮乏。双方因为不沟通，或者逐渐走向不沟通，开始产生秘密了。有些事情他／她突然间不想告诉你。可能分手之后，事后建构，才会感觉一方先行察觉双方关系有问题，先打"退堂鼓"，而你没听到鼓声。我听同学讲分手的故事，都非常仔细，你作为一个被分手的人，在故事的重建里面，你到底知不知道，他什么时候要跟你分手？其实有时候，从被分手者的叙述中可以发现，他们自己都不知道双方关系何时出现问题的。

另外，大部分的人其实都没有共创一个结束的剧本。每次我都建议人家，虽然很煞风景，但在两个人最情投意合的时候，就要建立分手的剧本。如果将来有一天我们分手了，我们要怎么分手？万一任何一方因为意外灾难死亡，该怎么处理遗产的问题。有的夫妻不谈这个问题，有的夫妻会谈得很清楚，我就有这几样东西，如果我死了，这几样东西怎么处理。

最后，了断一段爱情非常的困难，因为你要重新建立自我跟独立感。回到本章一开始的"爱情关系的结束过程示意图"，在时间点 T_0 这里的时候，你的自我很清楚，跟他／她没关系；在 T_1 的时候，你的自我容纳了对方，然后对方对你的赞许、对你的欣赏会变成你自己的一部分，扩充的自我部分已经建立；然后到 T_2 这里就变得很难熬了，为什么他／她以前那么喜欢你，现在忽然间不喜欢你了，你的自我该怎么处理？到了 T_3 确定分手的时候，你跟他／她不再有关系，但是你还满怀着交往时的记忆，这时候你该怎样继续在人生之路上走下去？这是最困难的时候。

161

分手过程

学者安妮·L.韦伯（Anne L. Weber）整理了详尽的分手过程：

第一，亲密：成本效益分析（Intimacy：A Cost-Benefit Analysis）。韦伯引述琼斯（Jones）和伯德特（Burdette）的研究指出，亲密有两大风险，第一是怕被拒绝（rejection）；第二是怕被背叛（betrayal）。所以有的人告白的时候，最大的困扰就是这个，我万一告白，人家拒绝我怎么办？如果遭到拒绝，至少你知道了对方的答案，不再烦恼这个问题了。你认为你拖着不告白，会增加你成功的概率吗？不会，只会延长你难过的时间而已。亲密也意味着归属感的需要（the need to belong），对心爱的人自我揭露（self-disclosure），意思就是把最亲密的话、心底的话，都会跟他／她说了。

第二，分手的面向和阶段（Phases and Stages of Breakup）。这部分有很多关于离婚的研究，譬如韦伯就引述了韦斯（Weiss）对于离婚的研究，指出：很多人会执着于回顾（obsessive review）当初发生了怎样的问题，完全不想未来的问题，所以就卡在那里走不出来。再有就是感觉孤寂（loneliness），忽然间觉得自己好寂寞，"冠盖满京华，斯人独憔悴"。尤其到了秋天，秋风萧瑟，会觉得了无生趣。再有依附持续（The persistence of attachment），人家已经不理你了，你还对他／她念念不忘，诸如，"你虽然离开我了，但是你一定还要来照顾我"，"没有你，我会觉得很寂寞，你一定要打电话给我，我要听到你的声音，才睡得着觉"，等等。

第三，学者研究了 103 个外遇的终结（the end of 103 affairs）。韦伯引述希尔（Hill）和鲁宾（Rubin）的婚前分手研究得出，可以预测分手的因素有：年龄、最高学历、外表吸引力的差异，而同居和性关系的有无则与分手没有相关联。分手的过程（the breakup process）和学年的变化有关，很多人在学期中谈恋爱，暑假、寒假因为两人都不在学校，分开了，所以就分手了。女性比男性较容易提出分手。女性比男性会不情绪化，也不黏人，对未来的看法也比较务实，这跟我们大部分人的经验是相反的。这是以美国大学生为主的研究。

第四，拓扑学模型（Duck's Topographical Model）。是由学者达克（Duck）在 1982 年提出的，分手有四个潜在的模型：先前的问题（pre-existing doom）、机械故障（mechanical failure）、过程流失（process lost）、猝死（sudden death）。分手有内心的面向（the intrapsychic phase）、两人的面向（the dyadic phase）、社会的面向（the social phase）以及坟墓装点面向（the grave-dressing phase）。坟墓装点面向的意思就是，分手以后，你怎么去谈论这个事情。就像人死了以后，你怎么让他的葬礼办得风风光光。有人问你，你们为什么会分手，你就必须讲出一套理由，我觉得我们可以说不适合之类的比较体面

163

的理由，而不会说，因为他 / 她觉得我是个烂人，因为我有外遇了，因为我骗他 / 她。

第五，要经历悲伤。悲伤的任务（the task of grief）是什么呢？特别是分手者的朋友，你们可以在这个阶段扮演陪伴、支持的角色。莱克和戴维森—尼尔森（Leick & Davidson-Nielsen）指出下面几项任务：1. 当事人要确认失落的事实，所以有些人会不断地讲两个人的爱情故事，讲到周围的人避之唯恐不及。2. 当事人要适当地释放悲伤的情绪，所以不要怕哭，可以通过哭泣发泄悲伤的情绪。3. 被分手的一方不仅要拾起碎片，并且要发展保留面子的说辞，还要发展新的技巧以面对眼前的新生活。4. 当事人要放弃重归旧好和阻碍现实的幻想，将新的情绪能量投入新的互动和关系中。

第六，沟通与分手（communicating and disengagement）。其实从很多当事人重建的故事里面，仔细一听，可能在某个点上，两个人已经开始进入 T_2 这个阶段。帮助当事者认识分手的轨迹（trajectories of disengagement），是对其走出阴影非常好的办法。还有分手的剧本（separation scripts），他 / 她现在要跟你分手，他 / 她已经不喜欢你了，你应该怎么办？比如说应该好好地活着，让他 / 她将来后悔。

第七，跟我说（tell me something）。有些人会选择用不告而别（left hanging）分手，通常这是最容易的方式，突然就没联络了，从人间蒸发。当事人还有意义的需求（the need for meaning），他 / 她把东西都寄还给我，这是什么意思呢？我到底哪里让他/她不满意了？因此，归根结底，当事人有终结的需求（the need for closure），需要有人明确告诉他/她，我们分手了。

第八，了解与控制（comprehension and control），其中包含了对抗（confrontation），要去面对这种情况，去面对这种失恋，或者人家跟你分手的事实。

有学者借用濒死状态来说明失恋问题，也非常具有说服力。人听到自己要死亡，第一反应通常是否认（denial），不会吧，不是我吧，哪会有这种事，看错了，再检查一遍。第二个反应是生气（angry），为什么是我，我做了什么坏事，我上辈子得罪了谁，为什么是我？第三个反应是讨价还价（bargain），是不是我做一个好人，上帝就不让我得这个病，第二天醒来，医生就会打电话告诉我，对不起，检查错误了？第四个反应是沮丧（depression），我该怎么办？第五个反应是接受（acceptance）。

离开的人讲的到底是原因还是借口？原因就是我们通常认为是真实发生的事情。借口呢？那就是糊弄你用的。有人问，你为什么跟我分手？因为我太忙了。这到底是真的还是假的，是个问题。在分手的时候，我都建议诚实以对。有人说，诚实会很伤害他/她。其实欺骗才会伤害他/她。有人会有这样的顾虑，担心如果诚实地告诉他/她，那他/她怎么接受呢？"现在不要告诉他/她，他/她将来自己会知道"，很多人采取这样的态度。既然你是他/她生命中曾经那么亲密的人，为什么你不能直截了当地告诉他／她呢？为什么你要等他／她将来自己察觉呢？诚实地告知对方，这是对彼此最大的尊重。分手是一个人提出，但最终需要两个人来决定。就算你觉得不必见面了，有人觉得自己还是没分手，要两人决定分手，那才是分手。有好多人以死相威胁，或者真的跳楼自杀，这些人都是不能接受分手的结果。从另一个角度来看，这些恋情都是没有结束，而生命却结束了，徒留遗憾。

有吸引力的他者（attractive alternatives）的介入是导致关系破裂的重要因素之一。到目前为止，很多人觉得关系的结束如果是因为第三者的介入，会比较容易理解，但是这也可能掩盖了真正的原因。你认为所有的原因都是第三者的介入吗？我们要不要再往前想一下，第三者为什么会介入呢？你是不是活在一个幻想里面，你跟他／她是最天造地设的一对，谁也攻不进来，其实这只是一个虚幻的东西，等到他／她碰到了另外一个人，那个人对／她更有吸引力，你们的关系就结束了。很多人有一个错误的想法，就是追问，什么是他／她有而我没有的？好像这是一个零和的游戏，他／她有我就不能有，我有他／她就不会有。有的时候不是这样的，有的时候刚好就是因为你有他／她没有，他／她有你没有，这才吸引人。其实人是可能同时喜欢不同的人的。像老师喜欢不同的学生，这件事情是很轻松的；你喜欢不同的朋友，这也是没有什么道德压力的。可是在情感关系里面，要喜欢不同的人，还要对"原配（正宫）"做出承诺，道德压力就来了。

分手过程

范吉利斯提（Vangelisti）将几位学者对分手过程的说法整理如下：

表 4　分手过程中的阶段比较表

纳普（Knapp）（1978 年）	达克（1982 年）	巴克斯特（1984 年）	李（1984年）
分化 Differentiating	内心的 Intrapsychic	关系问题的出现 Onset of relationship problem	发现 Discovery
限制 Circumscribing	二元体的 Dyadic	决定要离开关系 The decision to exit the relationship	曝光 Exposure
僵持 Stagnating	社会的 Social	启动片面终结行动 Initiating unilateral dissolution actions	妥协 Negotiation
闪避 Avoiding	妆点坟墓 Grave-dressing	分手的初步反应 The initial reaction of the broken-up-with party	解决 Resolution
终结 Terminating		两难和修补剧情 Ambivalence and repair scenarios	转化 Transformation

续表

纳普 (Knapp) (1978 年)	达克 (1982 年)	巴克斯特 (1984 年)	李 (1984年)
		启动双边终结行动 Initiating bilateral disso-lution action	
		两难和修补剧情 Ambivalence and repair scenarios	

数据来源：转引自范吉利斯提，由孙中兴翻译成中文。

达克的模型后来又增加一个部分："复活过程"（resurrection process），指的是在一段关系终止之后，一个人重新开展未来生活的后续部分。

范吉利斯提认为以上四位的过程，都可涵括在下面五种过程中：第一，要确认问题出在哪里（recognition of problems）。第二，伴侣讨论问题（partners discuss problems）；第三，转向社会网络（turn to social network），寻求其他人的协助跟支持；第四，决定终止关系（decision to terminate the relationship）；第五，康复和修补（recovery and repair），有的关系会因为双方的努力又恢复了。

另外，也有学者提出婚姻走向无情（marital disaffection）的过程。首先，失望的开始（beginning Disappointments），对对方感到失望。其次，愤怒和伤害升高（escalating anger and hurt）。最终，到达冷漠和不在乎（reaching apathy and indifference）的情绪。冷漠、不在乎是爱情的最大敌人，恨还不是，恨还对彼此有感觉，只是带着负面的情绪而已；冷漠是完全没有感觉。

分手方式

由于时代的发展，通信方式的多元，分手的方式也变得多元化了。有面对面告知的方式，无论是有其他通信方式，还是没有其他通信方式的时代，面对面告知都是一个负责任的表现，也应该是值得提倡的方式。电话告知，电话发明以后，有些人就用电话告知而不见面，因为觉得见面尴尬，甚至可能会被甩巴掌，在公共场合你可能会大闹，怕那场面太难看，就干脆不见面。电子邮件告知，后来电子邮件出现，也有人写电子邮件告知对方。也有短信告知，有人甚至连电话都不打了，避免听到声音，发个短信告知分手了事。你以为这是最差的吗？不，还有社交网络分手，譬如，直接在人人网上恢复单身状态，当事人甚至可能是最后才知道分手的人。

分手其实有几个要素需要重视：

第一，尊重。如果当初大家曾经在一起那么相爱，难道分手的时候，不应该表现出曾经相爱的样子吗？一定要视同仇雠吗？好歹要有个最后的温柔吧。

第二，不要没完没了。有些人分手藕断丝连，分了又合，合了又分，反反复复，其实对双方的伤害更深。

169

第三，分手要讲明白。有些人不讲清楚原因就分手，甚至采取一走了之的逃避态度。被分手者莫名其妙，因此陷入留恋、怨恨的状态不能自拔，双方出现的问题并没有好好解决。

对于分手，有人的态度是接受，有人的态度是不接受，有人则是不了了之。接受自不必说，我们重点来谈谈不接受和不了了之。

首先，如果已经分手，你不接受能怎样？其实，在分手中最难过的可能是被迫接受。事后想想，可能不是对那个人多有情，而是难以接受"被分手"这个事实。

其次，不了了之。你没打电话给他，他没打电话给你，最后他结婚了，你也结婚了，再也没见过面、没有联络，这就是不了了之。分手这件事，应该是共同决定的，因为人与人应当平等对待，但是大部分人其实是单方面决定的，一方决定分手，而后两人逐步走向分手。

分手策略

根据科迪（Cody）的研究结果，分手策略可归纳成五个方面的内容：

第一，正面语气（positive tone）。道歉，表示遗憾，尽量不要伤及对方。比如，"对不起，我觉得我们在一起久了，再也没有当初那样的感觉，我觉得分手对彼此都比较好"，这就是一个基本上正面的语气。

第二，负面身份处理（negative identity management）。说明和别人约会比较重要、说明两人分开对两人都好。举例来说，"我觉得我跟你在一起一点乐趣都没有，我最近跟某人在一起，我们就快乐得很，所以我想和别人在一起"，"我觉得你跟我在一起也没有乐趣，我们都应该找到让自己快乐的人"。

第三，说法（justification）。表达不满、解释分手原因。譬如，"你要问我为什么跟你分手，我告诉你，你就是这种跋扈的态度，我早就忍受不了你了"。

第四，行为降温（behavior de-escalation）。避免见面、不打电话、不回电话。有人比较不会讲话怎么办？就用行为来表示，避免见面，以前会见到，忽然不见了，然后电话也不打，也不回电话。

第五，降温（de-escalation）。告诉对方要放下，冷静一段时间，将来也许还会在一起。

范吉利斯提整理不同的研究发现：用情越深的人或是网络重叠越多的人，越可能使用"说法""降温"或是"正面语气"的方式分手。

从分手策略中可以归纳出四种因素：

第一，退缩／回避法（withdraw/avoidance），就是尽量避免面对关系的终结。譬如，"你最近是不是都有别人了？""没有啊。""那你怎么最近很少跟我见面？""期中考试啊。"等等，用一些理由来搪塞。

第二，操弄策略（manipulative strategies），有意操弄让对

171

方来终结关系。故意表现很差劲，让对方很生气，期望对方来主动提出分手。

第三，正面语气策略（positive-tone strategies），关心对方情绪反应。

第四，公开对质（open-confrontation strategies），直接面对关系终结问题。比如："我已经不可能跟你再发生什么关系了，你要迟早面对这个现实。"

以上四个因素可以分成两个向度：直接或间接，自我取向或他人取向。

赫希曼（Hirschmann）和鲁斯布尔特（Rusbult et al）将分手与否的四个考量取了一个有趣的名字，LOVE 法。

L：Loyalty，你发现了你们关系中的问题，把问题摊开出来，但你还是选择留在关系里，这叫作 Loyalty，忠于你的爱情。

O：Overlook，如果你发现了问题，选择隐忍不说，继续留在关系里，叫作 Overlook，忽略、容忍问题。

V：Voice，有人选择离开这段关系，在离开前说出了问题。比方说："我跟你在一起已经忍受很久了！"这叫 Voice，讲出你的不满。

E：Exit，退出关系。有的人选择说出不满后，退出关系；有的人则什么都不说，直接退出关系。

我们把上述的 LOVE 法以"说不说出问题"，以及"去留的决定"两个向度区分，制作成以下表格，以便理解这四个考量之间的关系：

表 5　分手与否的四个考虑

问题		决定去留	
		留	去
	说出	忠诚 Loyalty	发声 Voice
	不说	视若无睹 Overlook	走人 Exit

数据来源：孙中兴根据赫希曼和鲁斯布尔特的概念制表而成，并翻译成中文。

173

分手过程的情绪反应

提出分手的人通常比较冷漠，可能会选择避不见面，通常以男性较多。被告知要分手的人通常都比较愤怒、很不满、感到悲伤、忧郁、无力，感到人生无意义，很多人因此就陷入忧郁的地步，甚至得了忧郁症。辛普森的研究表明，情感投入多的一方、感情时间长的一方、没有其他感情候选人的一方，比较容易在分手后感到苦恼痛苦。这就是最小利益原则，这也是有些人认为"与其选择一个你爱的人，不如选择一个爱你的人"的原因。但是不要忘掉这是从一种成本效益分析法而来的观点，爱情不是一场买卖。对于爱情，不要从成本效益上讲，认为我吃亏了、亏大了。成本效益的衡量，适合于金钱，但不适合于爱情。

疗伤止痛、重新出发

分手之后，如何恢复自我，重新快乐地生活？学者们对此也做出了研究。

针对疗伤止痛，有学者提出非常有益的建议：

第一，处理被剥夺的投票权（dealing with disenfranchisement）。这是一个比喻，指处于弱势的一方并没有做决定，就被告之分手了。那么，这一方是受伤害的一方，要处理这方面的问题。或者，如果是你的朋友被分手了，你要帮助他/她处理问题。

第二，回顾与记得，以及被记得（retrospection, remembering and being remembered）。回到本章一开始的"爱情关系结束过程示意图"，通常被分手者都是回顾从当初相爱的时光，也就是图中从 T_1 这个时间到 T_2 这个时间，这是一段回忆中幸福美满的日子，然后这个幸福美满的日子对照 T_2 到 T_3 的时间，自己就会觉得更加奇怪，因为曾经有这段 T_1 到 T_2 的美好时光，怎么会转到 T_3 的呢？被分手者他/她有时候必须找到一个点，找到一个他/她能接受的理由，这个理由常常不是在第一次找寻时就会找到，通常要经过不断地反省，甚至一直到多年后，他/她才会慢慢地找到。如果找到的理由不是真正的理由，最后当然伤害的是自己，没有学到教训，不知道改善的可能性在哪里，甚至有可能会重犯错误，伤害未来的关系。所以，这里讲的回顾，通常分手了，大家都还会回顾，记得、希望被记得，这些都不用强求，通常大家都一定会记得，一定还记得你喜欢过他 / 她啊，只是不愿意讲出来而已。而记得，也不等于人家还爱你呀，这是两回事。

第三，勿忘我（remember me）。发生过的事情其实是不会忘记的，有些人可能会装作不认识。

第四，幽默与希望（humor and hope）。当你可以开始拿自己过去的一段关系开玩笑的时候，表示你找到了新的人生希望。这个问题已经过去了，变成人生的一个经验。如果你从中学到什么，那就变成了人生的智慧。

175

走出伤痛的策略有哪些？韦伯建议走出悲伤的策略有：

第一，发泄情绪（express your emotions）。有一段时间，你必须在一个很安全的环境之下，在没有人看到的地方，好好地痛哭一场，发泄情绪。

第二，要找出事情真相（figure out what happened），不要被假象蒙蔽。有些人觉得自己谈了一场恋爱，觉得人家抛弃你；有的时候人家根本就没抛弃你，人家都没跟你谈恋爱，"被抛弃"只是你的想法，人家只是你的朋友而已。

第三，面对现实，不要理想化（realized，don't idealize）。不要认为自己很痴情，对方很无情，有的时候就是两人不适合在一起而已。

第四，迎接更好的感受（prepare to feel better）。不要老是沉溺在这种悲伤里面，甚至开始自卑。要知道自己是个不错的人，没有爱情，还是一个好人，千万不要因为一次分手就觉得自己很悲哀、一无是处，没有生存的意义。

第五，期待疗愈（expect to heal）。疗愈可能需要一个非常长的过程，在这个过程中，不要封闭自我，给自己一点时间，慢慢疗伤。

第六，说给别人听（talk to others）。一定要讲出来，通过讲出来，进而宣泄自己的情绪。

第七，从其他角度来着想（get some perspective）。一件事情常常有不同的观察角度。最常见的一个例子就是半杯水的故事。对于半杯水，是认为"只剩下半杯水了"，还是"还有半杯水呢"，这反映了心态。

第八，准备接受更多惩罚，或者也许会有奖赏（ready for further punishment, or maybe reward）。失恋者常常失魂落魄，可能还会面对来自其他方面的惩罚，诸如，学习成绩下降、丢失工作，等等。有的时候，则可能会有一些好事发生，譬如：重新发现身旁友谊的重要性，等等。对于这些，只能坦然接受。

分手误区

如何应对分手，也有很多行为和理念的误区。

一个常见的行为误区就是，以一段新恋情来取代旧恋情。有人认为，这是对旧情人最好的报复。这是最常听到的、最可怕的误区。你要报复谁，谁会真正受到报复？退一万步说，感情不在了，情义要在，你不能有报复的心，这就不是你当初跟他/她交往时的用意。你为什么要跟他/她交往，因为你觉得跟他/她在一起可以有更好的未来。分手，意味着这个未来没有了，那么，你至少能有更好的自己。不要因为感情没有了，就把自己也搞垮了，不要把自己最黑暗、最难堪的一面全部激发出来。

另外一个常见的误区就是，有些人分手之后就断定，天下男人或女人没有一个好东西。这也是没有必要的发泄，因为这样的理念对自己没有帮助。这不是天下男人或女人的问题，而是一个特定对象（你的前交往对象）的问题。你所需要的，不是对天下的男人或女人绝望，而是对特定的对象、特定的关系反思，力争在下一次的关系中做得更好。

结束与结束不了

分手之后，什么是可以结束的，什么是不能结束的？

第一，分手后是选择报复还是放手？报复是很多人直接想到的事情，这完全违反了爱情关系。爱情不是一种算计关系，不是一种有报酬、有损害的关系。分手只是爱情关系的结束，不应该涉及报复。

第二，分手之后还会是朋友吗？这是人们经常发问，或是被问到的问题。在我看来，如果双方交往时彼此对待是诚实的，没有第三者介入而分手，相对而言是比较容易再当朋友的。如果两人分手，只是因为双方发现彼此在价值观、兴趣等方面不合，还是有可能成为朋友的。但是分手之后成为朋友，对于多数人而言是个奢念。双方的爱情关系已经结束了，首先需要做的是脱离关系。进入朋友关系则需要双方的豁达和为人处世艺术。

第三，不要因为分手而丧失自己对人生的希望。恐吓、骚扰、伤害、谋杀、自残、自杀，这些都是人性最黑暗的方面，是不值得的。分手后，只需要发泄出自己当下情绪就好，不需要自残、自杀，也不需要对外伤害别人。如果真做出这样的黑暗行为，伤害的将是自己、对方；可能还有对方的亲密关系人，例如家人、朋友等；以及其他更多的无辜他人。

第八讲
爱情的偏差
行为与犯罪

————— 爱情
The　社会学—
Sociology of love

　　这一章我们要探讨爱情的偏差行为与犯罪。首先，我们需要探讨什么是偏差行为。偏差行为基本上是偏离社会规范，或者偏离一般的道德，却还不至于触犯法律的行为。违反社会既定法律的行为，则是犯罪行为。偏差行为的理论预设是，有一个明确的社会规范，通常指的是社会的主流道德观和价值观。问题在于，有些事情没有明确的规范，尤其当处在新旧思想交替的时候，在什么是该做的行为与什么是不该做的行为之间，灰色地带很大，造成了偏差行为界定上的困难。有些当事人甚至认为，一些爱情的偏差行为是爱情的表现，认为爱情没有犯罪的问题，爱情没有对错的问题，这都是很常见的错误想法。爱情当然有对错，比如你不能杀人，你不应该骗人。不应该骗人就是道德上的问题，不应该杀人就是法律上的问题。

正常与异常

　　探讨偏差行为是比较麻烦的，有些行为不是很恰当，并不一定就是偏差行为。在社会学的研究中，有一组专业术语——normal 与 abnormal。normal 表示正常，abnormal 表示不正常。不正常并不是表示不好的意思，从统计学上的常态分配来讲，所谓的不正常大概就是属于头与尾两端，中国传统的说法叫上智与下愚，比较聪明的人与所谓比较笨的人，这当然不是一个很好的说法，是一个方便的说法，这两端都是异常的。有学者认为这种译法不够好，有歧视之嫌，将其改称为"典型"与"非典型"，或"常见"与"非常见"。

不管怎样的译法，这种二分法都代表了几个层次的内容：

第一，次数多寡的问题。常见就是你常常见到。当然这要看你生活在哪里了。对狱卒来讲，他常见到的是犯人，所以犯人是正常的，而我们这些不犯罪的人反而是不正常的，他不太容易见到。所以这个"常见""非常见"，要看你的身份与社会角色而定。在一般常见、不常见的说法中，我们有个假设的社会上一般人，根据从一般人的角度是否容易见到来判断什么叫常见，什么叫不常见，这跟次数多寡有关，常见的次数较多；反之，不常见出现的次数较少。

第二，与公序良俗有关。这里最大的问题就在于道德的观念。在不同时代有不同的想法，比如在我上大学的年代，男生如果长发披肩，和嫖妓同罪。但现在则不同了，男生也可以留长发。

第三，专业判断。专业判断就是说，使用一些专家的说法或判断，比如，我们不能乱讲别人有没有精神病，人家可以告你毁谤。那这个人是否得了精神病，要有专业的判定，有精神科医师的诊断。

第四，就是说话者自己的好恶。合他的想法，他就认为你正常，不合的就认为你不正常。

所以其实我们讲正常跟不正常，或者正常跟异常之间的区分，有时候蕴含着四个不同层次的问题。有时候单纯指的是次数多寡的意义，没有道德的意含指涉；有时候就是道德意含，没有别的意义。

183

偏差行为的社会文化界定

偏差行为的社会文化界定主要是从以下因素来探讨偏差行为。

数目，也就是行为偏离标准数值多少。

性别，社会对男生、女生都有固定印象的文化期待，如果你违反这个期待，就会被认为是不正常的。比如，男生去上女厕所，或者女生去上男厕所，就会被认为是不正常的行为。

年龄，我们的社会将十八岁以下的人称为未成年人，对他们的行为进行种种约束。美国社会对年龄的管束则更为细化，比如，在电影分级上有 PG13，就是 13 岁以下的儿童要看这类影片需要家长的陪同监管；合法的饮酒年龄为 21 岁；等等。

族群，譬如在台湾地区有原住民。原住民的生活习惯、风俗与非原住民有很大的不同。台湾地区现有的原住民族有 16

个族（可参考原住民族委员会网站），各原住民族也有各自的文化。再有，新住民，也就是新移入台湾地区的人，可能在行为方式上也与在台湾居住很久的人有所不同。中国台湾的新住民也有来自不同国家、地区的人。不同族群各自可能存在着不同的生活方式。

当事人原有的关系以及当事人交友或婚姻状况，譬如许多文化都不允许兄弟姊妹之间发生性关系，日本人就喜欢游走在这个界线边缘，像《泪光闪闪》那部电影，最后就来这一套。日本电影很喜欢来这一套，到后来，就说原来他们不是同一个爸妈，好像这问题就真的解决了，但这问题没真的解决啊，这都是很尴尬的问题。

家庭，有的家庭基本上不管小孩，有些家庭管得很严，不同家庭的人就有不同的规范。比如说你第一次到对方的家里去，你如果穿着拖鞋、短裤就去了，我保证你和对方家长的关系不会很好。

社会阶级，在某些有钱人眼里，一定要开什么样的车才有身份，万一开很差的车，就会有人看不起你。在美国纽约一些高档的公寓，某些人要搬进去，管委会可以决定让不让其入住。以前我在美国念书的时候，就看到一个新闻，麦当娜要搬到纽约的一所公寓去，结果公寓的人拒绝她搬入，因为她是电影明星，她入住可能会影响其他居民的安静。

教育，这一点在过去特别明显。以前的女生父母都会说，我让你念大学，这就是你的嫁妆，因为你受到好的教育，代表你的基因不错，能够生出聪明伶俐的小孩。

职业，大家都希望找一个有正当职业的人做伴侣，有正当职业意味着有不错的收人、体面的生活。但问题是，现在有正当职业，能保证六个月以后还有吗？能保证六年后还有吗？大部分人都不看六个月后、六年后，只看现在，现在有最实在。我经常举一个例子，有人结婚的时候，有车子，有房子，有职业，一切都好；结完婚六个月，经济不景气，车子没了，拿去抵押了，房子卖了，工作也没了，可是婚姻还在。对于只看外在条件的人，我深深觉得不可理解。尤其二十几岁的人，到了三十几岁、四十几岁可能会有很大的变化。怎么能用二十几岁来推断你的三十几岁跟四十几岁或以后的状况呢？

先来后到，在爱情的三角关系里面，最常被原配引以为傲的一个理由就是，我是先来的。第三者你就是抢人家男朋友或老公。所谓的后来者，常常就这样说，他根本就不爱你，即使他曾经爱过你，但是他现在不爱你，他现在跟我在一起了。电视剧《犀利人妻》中也有类似的一句话："在爱情中，不被爱的才是第三者"，这就是小三能撑下去的逻辑。

爱情与偏差行为

首先，以爱为名的偏差行为。在亲子关系中的表现通常是，父母苦口婆心地劝告，爸妈爱你啊，所以你不要和某人谈恋爱啊；爸妈爱你啊，所以你要和某人交往啊；等等。在两性关系中的表现则是，伴侣会说，因为我爱你，所以我强迫你做什么事；或者，因为我爱你，所以强迫你不许做什么事。

其次，爱情的黑暗面（the dark side of love）。这一提法是仿效月球有一个黑暗面（the dark side of the moon），但是爱情与黑暗面是相互矛盾的，不可能用在一起的。为什么呢？因为真正的爱情是要牺牲自己，为对方着想，怎么会出现黑暗面呢？

最后，以爱为名的偏差行为还算是爱吗？以前有个电影叫作《爱你爱到杀死你》，这根本就是谋杀嘛，这跟爱有什么关系呢？可是，媒体喜欢这样的名称，因为这样可以吸引眼球。但这在我看来，完全是混淆是非。常常有人说，爱情有时候很可怕。爱情怎么会可怕？你把爱情加入黑暗面，当然就可怕了，爱情是纯粹光明面，就没有可怕的东西，爱能够超越一切。

爱情偏差行为的样态

爱情中的偏差行为有哪些样态呢？

首先，性骚扰与性侵害。性侵害就是以前所说的强制性交，也就是俗称的强奸。性骚扰是指让对方感到不舒服的行为或语言。譬如，在公众场所讲黄色笑话，让女性感到受到侵犯，那就是性骚扰。目前台湾地区校内校外有相关法令对性骚扰问题进行管制。《性别平等教育法》与学校、学生有关，《性骚扰防治法》与社会有关，《性别平等工作法》与工作有关。比如在工作单位被老板骚扰了，那就要用《性别平等工作法》来维护自身权益；如果你在地铁站被骚扰了，要用《性骚扰防治法》来维护自身权益；如果你在学校，作为学生被骚扰了，要用《性别平等教育法》来维护自身权益。

其次，不受欢迎的追求行为。在以前，做出这些行为可能会被认为是一个坚贞的爱情追求者，现在叫不受欢迎的追求行为。表现主要有：尾随跟踪（stalking），他/她到哪里你都跟到哪里。他/她去上课，你也上课；他/她等公车，你跟着等公车；等等。通常尾随者会觉得，我爱你，你看不出来吗？有那么多人愿意花时间在你身上吗？没有，只有我，你为什么还不与我交往？并认为这就是爱情，这表示他的忠贞不贰。病态迷恋（fatal attraction），是指对特定的服饰、物品等的不正常的迷恋。譬如，有些人有"马尾控"，看见女孩子的马尾辫，就觉得马尾辫摇摇，对他是一个召唤。手机"连环夺命呼"，有些控制欲望很强的人，希望知道自己的伴侣每一分每一秒在干什么，特别是在分手的过程里面，有人手机不断地响。所以很多人分手的时候，第一件事情就是换手机。电子邮件狂寄，譬如男女分手了，有些男生就把私藏的女朋友的"清凉照"发送给其他的同学。这样的行为是侵犯隐私的行为，是违反法律的行为。

被拒绝的反应，当然被拒绝都会很难过，有人会生气、会忧伤，甚至摔摔打打，做一些破坏性的行为，这是外显型的破

187

坏；有人自卑、自伤，这是伤害自己的破坏行为。

但有些时候，只是沟通不良。有些人其实说要分手，不是真的要分手，而是欠缺沟通。比如有人说，"我觉得跟你认识那么久都不了解你"。不了解你，表示想了解你，需要双方想办法，看看问题出在哪里，然后做沟通。但是很多人听到这句话就觉得这是你要离开我，那我们就分手，谁怕谁，这就是沟通不良的一种误解。

有人会在分手后公布私密的信息，包括情书、亲密照片以及其他私密的信息。比如有人会说，"你要一夜情吗？打这个电话。"把他的电话当成一夜情的电话公布，显然会让对方受到很大的困扰。

性暴力，包括肢体的暴力、言语的暴力、性行为以及分手时候的胁迫。关于性行为的部分，这里需要强调一点，有人认为如果对方同意与你发生性行为了，那么所做的一切行为都是合法的，其实并不是如此，她说不的时候，就应该停止行为。

殉情通常是指因为他们两个人的感情不能被社会所接受时，做出的极端行为，譬如婚外情等。日本明治时代开始，庶民经济发展起来，产生了中产阶级，在商业发达的地区，就曾发生了这样的恋爱故事。日本有一位作家近松门左卫门，就曾写作《曾根崎情死》，这是一部关于殉情的戏剧。日本人对殉情有一种文学的或者艺术上的迷恋。

另外，比较极端的偏差行为还有杀人、疯狂、偏执、内疚等，还有停滞在过去的一段感情中不能自拔，很多人在分手后，沉溺在两个人关系很好的阶段，不能往前走。

如何继续向前呢？在我看来，给自己一个结束的仪式是有帮助的。我要有一个轰轰烈烈的开始，也要有一个轰轰烈烈的结束，才能很好地终结一段感情。所以有时候别人看起来会非常无聊，对个人来讲，这种自我的仪式是非常重要的，因为那是你对自己的交代。

爱情中的冲突

根据罗伯茨（Roberts）的整理，爱情中的冲突存在各种不同的严重情况。第一种叫身体的攻击（Physically aggressive acts），就是伤害你的身体，定义叫作用武力或约束的行为，譬如拿刀架着你，拿枪架着你，用拳头攻击你，用肉体的力量威胁你，等等。常见的有，向伴侣丢东西；更严重的有，推搡、抓等；再严重有，扇耳光、踢、咬、用拳，或是用东西打、掐脖子；最严重的行为就是用刀或枪威胁，甚至真的用刀用枪了。

第二种叫作敌意的感情（Hostile affect）。对于某些人来讲，这样的表现还不如打我、骂我。敌意的情感包括哪些呢？鄙视，被一个自己喜欢的人鄙视，这是一个不得了的事情，可能别人骂你是不要脸的东西，你还嬉皮笑脸，我就不要脸怎么样，你心爱的人骂你不要脸，那真的是不得了了。责骂、挑衅，比如有人会说，怎样，你不满意，那你怎样，我们分手嘛！生气、敌意。在生气的时候，猫就会竖起毛，狗就会龇牙咧嘴，人有时候吵架也是这样，你看电影里演的两个黑道要干架，那眼神跟猫狗一模一样，回到最基本的哺乳类动物打架的方式。再有愤恨，愤恨也是很强烈的情感，但是有愤恨还是有希望的，表示一种关心与在意，如果是"也无风雨也无晴"，那就是真正的不在意了。

第三种叫作批判的行为（Critical behavior）。是指两个人拒绝沟通，不赞成或贬抑他人的行为。包括羞辱、当众出糗。相爱的人会相互照应，但不相爱的人，则有可能出现这样的行为。再有，拒绝行动。譬如，有些人希望将自己的男女朋友介绍给朋友们，可能会遭到直接拒绝，或者拒绝在朋友面前有亲热的行为。不赞成，你做什么事情他/她会贬抑你。再有，嘲弄、攻击、控诉、归咎、嘲笑、鄙视、品格谋杀，等等。

第四种叫作防卫行为（Defensive behavior）。是指做错事的人通过借口、防卫，试图让行为合理化。表现行为有：撇清责任，我是无辜的；找借口；否认控诉。最常见的就是，"我哪有？我哪有？""是的，但是……"（Yes, but...）我承认你说的话，但是呢，跟着一堆理由。"为自己辩护"（Defend self）、将自己的行为合理化（Rationalize），把自己做的事情都讲得振振有词。

第五种叫作退缩行为（Withdrawing behavior）。防卫行为还包括积极地维护自己的权益，让对方觉得不是我的错的意思，而退缩行为呢？就是已经放弃了。你说我不好，你跟我分手，好吧。有些很内向的人处理爱情问题就是这样的态度。就是显示出缺乏兴趣或不投入的行为，拒绝提供消息，完全不理不睬，像一面墙。采取放弃的态度，这关系不要维持，太辛苦了，不要算了。离开现场、人间蒸发、无回应、停止话题、转换话题、规避、脱离，这些都是退缩行为，不肯正视出现的问题。这种行为有时候是一种防卫机制，就是你现在不面对，并不表示可以永远不面对。

第六种叫作控制行为（Controlling behavior）。是指不顾他人的自主性，或者"宣示主权"，体现权力约束力，包括威胁。比如你不跟我说清楚，我们俩就分手，这算威胁还算表达情绪？要是让我发现你有个女人，我就让你不得好死，这是标准的威胁。要求，就是让对方做你通常做不到的事情。命令，也是一样，展现权力。引发愧疚，通常就是数落，把旧账翻出来，然后你告诉他，我从以前到现在都对你这么好，结果碰到你这个忘恩负义的家伙；让他知道，我从开始交往到现在为你做了那么多事，如数家珍，把你对他做的好事全讲出来，希望能够引发愧疚。胁迫，譬如拿着美工刀或者是用其他什么方式逼对方就范。运用自己的权威，譬如，我是大学教授，教爱情社会学，我难道不知道怎么分手吗？还有专横、蛮不讲理、干扰、不理会、宰制、自以为了不起等表现。

根据坎贝尔（Campbell）、辛哲森和凯西的研究，亲密关系中的冲突与依附焦虑有关。

首先，依附焦虑型的人比较容易觉知自己跟伴侣之间的冲突，而且冲突也容易升高。这一类型的人不太有安全感。譬如，今天约好要看电影、吃饭，忽然间临时有事，他/她就会怀疑你是不是有别的更好的人，你怎么忽然间会这样？平时很简单的事，像临时有事这样常见的事情，在日常生活里面，他/她就会往坏的地方想。而很有安全感的人就会说，那你赶快去办，会用这种比较体谅的态度，而不会用这种怀疑的态度。

其次，高度焦虑型的人也比较容易把日常关系的冲突，看成对关系满意度、亲密性或是未来关系等方面有负面影响的行为。很多人就很怕吵架，认为吵架一定会伤害到彼此的关系。其实情侣吵架有的时候是健康的，是沟通的一种方式，就像天气会变一样，但是天气要变，你只要有对策就行，有的对策就是好，我们不要在吵架的时候做沟通，吵架我们就冷静，休息五分钟，大家五分钟就不要见面，你就往东边走，他往西边走，到晚上吃饭的时候再说，或者明天早上再说，睡一觉醒来世界是不太一样的。但是焦虑型的人，就会把每一次吵架都当作一次很严重的危机，有些事情本身没那么严重的，被他一想成那么严重，然后你再一反应，就真的变得很严重。这个自我应验的预言（self-fulfilling prophecy），不是因为事情必然发生，而是因为你就朝着那方向去做，朝那个方向去想，就造成了那样的结果。有些人就有类似于飞蛾扑火这种自毁倾向，面对对方爽约之类的行为，就会有"你从来就不喜欢我对不对"的反应；对另一半积极正面的反应，譬如鼓励、讲好听的话，他又觉得，你是不是隐瞒了什么？

最后，高度焦虑型的人比较容易苦恼，并且通常会升高冲突。

在亲密关系的冲突中，存在性别歧视的问题。奥弗罗尔（Overall）、锡布利（Sibley）和坦（Tan）的研究就区分了两种歧视。

首先是恶意的性别歧视（Hostile Sexism，HS）：对违反传统性别角色，并且和男性争取权力的女性，特别是职业妇女，持一种负面和攻击的态度，认为职业妇女具有攻击性、冷酷无情、贪得无厌。特别是过去的社会舆论，经常说男人要强悍，男人要担起一切责任，男人要养家，男人要照顾女人一辈子……在这种舆论下，还有女人说话的余地吗？像20世纪六七十年代的电影中，基本上都是男人来决定感情的走向的意识形态。男性自己看电影，完全不觉得有什么问题，女人看电影也觉得对，你是个男人就负起责任，所以在那种氛围下，你当然觉得做男人就要负担一切责任，有事情我为什么要和你商量呢？我提倡的"平等对待，共同奋斗"这种观念，在当时绝对会被笑掉大牙。哪有这种事，男女就是不平等。

其次是善意的性别歧视（Benevolent Sexism，BS）：传统社会对女性表达关爱和保护的态度，认为女性是美好、有温情的，却很脆弱，需要被男性关爱和保护。

奥弗罗尔等人的研究结论则有以下论点：

首先，因为伴侣双方的互相依赖会降低亲密关系中对女性的控制；男性展现越多恶意性别歧视，伴侣双方就越不开放，而且也越有敌意，也就越不可能通过沟通达到希望的改变。

其次，善意的性别歧视降低了女性在关系中的被威胁程度，并且造成对女性在人际关系中的尊重，可是也会限制了女性在关系之外的影响。很多男人觉得他对你好，不准你去外面，因为你是他的禁脔，你是他的财产，他不会把你作为一个独立的个体来尊重。他爱护你、体贴你，但是你要听他的。茱莉亚·罗伯茨曾拍过一个电影叫作《枕边的敌人》，反映的就是这样一个主题，你只要不违反他的金科玉律，他爱你爱得要死，你要什么给你买什么，但你就是不能够不受他控制，他没办法跟女人建立一个平等的关系，女人就像他的宠物。宠物不乖他就打，宠物乖了就给很好吃的东西。所以在心态上也是不平等的。

最后，如果女性支持善意的性别歧视，而其伴侣并不支持，女性会比较不开放，行为敌意较强，也认为彼此的沟通是不顺畅的；当支持善意性别歧视的女性面对自己的期待没有实现时，会有较多负面的反应。

爱情中偏差行为的研究案例

学者皮伯蒂（Peabody）的研究发现，爱情的某些行为跟

吸毒的行为是一样的或类似的，这就是所谓的"爱瘾"。助长
爱情上瘾的因素有哪些呢？

首先，日常生活中的情歌和关于爱情的迷思。当你没有谈
恋爱的时候，或者你没有失恋的时候，情歌只是一首歌；哪一
天你谈了恋爱，情歌就写出你的心声；哪一天你失恋了，就会
感觉，这不就是唱出我自己的故事吗？可能其中每一句歌词，
都写出了自己的心声。

其次，角色的建构，这一行为通常是对女性而言的。女性
通常会花很多时间在自己的爱情上面铺陈期待。甚至当爱情来
临的时候，行为表现得像电影一样。我认识一个最夸张的朋
友，一直对爱情充满了浪漫的憧憬，后来终于谈了恋爱，他就
去买了蜡烛和烛台，只要出去吃饭，就带着烛台和蜡烛，在餐
厅里点上蜡烛。

再次，不良角色的模仿。很多人喜欢看电影，来学习如何
恋爱。可是电影里的主角都不是所谓的正常人。校园电影中，
没有一部电影讲学生功课的问题，而都是学生谈恋爱的故事。
就像《那些年我们一起追的女孩》是校园电影，他们在校园干
什么？没有念书，全是谈恋爱。职场电影也没有教你怎么好好
工作，依然是谈恋爱。

爱情上瘾有什么症候群的分类？

第一，自卑与没有能力爱自己。靠着爱别人证明自己的存
在，让别人回馈你的爱，才找到自己的存在。人家爱你，所以
你存在；人家万一不爱你，你就觉得自己生命没有价值，毁了

195

也无所谓。王菲的情歌《我愿意》最代表这种心情。其中有一句歌词是："我愿意为你抛弃我生命。"

第二，太相信一见钟情。一见钟情不是没有，只是比较罕见。根据研究显示，一见钟情的爱情只有 15% 到 20%，还不到五分之一，五对恋人之间可能有一对一见钟情，大部分人都是"二见钟情"，甚至是"很多见才钟情"。可是在电影里，却几乎部部都是一见钟情。很多人就会错误地以为，那样才是恋爱嘛，爱情就应该那么火热嘛，我们这种怎么叫作恋爱呢？可是拍成电影的故事，不管是幸福的夸张或悲哀的夸张，都离现实生活非常地远。可是很多人就是喜欢过度幻想，喜欢戏剧效果与刺激。幻想着有白马王子出现，开着豪车撞到你，然后开展一段轰轰烈烈的爱情，去看烟花、看星星。

第三，过度的恐惧与异常的嫉妒。有些人觉得要有嫉妒才有爱情。曾经有人说，要维系感情，就时不时要让另一半嫉妒一下。比如，和其他异性表现得很亲密，等等。这种方式我非常不赞成。如果惹火上身，完全收拾不了。再者，也会伤害那个被你拉来做工具的异性。

第四，情绪功能有问题。有些人无法有效控制自己的喜怒哀乐。笑得太夸张，或者在不适当的场合笑、不适当的场合哭，这都是情绪功能障碍。

第五，接受不诚实。这是最大的问题，很多人有这个错误的期待，他 / 她现在欺骗我，可他 / 她会不会以后就不欺骗我了？他 / 她已经欺骗过你，你还相信他 / 她以后不会骗你，其实，他／她这种承诺就是正在骗你。

第六，受性欲支配，分不清需要与欲望。需要是生理上的，欲望是社会文化加给你的。譬如，你觉得你是男人，就要有人喜欢你，这就是你的欲望，并不是你真正的需要。所以这种人对性的要求不是针对特定的对象，而是觉得这是其魅力的体现。

第七，爱上得不到的人。什么叫得不到的人？譬如，有妇之夫等。

针对这些病态的爱情行为，有什么复原的办法呢？

第一，勇敢地面对自己的缺点。看到自己的缺点，这不是什么坏事。我们都不是完美的人，了解自己有哪些阴暗面，尽量不让阴暗面控制自己，不要影响到别人，这是一个学习自我控制的很好方法。

第二，内外改变。内在需要通过心性修养做一些改变。外在改变相对容易一些，可以通过穿着改变等。

第三，寻求协助。有些人可能会在分手以后陷入无尽悲伤之中。这种悲伤不是自己可以解决的，也不是靠朋友三言两语可以解决的。可能在生活上都已经乱了套，就得去找专业的心理辅导人员协助。

第四，超越童年的创伤。有些人可能在小的时候受到情感创伤，对人不可能产生情感上的亲密，假如不去面对这个问题，不去超越这个问题，就是一辈子的阴影。

第五，加强自尊，让自己知道自己是有价值的。这点真的很不容易，有一部电影叫《心灵捕手》。电影中，老师对主人公麦特戴蒙说，这不是你的错。很多小孩子会觉得父母的问题是自己造成的，有些小孩觉得，就是因为我长得不可爱，我功课不好，所以我爸妈感情不好，等等。长大以后，就觉得自己是个没用的人。

第六，必要时结束关系。有时候需要有结束关系的仪式，让自己知道有些过去需要埋葬。过去需要的是处理好，而不是埋没遗忘。爱情的记忆是绝对不可能磨灭的，不要尝试去忘记。很多人尝试忘记，尝试压抑痛苦的感觉，结果愈发痛苦。怎么可能不痛苦？失恋的时候就是最好的痛哭时刻，该哭就要痛快地哭。

爱情的光明面与黑暗面比较

费尔姆里（Felmlee）有关于致命吸引力的研究，根据吸引伴侣的特质及其相对应的引起伴侣讨厌的特质，来比较爱情中光明面和黑暗面。爱情的光明面让人获益良多，黑暗面会让人无法喘息。爱情中的光明面与黑暗面相辅相成，有时光明面的行为过度，也会变成黑暗面。譬如，有自信是光明面，但有人就太过有信心，自认为是上帝，可以决定一切，就成了黑暗面。有人性格不凡；有人太过于嬉皮。"对我有强烈的兴趣"是爱情的光明面，可能相伴的就是嫉妒心、占有欲很强。率直有趣是光明面，但这样的人可能会不负责任。意志坚定、坚持不懈是爱情的光明面，但这样的人可能就会控制欲太强，坚持不妥协。害羞胆小可能是有些人的爱情光明面，对于害羞胆小的人，可能会激起伴侣保护的欲望。可是这样的人可能很没有安全感。再有，你觉得他很独特，可是独特的意思可能就意味着跟你没有共同点。有些人生活态度轻松，可是他会永远迟到。有些人很是老成，可是他可能就会过度成熟，甚至老谋深算。有些人成功而且专注，可是这也意味着他可能会工作第一，不会对爱情投入很多时间、精力。有些人很有幽默感，可有的人就会觉得他笑话过多。有些人甜蜜而且敏感，可是过了头就变成滥好人。

再有一种爱情的偏差行为被称为硬闯关系强迫症（Obessesive Relational Intrusion，ORI）。主要表现有哪些呢？打电话给你，跟你争吵；质问你是不是跟别人来往；打电话来不出声音就挂断，这种电话很讨厌，你也不知道是真的打错了，还是他／她要骚扰你；经常要求再给他／她一次机会，"你再给我一次机会，我下次不会了"，一直下次，你看你要原谅他／她几次；还有让人家很不舒服，远处观察你或凝视你；夸大你跟他／她的感情，例如：我和他／她很熟的，穿一条裤子的，如何如何；拒绝接受他／她不受欢迎的暗示，八卦或夸大你跟别人的感情关系；通过彼此认识的人调查，擅自闯入你家或公寓，你一回到家，那个人在里边，这不吓死人吗？送给你让人不愉快的照片；等等。

199

爱情偏差行为的意义

爱情中的偏差行为，有其实际意义与象征意义。实际意义就是他／她伤害了别人，甚至也伤害到自己或者别人的亲属。如果触犯了法律，是要受到惩罚的。象征意义有哪些呢？第一，没有其他求生的出路，觉得除了做这件事情之外，不知道自己还能做什么。第二，追求另外公平世界的可能，觉得这个世界的本质不适合我们。第三，报复，你这样欺骗我、甩掉我，我给你好看，这其实已经离爱情相当遥远了。第四，错误的爱情意识形态，例如认为我是因为爱你，才会有这样那样的偏差行为。

针对偏差行为的社会反映通常有：

第一，责怪受害人，"就告诉你嘛，不要跟人家谈恋爱嘛，你看后果就是这样嘛"，责怪加害人的少，责怪受害人的多这一点很病态。责怪当事人，当事人包括各方面的人。万一有人死了，那么生者将背负沉重的道德负担，像电影《胭脂扣》中，痴情的妓女如花为爱情吞鸦片自尽，而十三少贪恋生命，苟活于世，潦倒一生。生者一直觉得自己对不起死者，可是又没有勇气去死，所以就这样非常卑微地活下来，背负着一生的道德负担。

第二，旁观者的道德凝视。做任何事情，旁观者都会说三道四。

第三，迟来的谅解。譬如，两个人相爱得不到家长的允许，自杀殉情。之后家人幡然悔悟，早知如此，不如允许他们结合了。这就是罗密欧与朱丽叶的下场。

第四，制度的解决与个人方式的解决。我一直觉得失恋应该有制度可以解决。以前我提倡大学校园里成立一个"失恋阵线联盟"。每个失恋的人走进房间，都戴着一副沮丧的面具，滔滔不绝地讲自己的经历。之后，换上一个微笑的面具出门。大部分失恋的人需要这样一个滔滔不绝的宣泄过程，要重新去检视那段时间发生的意义。

针对偏差行为的出路有哪些呢？

第一，要认识爱情有很多的方面，至少有黑暗面和光明面。

第二，要认清责任归属，大部分人都把责任归到别人身上，这是不恰当的。

第三，要有改善的意愿，生活才会比较不一样。

第四，要有体谅他人的心，不要一直卡在别人对不起你这件事情上。

第五，善意的环境与社会制度也是很重要的。我们的文化传统总是教育我们，"男儿有泪不轻弹"。男孩失恋了如果哭，就会被人嘲笑没出息，这样就无法宣泄出自己的情绪。

第六，通过治疗、阅读、思考、反省，让自己走出阴影。应该多多思考，积极地面对世界。知识让人的生活变得更好，像健康的爱情一样，让自己变成一个更好的人。

201

————— 爱情
The　社会学 —
Sociology of love

第九讲
性·力·爱

爱情
The 社会学——
Sociology of love

这一章的主题是性、力和爱。在爱情里面可以有很好的一面，也可以有不好的一面，因此，是特别值得一谈的问题。

基本观念

首先，探讨一下性的概念。《中庸》中说：天命之谓性，这里的性是有天性的意思。当代意义上的性（sex）当然是其中的一部分。《中庸》中还说："君子之道，造端乎夫妇。"也充分肯定了性的意义。因此，对于性，古人的认识是更加广义的。我们现在探讨性，通常是在现代西方意义上的性。性（sex），从广义上讲是指性别。譬如填英文表格，sex 一栏，有男性（male）和女性（female）两个选项。另外一个表达性别的词语是 gender，翻译成社会性别。sex 强调的是生理层面的特征，gender 强调的是社会层面的特征。从性（sex）一词，又衍生出性欲特质（sexuality），这个词强调的是心理层面的特征，从这里区分男性气质（masculinity）和女性气质（femininity）。

其次，跨性别穿着问题。这一问题的前提是，有些文化或者有些社会对于男女的穿着具有非常严格的区分。现代的成衣，男人衣服的扣子在右边，女人衣服的扣子在左边。T 恤的出现，标志着中性服装（unisex）应运而生，这也模糊了穿着的性别问题。当然，如果男性穿裙子，还是可能引起侧目的。譬如，在美国我看到很多变装者，男性穿女性的服装。他们并不是同性恋，只是喜欢穿女性服装。他们认为，服装只是社会建构，你说这是女性服装，但我喜欢穿，又能怎样？

再次，性取向问题，也就是欲望的对象。我们通常界定为同性恋（homosexuality）或异性恋（heterosexuality）。如果照这个标准，性欲的对象是爱恋的对象，还是要发生性行为的对象？如果是性行为的对象，我们在没有发生过性行为之前，其实不能确定自己是同性恋还是异性恋。可是大家好像通常对此的界定比较宽广，只要你认为你喜欢同性，不管你有没有实际的行为，你就是同性恋。过去，对待同性恋比较不宽容。譬如，天主教徒会认为同性恋是由于魔鬼引诱造成的，会以电击的方式进行治疗。

最后，变性人（transgendered）问题。变性人可能觉得，自己被上帝开了一个玩笑，自己明明是某一个性别的人，却多了或少了器官。这让整个性的概念非常复杂。我们以前认为，你出生是什么性别，死之时就是什么性别，现在我们发现，并不是这样。我们通常假定，如果你出生的时候是男性，在死亡的时候，你也是男性，那你就是男性；女性亦然。这是比较常见的现象。如果出生为男性，而后选择变性，那么死亡时变为女性；女性也有可能经由变性转变为男性。假如未来变性的事情变得比较被接受，就需要专门的词语表明，自己是非变性人的人。就像有同性恋以后，就有相应的异性恋之称。

特别需要指出的是，有些时候性或者性别的特质是靠互动产生的。譬如说男生跟女生在一起，我们都假定果断是男性的特质，而优柔寡断是女性的特质。但是，男性就没有优柔寡断的人吗，女性就没有刚毅果断的人吗？很多人只照着事先的预定来看待问题，从而只看到预定的东西。很多人迷信星座，就是这样一个道理。星座让人先自我认定，而后不断印证这一认定。譬如，某某星座的人很挑剔。我是某星座的人，我若有某个行为很挑剔，可能就会自我认定，我果然是某个星座的人。而后的行为表现会不由自主地朝这一方向发展，从而不断印证某个星座特性的断言。自我认定外还有社会的认定。通常，自我认定不重要，社会认定非常重要。对于公众人物尤其如此。譬如，你的穿着打扮必须符合社会的期待。

207

本质论和社会建构论

20世纪60年代，美国的社会学家哈罗德·加芬尔克（Harold Garfinkel）系统研究了一位变性人的生活，提出性别是社会建构的结果。实施变性手术首先需要有精神科医师与心理医生的共同观察。通过两年的共同观察，确认其确实坚定地想要实施变性手术。再者，要有专业医师诊断其身体是否需要性别外观上的调整，再让其实施变性手术。这样，一个人在实施变性手术过程中，或实施手术完毕，其身体上的特征与其证件上的记载是不符合的。比如说这段时间这个人的身份证性别为女，可是她要着男装，要过男人的生活，所以她的外观性别为男。很多人对于变性人不了解，觉得这些人是有问题的。这就造成这些人在工作、生活中的困扰。

变性人在变性后，通常都不会承认自己过去的性别。有些公众人物，被揭发出曾经接受过变性手术，公众舆论为之哗然；当事人也觉得十分羞愧。这是非常不健康的社会意识。揭发一个人过去性别的历史，会让我们的社会更安详、更愉快吗？任何人的隐私权都应该获得保障。

对于变性人，还存在着对新选性别行为、外表装扮和生活方式的学习问题。变性者需要通过大量的阅读、观察，来学习如何穿着打扮、走路、讲话等。社会对男性的行为、女性的行为都有一定的预设。譬如，很多女性拿汤匙都会翘起小指头，这也被认定为秀气的、女性的举止。男性这样拿汤匙，可能就会被嘲笑。变性人从一个性别转向另一个性别，通常会非常注意这些细节。因此，从他们身上可以看得很清楚，性别意识是后天建构起来的；通过学习可以让自己变得非常符合性别的社会期待与社会认同。

社会对同性恋的认识也有不少迷思。同性恋究其本质，就是其爱情对象的性别与社会期待的不同。首先，对什么样的人会成为同性恋，社会存在以下误区：第一，认为同性恋是异性恋受挫的反应。认为与异性交往难度太大，而同性之间互相了解，比较好沟通，因此成为同性恋。有些人有可能是如此成为同性恋的，但大多数人并不是如此。第二，认为同性恋是由于没有碰到好的异性造成的。这种想法也是错误的。第三，认为同性恋是不学好、自甘堕落。这种想法显然也是错误的。第四，认为同性恋只追求短暂的性关系。这个看法也是错误的。第五，认为同性恋的爱情会特别轰轰烈烈。这与影视剧的渲染有极大的关系。第六，认为同性恋是艾滋病的高危人群。事实上，艾滋病绝对不是同性恋的专利。

209

性（Sex）的原型分析

德国社会心理学家莎莎·施瓦兹（Sascha Schwarz）、曼弗雷德（Manfred）和丽贝卡（Rebecca）对于 sex 一词做出原型分析（prototype）。她们发现受测对象根据"对于 sex 这个词您联想到什么"的回答，可以分成七大因素，总共 80 项特征。

第一，讲到性（sex），大部分人会想到的是，与这个人有关系，或者处于一个情感交往状态（relationship）。这意味着什么呢？1.两个人之间是有联结的（bond）。2.爱（love），性确实有爱的意思。3.两个人是有关系的（relationship）。4.忠诚（fidelity）。所以在这个意义上面，你跟别人发生性行为，对你的伴侣来讲那是一个不忠的现象。5. 信任（trust），愿意跟你发生性行为多少是具有信任感。6. 我们是伴侣（partner）。7. 熟悉（familiarity），你跟他是很熟的关系，你才能从事这件事情。8. 喜欢（affection），因为喜欢才会发生性行为。喜欢相对于爱，程度较轻。9. 伴侣关系（partnership）。10. 安全（security），你跟他在一起有安全感，从事性行为你也很放心。11. 情绪（emotion），双方都投入情绪于其中。12. 共同体（community），双方在一起有共同体的感觉，尤其从事性行为的时候。13. 温暖（warmth），双方的关系是温暖的，为彼此着想。14. 浪漫（romance），双方处于一个浪漫关系里。15. 温柔（tenderness）。16. 团结（togetherness），团结强调两个人的一体感，不是只有身体上的一体，还有心理上的一体感。17. 拥抱（cuddle）。18. 亲近（closeness），两人是很亲密的。

第二，有时候性纯粹是为了好玩（fun）。1. 有趣（fun）。大多数人大概从 12 岁开始性成熟，对性产生好奇，加上电影、小说的推波助澜，很多人会觉得性是有趣的。2. 快乐（joy）。需要注意的是，只有双方都对性行为感到快乐，才是有意义的。3. 自发性（spontaneity），自发性就是想做就做，而不受条条框框的限制。4. 幻想（fantasy）。5. 期待（anticipation）。期待做这件事情，虽然性行为具有传宗接代的功能，但是大部分年轻男女对性行为的期待并不是传宗接代，而是享乐或好奇。6. 笑（to laugh）。7. 放松（relaxation），有时候性行为是消除紧张的一种方式，前提是双方自愿。

第三，不可避免的，对有些人来说，性代表着色（lust）。1. 好色（horniness）。2. 狂喜（ecstasy）。3. 放弃（abandon）4. 唤起（arousal）。5. 色（lust）。6. 驱力（drive）。7."操"（to fuck）。8. 满意（satisfaction）。9. 挚爱（devotion）。10. 口交（oral intercourse）。

第四，谈到性，很多人会想到女人（women），产生此类联系的，男性居多。1. 阴道（vagina）。2. 众女人（women），女人的复数。3. 女人（woman），女人的单数。4. 性别（gender）。5. 胸部（breasts）。6. 女人和男人（woman and man）。

第五，谈到性，很多人会想到生殖（reproduction）。1. 小孩（children）。2. 怀孕（pregnancy）。3. 生殖（reproduction）。4. 金钱（money）。5. 婚姻（marriage）。

第六，谈到性，很多人会想到男人（men）。这是女人或者男同性恋的联想。1. 男人（man）。2. 众男人（men）。3. 阳具（penis）。4. 男朋友（boyfriend）。

第七，谈到性，部分人会联想到避孕（contraception）。1. 避孕（contraception）。2. 保险套（condoms）。3. 避孕药（pill）。

从这些人对性的联想，可以看出人的性态度。性态度有所谓的爱性（erotophilia）：对于性行为有正面的反应。还有一种性态度是恐性（erotophobia）：对于性行为有负面的看法，性行为通常会引起这些人的罪恶感和恐惧。

性 / 性别与性行为

性别跟性行为其实是有差异的，很多人将其混同在一起了。

第一，性别与性欲望的对象和数目。同性恋和异性恋都是单性恋，双性恋与单性恋的数量就不同。同性恋与异性恋的对象不同。

212

第二，性行为的范围包括哪些呢？广义来讲，所谓的性行为是指有性意含的行为，不一定是性器官的接触。包括：牵手，譬如男朋友与女朋友牵手，其中蕴含着很丰富的情感意味；接吻，接吻对大部分人来讲具有最亲密的意含。手淫，也称自渎、自慰。在以前的宗教中，甚至有些医学中，都反对这一行为。传统中医认为，手淫会败肾，导致记忆力衰退等症状。因此，中国男人的一个性恐惧就是败肾。再有就是性交，性器官的接触。

第三，性行为有什么意义呢？生殖，性行为可以让人生殖；欢愉，为了解除压力，为了表达爱情等；好奇，特别是对青少年而言，很多人是在好奇心驱动下发生性行为；迁就，有些人是出于爱、迁就而发生性行为。经济，有些人是为了经济，特别是性工作者；权力，有的时候是否发生性行为，只是代表谁有权力，特别男性在性关系中，在爱情关系中希望展现权力；或者在别的地方让出权力，但是希望在性方面得到权力。

第四，性行为的道德及宗教蕴含。性行为的禁止与鼓励：首先，手淫的污名化。传统文化认为，手淫会对身体造成损害；并且在道德行为上认为手淫的人就是罪人，犯了奸淫之罪；如果女性手淫，则会被冠以荡妇之名。其次，婚前性行为的去污名化。调查显示，婚前性行为的比例越来越高，也普遍为人们所接受。再次，乱伦的问题。乱伦问题已经触犯法律，是非常严重的问题。最后，卖淫问题。在部分国家和地区，卖淫已经合法化，这意味着承认性是一种产业，性工作也是一种工作。但在更多的国家和地区，卖淫并没有合法化。即使在性产业合法化的国家，性工作者依然存在极大的道德压力。

213

戴维·P·施密特（David P. Schmitt）和 118 位同僚对于性别和性多样性（sexual variety）进行跨国研究，研究对象包括北美、南美、西欧、东欧、南欧、中东、亚洲、大洋洲、东／南亚和东亚十个地区，共计 16288 人，研究群体以各地大学生和小区人士为主。通过研究发现，男性与女性在性问题上存在着以下差别：第一，性别差异具有跨文化的普遍共同性，也就是全世界男女都存在着如此的差异。第二，男性比女性更希望拥有多样性的性伴侣，女性在性问题上比较贞洁。第三，男性从答应交往到从事性交的时间比女性要短，女性从答应交往到从事性交时间会比较长，考虑会比较多。第四，男性比女性更主动寻求短期的性伴侣，很多人认为这是男人生理构造造成的，男性就是要制造那么多精子，就是要让更多的女人受孕。

这完全是以生理来替代社会性，是完全错误的。

性与浪漫爱

亨德里克（Hendrick）做了爱情的感知与性的量表（Perceptions of Love and Sex Scale），对性与爱孰为重的问题进行探讨。

第一种看法认为，爱比较重要。表现为：1. 对我们来说，我们的关系中友谊的部分要高过性的部分。譬如，我们的感情已经像亲人了。2. 对于我的伴侣和我来说，性不是必要的，但是它却可以让爱情更稳固。3. 我的伴侣跟我彼此相爱，理由很多，不只是性而已。4. 我们并不是常常有时间尝试性行为，但是有别的方法展现爱情是很重要的。聊天、一起看电视、一起看电影……这些行为虽然不是性行为，但两人共同从事这些行为，其实也是表示爱的方式。5. 对我和我的伴侣来说，沟通比肌肤之亲重要。6. 对我来说，身体，特别是性的部分，只是关系中的小部分。性关系在两个人的关系中的重要性会随着时间变化而出现变化。

第二种看法是，有性才有爱。表现为：1. 性展现了我们彼此相爱，对我的伴侣和我来说，性与爱是密不可分的。这是年轻人比较常见的看法。2. 言语说明了我们彼此相爱，但是性展现了我们彼此相爱。持这种看法的，通常是男性比较多。

第三种看法是，有爱才有性。表现为：1. 我的伴侣与我如果不相爱，就不会有性行为。2. 我们必须彼此相爱，才能真正享受彼此的性行为。3. 对我和我的伴侣来说，爱是最优先，接下来才是性。

第四种看法是，性越来越不重要。表现为：1. 我的伴侣和我渐行渐远，性也越来越不重要。2. 我们彼此相爱，在一起感到很自在，但是恋爱的兴奋感已经不如从前，这是常见的现象，一直保持恋爱的兴奋感是比较少见的。3. 在我们关系一开始，性很重要，可是现在比较节制。4. 对我和我的伴侣来说，性的享受会随着爱的增长而增长。5. 肌肤之亲，包括拥抱、接吻——这是很广义的性行为，比起性交在我们关系中更重要。6. 对我和我的伴侣来说，爱情和性并不必然是同一件事。7. 性是很必要的，有性才能确定彼此相爱而且同心。8. 对我们来说，性增加我们关系信任的强度。9. 对我的伴侣和我来说，性是一种身体上的欢愉而不是爱。10. 对我的伴侣和我来说，性行为可以疏解压力。11. 性行为让我的伴侣与我更为亲近。12. 我的伴侣与我的性行为很节制，但我们有肌肤之亲。13. 对我与我的伴侣来说，要怎样肌肤之亲都可以，就是不能性交。

亨德里克研究浪漫爱和性的关系的结果表明：1. 通常研究假定女性会比较倾向强调爱，男性会强调性，可是他的研究成果显示，并没有这样的差别。2. 研究者比较倾向将爱情与性当成一个连续体的两端，可是一般人在提到浪漫关系的时候，会同时考虑到性跟爱情，认为爱与性不是两个极端的事情，而是可以相提并论的事情。不过，不管如何，对于爱情的强调往往高过对于性的强调，特别在爱情关系里面。3.有趣的发现是，虽然爱情的优位性（primacy）高过性，但是尽管性越来越不重要，没有性却往往会导致浪漫关系的终止。婚姻治疗专家高特曼（Gottman）认为，五件正面事情和一件负面的事情的比例是维持浪漫关系的要素。俗话说，吃饭还有牙齿咬到舌头的时候，哪有夫妻不吵架。但是抱着积极正面的态度，婚姻、爱情关系就能比较好地发展下去。

依附类型和性行为

博盖尔特（Bogaert）和萨达瓦（Sadava）对于成人依附行为和性行为的关系研究发现：安全型依附关系指数得分高的人会认为自己比较漂亮。焦虑型依附关系指数得分高的人则认为自己没有那么漂亮，但是会比较早地初次性交。因为有时候他/她要靠着别人喜欢他/她来证明自己存在的意义。所以一旦失恋，这些人比较倾向于走上极端。

根据布拉萨德（Brassard）、谢弗和卢西尔（Lussier）的成人之间依附类型、性经验和性压力之间关系的研究表明：依附不安全型的人分为两种，避免型的人和焦虑型的人。避免型的人在亲密关系中会选择避免性方面的接触，只有女性会避免对自己的伴侣有性幻想。因为她不太知道怎样可以获得对方同等的回报，所以她也不敢付出。焦虑型的男性会在亲密关系中感到不自在，会认为自己的伴侣在逃避性行为，也因此对伴侣持续性地施压，施予做爱的压力。常见的表现就是，因为对方拒绝发生性关系，而不断质疑，"你到底爱不爱我?"这样双方的关系非常容易破裂。这也反映出，当事人处于一种焦虑的依附关系中。

婚前性行为

根据苏珊·斯普雷彻（Susan Sprecher ）对于既有研究成果的整理：20 世纪四五十年代，美国的研究发现，一般人对于婚前性行为持有两种态度：一种是节制的标准，认为所有性行为都应该在婚后发生，在社会认可的时候发生，这与教会有很大的关系。另外一种是双重标准，对于男性和女性实行不同的标准，对男性的婚前性行为采取比较宽松的态度，而对女性采取比较严厉的态度。

艾拉·赖斯（Ira Reiss）首先提出两种婚前性行为的标准：一种标准认为，有感情就可以有性行为，不管是否结婚。这被称为关系取向（relational orientation）型标准。另外一种标准认为，两人想要就可以有性行为，不管是否是初次约会或是有没有感情。这被称为娱乐取向（recreational orientation）型标准。

美国 1998 年的一般社会调查（General Social Survey，GSS）发现：44%的美国成人认为，婚前性行为根本没有错。如果再用城市和乡下来区分，城市的人比例更高。21%的人认为，有的时候这是错的。9%的人认为婚前性行为几乎总是错的。26%的人认为婚前性行为总是错的。总体而言，从20世纪60年代到80年代美国人大多可以接受婚前性行为，这样的态度没有太多改变。

艾拉·赖斯发展出婚前性宽容量表，研究在不同阶段，从没感情、强烈感情、恋爱中到订婚的性行为。后学又不断完善了其研究，量表主要发现：1.男性比女性更具有性宽容的态度，这与男人的性行为承担的后果比较少有关。2.年纪大一点的青少年和年轻的成人比较具有性宽容态度，年纪大的成人比较不具备性宽容态度，这与日常生活经验相契合。3.没有宗教信仰的人比较具有自由的性态度。4.和性宽容态度、无限制性行为相关的人格特质有积极性、男性性别角色和冲动性。

婚前的性态度受到哪些要素影响呢？包含配偶的可欲性（mate disirability）、伴侣的偏好（mate preference）和关系亲密性（relationship intimacy）的影响。研究发现，人们喜欢可欲的特质，包括诚实、好心、漂亮、有钱、比自己强等。这也存在性别差异，男性比较强调漂亮，女性比较强调有钱；有些特质会被强调，譬如说好心、诚实和健康。对于婚姻伴侣的要求会比对于偶然性行为对象要严格；对偶然性行为的伴侣会比较强调漂亮和高度的性驱力（high sex drive）。根据演化论的预测，人们会选择性经验和性态度比较有限的伴侣，因为这样比较能保障长期关系中的忠诚，也因此可以让男性确认自己对于子女的父亲身份，女性也可以因此确保伴侣会一直在身边，而且会投资在下一代身上。因此，处女以及性态度比较保守的女性会比有很多性经验的女人更受到欢迎。性宽容态度会增加吸引力，或者是伴侣的可欲性，要视关系的脉络而定，如果只是考虑性关系，不是考虑婚姻，那么具有性经验的比较有性吸引力。性态度宽容的人以及具有自由性标准的人，也可能寻找同类人当伴侣，可是现有的少数研究发现，这种情形只发生在女性身上，比较少发生在男性身上。所以在择偶方面，性宽容态度的人会比性保守态度的人更容易选择漂亮的伴侣。在交往初期，两人性态度或是对于性的接受度不同常常是冲突的原因。

婚外性行为

根据苏珊·斯普雷彻对于现有研究成果的整理：宽容的婚前性标准和宽容的婚外性标准是正相关的。一般来说，人们对于婚前性行为的态度比婚外性行为要来的宽容；一个人从事非婚姻初级关系（约会、同居）之外的性行为，虽然被看成是负面的，但是不会比婚外性行为负面。大部分国家的人都反对婚外性行为，这一点很少随时代而改变。婚外性行为经常是离婚的原因，常有离婚念头的人比较容易有婚外性行为。虽然婚外性行为被看成是负面的，但还是有很多人和自己初级伴侣之外的人发生性关系。女性认为情感不忠诚（emotional infidelity）比性不忠诚（sexual infidelity）所造成的伤害更大；男性则认为性不忠诚造成的伤害更大；两性一致认为，同时包含着两种不忠诚的行为的伤害是最大的。

性 / 别与权力

性别权力有所谓结构的权力（structural power），包括：首先，夫权体制。在这一体制下，男人的权力比较大。譬如以前男性有很大的权力，女性的权力只在于要不要答应与男性交往。一旦答应交往，一切事情是男性负责的：钱我负责，什么地方吃饭我负责，看什么电影我负责，送你回家我负责。现在男女日趋平等，女性权力有所增加，权力关系有所转变，为什么会这样？因为整个社会风气都变了。所谓的制度权力或者习俗的权力，就是让人感觉大势所趋，自己不能逆潮流而动。

其次，资本主义体制。谁有钱，谁就拥有更多的权力，更能够主导两人的关系。

再次，性爱体制。异性恋的人常常认为，可以决定同性恋到底该不该怎样，譬如同性恋婚姻的问题。可是，为什么要由非同性恋的人来决定同性恋的婚姻问题呢？反过来讲，如果同性恋全部投票认为异性恋婚姻非法，那么异性恋婚姻就非法吗？有人认为，结婚是为了传宗接代，同性恋不能传宗接代，所以不能结婚。但是异性恋中，也有不少人选择不生育，或者不具备生育能力。照这个逻辑，这样的异性恋婚姻也是无效的？或者，是否要订立条文，只有生育子女的异性恋才能够颁发结婚证书，受到法律保护？婚姻的核心价值不是生育。因此，不论同性恋或异性恋，都应有权结婚，这是人的基本权利。

性别权力中还存在两人互动过程中的权力（dyadic power）。互动权力不是制度权力。譬如，有些男性在社会上非常有权势，掌握了非常多的社会资源，但是在家庭关系中，可能非常尊重他太太，这就是所谓的"怕老婆"。但是互动权力不同于制度权力。互动权力是在二元体中，两人互动中的权力。譬如，总统夫人可能对总统有权力，可是对副总统没有权力，对国家其他人也没有权力，而总统则有这种权力。总统的权力是制度赋予的。男性通常掌握比较多的制度性的权力，女性掌握比较多互动过程中的权力。有些女孩子被称为"公主病"，就是因为其权力扩张得太厉害，使得双方不能处于一个平等互惠的关系中。

性别与爱情

阿克曼（Ackerman）等人对于爱情关系中的沟通承诺进行了研究，其基本理论是演化经济学（evolutionary economics），基本概念是成本和效益，注重告白的成本和效益。他认为，性别与告白中有一个迷思：认为女性对爱情会比较敏感，所以会先告白，而且女性告白以后会有很强的幸福感。从以被研究者情感历程的过往和现在为基础的研究发现，其实男性比较容易先行告白，而且被告白以后会感到强烈的幸福感。

针对性别与爱情过程中的性行为研究显示（以性行为的发生为基准），重视短期关系的男性比同样重视短期关系的女性在发生性行为之前告白时感到幸福，但性行为发生后，就比较不会感受到幸福，可是重视短期关系的女性不会如此。男人可能性行为结束之后就离开了，可是女人还会回忆这段浪漫关系。重视长期关系的男性、女性，就没有上述的差别。

研究者发现，男性将发生性行为之前的告白当成可以有性活动的暗示。也就是说，告白以后，两情相悦，大概就会发生性行为了。女性将男性的告白当成发生性行为的明示。男性会将女性的告白当成是对性的渴望，没有想到是对承诺的渴望。这个是认知层面的差距。女性将男性的告白当成对性的渴望，这适用于寻求短期关系的男人。所以如果一个男人明明白白告诉你，他不是追求长远关系的时候，这意味着他要的就是一个短期的关系，一个没有负担的关系，这需要女性自己慎重考虑，为自己的行为负责。

性别歧视

彼得·格利克（Peter Glick）和苏珊·T. 菲斯克（Susan T. Fiske）提出了一份"双向性别歧视清单"（Ambivalent Sexism Inventory），认为性别歧视大致分成两种类型，一种类型叫善意的性别歧视（benevolent sexism），另一种类型叫敌意的性别歧视（hostile sexism）。

善意的性别歧视包括：首先，保护型家长制的心理。表现为：1.认为好女人应该被好好地对待，诸如"我要好好地宠爱我的女人"之类的话语，这其实不是平等对待女性。2.女人就应该被男人宠爱和保护，像日剧、韩剧中男性经常对女性说"让我来守护你吧"。3.男人应该牺牲自己来满足女人的需要，本质上还是一种大男子主义。4.灾难来临的时候，女人应该首先被抢救。像《泰坦尼克号》中，男子要把逃生的机会让给老幼妇孺。

223

其次，互补型的性别分化（complementary gender differentiation）。主要观点是：认为女人有比较高的道德情操，女人有比男人纯洁的品质，女人比较有精致的文化品位。这种说法表面上是善意的，其实是一个性别歧视。

再次，异性恋亲密（heterosexual intimacy）。主要观点是：1.每个男人都应该有女人来崇拜他。2.男人没有女人就不是完整的。3.不管成就如何，男人没有女人终归是不完整的。4.人没有异性恋罗曼史是不会快乐的。

敌意的性别歧视包括：1.女人常常抱怨工作场所的问题。2.女人很容易被惹毛。3.很多女人将无心的话当成对她们的歧视，这是很多男人碰到女性主义者时最烦恼的地方，动辄得咎。4.女人一旦输了，就认为遭到歧视。有人认为，女人输不起，就拿女性主义当挡箭牌，输了就说男人欺负她，自己没有能力吗？5.女人以平等之名寻求特殊待遇之实。6.女性主义者提出的主张都很合理。7. 女性主义者不是要求比男人更多的权力。8. 女人要权力就是要控制男人。9. 少数女人会嘲笑男人的性能力。10. 一旦男人投入情感，女人就把他吃得死死的。11. 女人不能了解男人对她们所做的一切。

在这里可以看到很多双方的不了解，或者不谅解。把这个当作一般男女对性别的看法，就表明社会上充满了性别上的敌意与歧视。如果男女朋友之间存在这些观点，这个问题就大了。一般男女之间的分歧可以归咎到社会教育、社会风气、社会制度；但是如果双方作为男女朋友，不能通过这种亲密的行为，去多认识、了解对方，改善自己，双方何必交往呢？如果不能通过日常生活的接触，达到平等对待、共同奋斗的共识，双方何必继续交往呢？

性骚扰

性骚扰是当前一个比较敏感的话题。性骚扰的范围有哪些？第一，行为违反当事人的意愿；第二，行为不受欢迎，引起当事人反感；第三，行为使当事人受到伤害，这种伤害包括生理伤害和心理伤害。譬如，以带有性蕴含的脏话侮辱他人，就涉及性骚扰，例如，骂贱人、骚货、娘娘腔等；第四，违反法律。性骚扰的法律界限比较模糊。譬如，有些人认为，对别人讲黄色笑话，说明双方的关系很亲近；但是，有些人就感到受到冒犯，可能会提起诉讼。

性骚扰发生的范围非常广泛，在学校、职场、公共场所时有发生。性骚扰事件牵涉到加害人、受害人和证人。

性骚扰事件具有其特殊性：首先，证据很难收集，双方通常各执一词。譬如，女性控告男性性骚扰，男性可能会声称，我们是正常的男女交往，双方都是自愿的。其次，双方的不平等关系，其中包括：性别的不平等，在性骚扰中，女性本身就处于弱势地位；权力的不平等，在曝光出来的性骚扰案件中，加害人与受害人双方，往往处于不平等的地位。譬如，在职场中，男上级对女下属的骚扰；在学校里，男教师对女学生的骚扰等。再次，心理压力与恐惧。一旦性骚扰案件被调查、被曝光，不仅加害人感到心理压力和恐惧，受害人也往往感到极大的心理压力和恐惧。复次，性骚扰事件调查中，调查机构的公信力也是一个问题。调查机构是否公平公正？能否做到保密？最后，污名与管理问题。在我们的文化中，责备受害人是一种非常常见的现象。常见的错误逻辑或观点是：为什么你受到性骚扰或性侵害？是否因为你衣着不适当、太暴露？或者是行为不适当、太轻佻？这实质上是对受害人的第二次伤害。受害人不应是问题的焦点，加害人才是关键所在。很多加害人是典型的心理变态。再有，有些证人并不愿意作证。受害人首先需要人身保护，避免再次受到伤害；并且，非常重要的一点是，需要心理上的保护，譬如，受害人受到心理上的创伤，可能需要心理上的干预。对加害人一方，也需要管理。我们是否能够相信加害人可以改过？对加害人一方是否可以进行强制的

225

心理辅导？对加害人一方是否应该进行行踪监控？这些都是应该进一步思考的问题。

性骚扰和性侵害差别较大。有人认为，用带有性意味的话骂人不是什么事，或者讲黄色笑话不是个事；只有对受害者实质性的性侵害才是个问题。我这里要说的是，无论是性骚扰抑或是性侵害，都是非常大的问题，归根到底都是对受害者的意愿的违背。因此，需要提升性别意识，从思想根源上尊重他人。

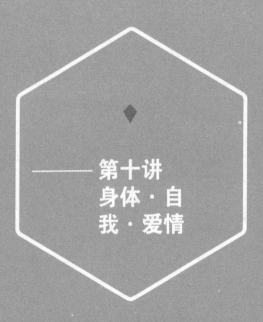

——第十讲
身体·自
我·爱情

———— 爱情
The   社会学——
Sociology of love

身体、自我与爱情，这个问题似乎是个常识性的话题，研究者反而很少。其中我们要讨论的有，什么是美的对象。《诗经·关雎篇》说："关关雎鸠，在河之洲。窈窕淑女，君子好逑。"按照古代的解释，窈就是外貌美丽，窕是心地善良，这是古代最早订立下来的择偶标准。《论语》中说"贤贤易色"，按照杨伯峻先生的解释，是选择妻子要看重品德不看重容貌。

自我与自我认同

在谈身体、自我、爱情的时候，一个相关的概念就是我们在日常生活中，人与人的互动，其实是出自我们所扮演的角色。我们的角色都是因为对方与我们的关系来决定的。针对一个人，会产生一种角色；针对一群人，就会有一个角色组（role-set）。譬如，我现在上课是老师，等一下坐公车我就是消费者，回到家我就是我妈妈的儿子、我太太的先生、我们家狗的主人。这就是我的角色组。有时候角色之间会有冲突之处：

假设我正在上课，面对着很多学生，这时我太太生病了，要求我回家照顾她，这时老师角色和丈夫角色之间就要做一个选择。最合理的选择当然就是担起丈夫的角色，先回家照顾太太，将来再补课，完成老师的角色。

地位组（status-set）就是你在社会上有某种地位或者某种身份。镜中自我（looking-glass self），在社会角色中，自我不是一个与他人没关系的自我，而是在与别人互动产生的。在互动过程中，会有很复杂的心理过程。比如你今天来上课，你想穿什么样的衣服，穿了这件衣服，别人可能对你产生什么样的评价？就像你照镜子一样，对着镜子调整自己的外貌、行动。一旦进入爱情关系，就又多了一重自我的身份，诸如"某人的男/女朋友"，乃至成为某人的"丈夫/妻子"，这一变化是非同小可的。

关于自我与自我的认同上，有几种理论。1.生理：身体好或身体不好、体育好或体育不好，长得好看或不好看，都会产生不同的自我认同。2.记忆：谈恋爱最美的地方就是记忆，其实失恋最美的地方也是记忆，你会记得谈恋爱时美好的记忆。谈恋爱的时候，记忆跟现实是配合的，你想他、觉得他好，可以去约会、见面、看夜景，继续美好的东西。失恋的大问题是，记忆的美好完全没有办法在现实中间复制。所以很多人痛苦就在这里，可你不要忘记，此一时彼一时。3.心理：受到心理创伤的人在内心深处会有一个区域不能够触碰。4.互动：对自我的认知很大程度上是从互动中来，有时候你可能自己觉得自己是个大帅哥，可是你周围没有人认为你帅，这也会影响你的自我认知。5.团体：你所属的团体会共享一些价值观，这也会影响到你的认知。6.文化：有些文化比较拘谨，有些文化比较开放。不同文化下的自我之间有差异，同一个文化内部也有差异。那么，人跟人之间怎么沟通呢？我们碰到一个异文化的人怎么沟通呢？

身体与自我

身体与自我，这里涉及一个问题：身体就是自我，还是身体只是自我的一部分？曾经有一个广告词是这样讲的："身体是我自己最好的朋友，所以，要对身体好一点。"可是身体不是自己吗？如果身体不是自己，那我是不是要每天对着镜子说，"朋友，今天好吗？"感觉非常奇怪。再以此推论，今天别人打你一下说，我没打你，我打的是你的朋友，什么逻辑？打你的身体不就是打你吗？

自我有的时候也具有延伸性。譬如，我拥有一辆车，车就是自我的延伸。为什么有人买豪车？因为他试图用这个来彰显他的身份地位。再有，你穿的衣服，也代表你的风格。女性在这一方面更为明显。不同的衣着，可能代表了不同的心情。像鞋子，女人的鞋那还得了，女人不是蜈蚣，可是鞋的数量呢，跟蜈蚣脚差不多。包包就更不用讲，包包跟女人的关系是神秘到不行的事情。

所以身体不是自己的一部分，身体就是自己。在社会学里面，身体最近变成一个很大的研究主题。

身体与爱情

在身体与爱情的关系中，有不少错误的观念。第一，在爱情里面，常见的说法有"男才（财）女貌"。男人要"才"，才华，或是要有"财"，财富。才华或财富跟身体有关吗？没关系。貌呢？有关系。所以商场里面女性的化妆品、服饰卖得都很好。媒体也充斥着女人要保养、要美丽的言论。古人说，"女为悦己者容"。而男性如果长相比较好，主流思想可能认为他事业不成功、人不正经等。这里面有对男女相貌微妙的双重标准，是值得注意的。

第二，认为漂亮的人都是善良的人。在动漫里面，我也看过一次，我小时候日本漫画被禁，所以我们看到的很少。像《樱桃小丸子》中有一集，小丸子去看望外婆，迷路了需要问路，她在路上看到有一个很丑的姐姐和一个很漂亮的姐姐走过来，她心里说，我要问那个漂亮的姐姐，她会告诉我路。可是，漂亮姐姐说我不知道，丑姐姐告诉她路线。樱桃小丸子觉得好倒霉，怎么被这种丑姐姐告诉路呢？问路你都觉得漂亮的人告诉你的比较正确，丑的人告诉你的比较差，这是什么逻辑呢？

第三，认为漂亮的人心眼儿都是不好的。在西方有所谓蛇蝎美人（femme fatale）的说法；在中国有红颜祸水的说法，甚至有这种"红颜祸水史观"，有史官会将朝代的灭亡归结到女人身上。夏朝是妹喜，商朝是妲己，周朝是褒姒，明朝灭亡是因为陈圆圆。这些都是替昏庸的男性皇帝摆脱责任的托词。

对于"男性喜欢年轻女性"或"男才（财）女貌"的现象，有一种演化论的解释：男性希望找年轻健康的女子，以保障自己后代的最大生育及存活概率；而女性找年纪较大具有一定经济基础或社会地位的男性，也可以保障自己后代的最大存活概率。新闻中对男女年龄差距很大的婚姻时有报道，尤其常见的是男大女小的婚姻。有人问我，你们男人是不是都喜欢年轻的女人？"喜欢"是什么意思？如果喜欢就意味着抛弃原有的婚姻，我想大部分男人不会这样做。大部分人都是珍视婚姻的。如果大家都那样做，就不会引起媒体报道了。报道就是因为这样做的人很少。这个问题引起报道，首先是因为稀奇；其次也因为道德问题。男人到底是不是喜欢年轻女性这种问题，其实有语义上的问题。喜欢到什么地步？看见年轻美丽的女性，忍不住欣赏，这也是喜欢，这种喜欢显然是没有问题的。如果喜欢指的是追求，把"男人喜欢年轻的女人"转换为"男人追求年轻的女人"，这又是不同的意义了。

对于男性喜欢找年轻健康女性保障自己后代最大的生育率和存活概率问题，如果深入研究一下，有多少老男人真的一定会找年轻女人结婚？要真正做数据分析，而不要只根据几个大老板的行为，就得出这样的结论。

233

勒姆（Lemay）、克拉克（Clark）和格林伯格（Greenberg）研究了对于"漂亮的人都是善良人"的刻板印象，认为其实是当事人将自己的喜好特质投射在漂亮人身上，反映出当事人的人际关系目标，也就是希望和漂亮的人交朋友。因为你不漂亮，你就觉得漂亮的人多好啊，我自己没那么好。关于这一点，林肯有一句话说得好："上帝喜欢普通的人，这就是为什么他制造了那么多普通的人。"没有必要这样在意外形。

关于肌肤之亲的问题。生理意义上有欢愉与痛苦，有时候你牵牵小手很快乐，有时候你牵牵小手很不快乐。有人认为肌肤之亲，包括从牵手、接吻到性行为，都是爱情的象征。有人则不喜欢在公共场合表现亲密。在某个阶段，有些人不公开自己的恋情，有人认为这一定是因为他/她有所隐瞒，但事实上不见得如此，可能只是个人偏好差异而已。

爱人的身影及其崇拜。比如说会喜欢对方的头发，头发跟健康有时候是有关联的，通常男生会特别注意女生的头发。如果要依照演化论的解释，乌黑亮丽的头发代表身体健康。要跟这种乌黑亮丽头发的人结婚，所以你才会有健康的后代。男生则比较担心生白头发、谢顶，因为那是衰老的象征。

额头，看相的叫天庭，天庭饱满代表这个人的命很好。额头光滑，代表他的营养好。亲吻额头，代表了长辈对晚辈的吻，或者是一个比较接近友谊的吻。初次约会，男朋友吻在额头上，代表他很尊重你。

眉毛。对眉毛的审美历朝历代有所不同。像唐代所流行的小山眉，在日本的歌舞伎表演中还能看到其流韵，但是现代女性可能很少有人将眉毛修成这样的形状。通常认为，男性的眉毛应当又黑又粗。文学书中、影视剧中，通常英雄人物都被塑造为浓眉大眼的形象，对男性眉毛的审美可见一斑。

眼睛。眼睛一般被认为是灵魂之窗，是最不会撒谎的一个器官。所以外国电影里面常常有这样的场景：双方要摊牌或者诉说心事时，会说"Look into my eyes and tell me"，看着我的眼睛告诉我。特别是在分手的时候，可能会有以下这样的对话："你说你不爱我，只要你敢看着我的眼睛，告诉我说你不爱我，我就真的相信你不爱我。"恋人之间的沟通，最复杂的是口是心非与口非心是。刚谈恋爱的时候，心与口是一致的；到后来就会口是心非，嘴巴上说着我爱你，但心里却不见得这么想，已经开始口是心非了。待到失恋的时候，或者两个人吵架的时候，会出现另外一个状态，叫作口非心是，"我就是不爱你"，"那你要怎样"，你不要真认为他/她不爱你，他/她不爱你早跑了，他/她故意要测验你。你要怎么确定对方讲的是实情？通常最传统的方法就是看着眼睛，像蓝牙传输一样，双目对视，靠着整个身体的语言传达。恋爱中，通常到了中间开始吵架，准备要分手的时候，言语就越来越多，身体的语言就越来越远，谈恋爱的时候坐得近，要分手的时候越坐越远，远到两个陌生人之间的距离。你可以注意观察，有机会也可以观察自己，也可以观察别人，身体语言其实代表很多很细微的意思。如果一个人说的是真诚的话，他的眼神通常是真挚的。

235

脸颊。吻脸颊通常是一个礼貌的象征，并不代表太多的深厚的情义。对小朋友，我们通常吻脸颊或者吻额头。在欧洲，吻脸礼已经成为一种固定的礼仪，初次见面也可能吻脸。

鼻子。有些文化里对鼻子有一些奇特的迷思。有人认为鼻子就是男性的外露生殖器官。现代审美中，以鼻翼小、鼻梁高的鼻子为美，有人甚至通过手术垫高鼻梁、缩小鼻翼。通常欧美人具有此特征，而亚洲人、非洲人鼻翼都较大，且鼻梁较低。审美观念，与经济、政治地位不无关系。

嘴唇。中国传统以樱桃小口为美，讲求嘴唇薄、嘴小；随着西方文化的传入，对嘴唇的审美也发生了变化，现在多以丰厚的嘴唇为美。像安吉莉亚·朱莉、茱莉亚·罗伯茨等，也都为中国人所欣赏。

耳朵。按照中医理论，耳朵上有很多穴道，通过戴耳针，可以调节身体状况。按照相面的说法，耳垂大而厚，代表命相好；耳朵后面有痣，代表这个人很孝顺。

腰臀比与肩腰比。腰臀比是对女性体态美的一种衡量。经过研究，欧美电影中最富于吸引力的女性，其腰与臀的比例通常是 0.7。而对男性则比较看重的是肩腰比。也就是要练成倒三角形的身材。

身高与体重。体重方面，现在以瘦为美，所以流行减肥。现在各位女同学的身材在过去都是营养不良的象征。身高方面，通常期待男生要比女生高，如果女生比男生高，就好像陷入一个视觉上的困局。我就曾经问过很多人，为什么要男生比女生高，他说好看，我说那女生比男生高不也好看吗？反正一个高一个矮就好看嘛？他说照相好看，我说照相反正不照到脚，你可以摆椅子，你可以站在台阶上，这不都是可以处理的问题吗？1971年基辛格访华的时候，大家惊异地发现，基辛格的太太比他高一头，可是两个人很和谐。如果认为女生个子比男生高很怪，这只表明，你太过局限于自己的想法。

另外与身体有关的，就是照片与照片崇拜。合照通常是表达情侣之间感情的一种方式。手机发明以后，照相非常方便。大头贴也是非常伟大的发明。情侣们可以非常容易地拍摄浪漫的合影。在双方网恋或作为笔友的阶段，可能会通过交换照片来深入了解。而恋爱期间的情侣，也可能互赠照片，表达亲密的感情。像我服兵役的时候，女朋友送照片给我，我就把它放在贴胸口的位置，表达思念。那时候，照片、书信，都是撑过无聊生活的重要力量。所以孔夫子的"民无信不立"，在我们的心目中，还有另一种解释，"信"就是女朋友的来信。

身体接触的危险。身体接触当然有其后遗症，比较严重的譬如，意外怀孕、性病以及艾滋病。意外怀孕可能带来单亲妈妈问题，带来堕胎问题，这些都会对女性的身心造成巨大的伤害。性病、艾滋病则不仅是疾病，而且会给患者带来道德压力。

肢体残障与爱情的问题。在20世纪70时代，台湾有一部非常著名的自传，叫作《汪洋中的一条船》，作者名为郑丰喜。这个故事还拍成电影，由秦汉和林凤娇主演。2000年时，台

237

湾的公共电视也曾将这个故事改编成电视剧。这个故事告诉人们，任何人都有爱情的权利。主人公是个肢体残障人士，在台北读大学，和一个肢体健全的女孩子坠入爱河。女孩子家从激烈反对到慢慢接受。这个故事给了残障人士很多鼓励。

两性腰臀比、腰肩比和身体质量
指数（BMI）和爱情吸引力

辛格（Singh）对女性腰臀比与女性吸引力关系的研究认为，两性在青春期之前以及老年的身体脂肪的分布是一样的；其间最大的差异是落在青春期和中年之间。青春期之后的体脂肪主要集中在腹部、臀股部（臀部和大腿）；酮（testosterone）会让脂肪囤积在腹部，而且抑制其在臀股部累积；雌激素（estrogen）则刚好相反，因此产生男型（android）和女型（gynoid）两种身体类型，这可借由腰围和臀围的比例（腰臀比 Waist-to-Hip Ration，WHR）测出。青春期之前，两性有类似的腰臀比；青春期之后，女性脂肪囤积在臀部，因此腰臀比要比男性小：健康女性的腰臀比平均在 0.67 到 0.80 之间，健康男性的腰臀比则在 0.85 到 0.95 之间；女性在停经之后，腰臀比会和男性相近。腰臀比是女性生殖能力和健康状态的一种可靠的信号。你看不到他 / 她的检查报告、健康报告，但是你可以靠着他 / 她的体型、外形来判断他 / 她是否是健康的，所以古代医疗不发达的时候，头发的状态、腰臀比等，都是了解女性是不是健康、是不是具有生殖能力的信息。

过去研究美国女性，从 1960 年到 1978 年美国《花花公子》杂志折页女郎，以及 1940 年到 1985 年当选的"美国小姐"的美丽身型标准（沙漏身型），经过多年都没有太大改变，但是这些研究都没有以 BMI 为基准。过胖或过瘦都不被认为具有吸引力，也因此不被认为具有生殖潜力。具有吸引力的女性必须具备低的腰臀比，但是不能偏离标准体重太多，不管是太多或太少；光是体重或是腰臀比，都不能完全代表女性的吸引力。健康是吸引力的重要组成要素。有研究者认为，胸部是女性生殖价值的象征，但是也有人认为，胸部是模仿臀部，胸部并不能准确反映出女性的生殖能力。男性选择女性当然不是以腰臀比作唯一的标准，但是在择偶的初期，却可能是影响两人进一步接触的原因，这种筛选的过程往往不会被男性所自觉。

那么，什么样的男性会吸引女性呢？现在的电影中对男色也有所体现。譬如，为了表现男性的魅力，会设计男主角脱去上衣，秀出胸肌。胸肌最好有六块，而媒体又往往放大这种效果，让大家趋之若鹜。现在健身成为一个非常热门的话题，男性健身的重点在于锻炼出肌肉，正是媒体的力量。根据辛格的研究，他认为具有正常体重、具有典型的男性腰肩比的男性，才会被女性认为是有吸引力的，而且是健康的。女性认为，可欲的（desirable）男性必须在身体上和财务上同样具有吸引力。财务还是很重要的，身体好又有钱，就是太完美了。女性的择偶条件极为类似，不过因为年龄、教育程度、家庭收入和婚姻

239

状况不同会有一些差别。男人在婚姻市场上还是占着比较有利的地位。根据美国人的研究，结婚到底对谁好？一般来讲，结婚对男性有好处，对女性有一些好处，但是相对而言没有那么多好处。这个研究非常符合一般人的印象。因为女性在婚姻里面，多多少少还是被赋予性别角色，比如地该谁扫呢？其实扫地应该谁都可以，有空的人就扫嘛，有人觉得该女人扫，饭该女人做，洗衣服该女人做。男人干什么？在外面赚钱。现在女人也在外面赚钱了，这就不平等了嘛。那家事该谁做，如果两个人协商一下，不是就可以比较容易解决吗？但是有人会觉得，女人不做家事，那还叫女人吗？

我在念书的时候，就结婚了。结婚的时候没有工作，我刚开始也有类似的想法，女人不做家事，还叫女人吗？我太太说，男人不赚钱还叫男人吗？我一下就无语了。我太太说，你为什么要这样想呢？我就很认真地研究这个问题，我为什么要这样想呢？其实严格来说，我从来没思考过，因为从小到大周围的环境都是如此，也就自然而然地以为应当如此。自从被棒喝以后，我认真一想，对呀，为什么一定要那样呢？我现在也不赚钱，我还是男人。为什么我一定要认为男人有什么固定的角色，女人有什么固定的角色，两个人的家，就应该两个人好好协调嘛。

另外，辛格对年轻女性择偶策略中身体吸引力角色进行了研究，研究对象涵盖亚述群岛（Azore Island）、几内亚—比绍（Guinea-Biss）、印度尼西亚和美国的女性。发现不同文化的人都认为正常体重下，较小腰臀比的女性最具有吸引力。有的文化认为，具有吸引力的女性往往不忠诚，太多人喜欢她了，漂亮女生哪会只喜欢你一个人，漂亮女生都是跟你玩玩的；反过来，那些花花公子也都是跟你玩的，他根本就是风流倜傥，就是见一个爱一个，喜欢漂亮男生是没有保障的，最好找一个老实可靠的。有些研究发现，男性喜欢跟外表靓丽的女性发生短期关系，他觉得这样的女性不是一个可靠的、做太太的料。所以很多文化中都有这样的说法，说娶妻娶德，但是交女朋友或交男朋友，就交一个有钱、有趣的，这样快乐一点。娶太太跟交女朋友不要用同一个标准，这样你一点乐趣都没得到；反过来也一样，不要交一个无聊的、规规矩矩的男朋友，让你什么乐趣都没有，先生要找老实可靠的，这样你的钱才会在你手里。这一切都是算计，都是以自己为中心，不是以两个人为中心的算计，我个人非常不赞成，我也不鼓励你这样。

接下来，女性希望控制资源，并且能够将资源传给后代。有些女人从小就被妈妈教导，结婚的时候更强调这样的观点："将来结婚的时候，你一定要把他的印章、存折掌握到你手里，别让他乱花钱，到时候这钱都给别的女人了。"用这种恐吓的方式来交代夫妻相处之道。你是干什么？卧底嘛？无间夫妻嘛？很多人还认为这是对的。以前有人问我们夫妻，你们钱怎么管？我说，各自拥有账户，各自掌握收入。别人就对我太太说，那你先生在外面如果养别的女人，你不就不知道吗？我太太说，他不会这样做，我相信他这个人。那人就说，你怎么会

241

相信你先生呢？那么，你不相信你先生，你相信谁呀？你是跟诈骗集团结婚吗？你跟一个你不相信的人结婚，然后一天到晚地怀疑他，这样的婚姻有意义吗？

关于将资源传给后代问题。很多人相信，女性只要有孩子就够了，特别是有儿子就够了。在古代社会，有所谓"养儿防老"。哪怕在家中丈夫待自己再不好，儿子继承了父亲的财产，赡养母亲，似乎女人就不该有所求了。很多男性知道妻子的这个弱点，就把孩子当作勒索的人。像《安娜·卡列尼娜》中，安娜脱离无爱的婚姻，去寻求幸福的生活，她的丈夫为了惩罚她，就不让她见自己的儿子。

比较不吸引人的女性，也就是腰臀比较高的女性，为了提高生殖成功的概率，会寻找愿意照顾她，并投资资源在她的后代身上的男性，而不会找基因质量较高的男性。为什么有些人会认为女人，尤其是女性电影明星，到了某个年纪要结婚了，要找有钱的人？因为有钱人可以保障小孩的最大资源。

身体与爱情的性别差异

布劳恩（Braun）和布赖恩（Bryan）的研究成果表明：男性比女性更重视对象的身体特征，比如脸、身体、体重等。男人往往不重视自己的体重，却常常会重视太太或女朋友的体重。女性比男性更重视对方的性格、智力和职业选择。这两点简单归结一下，就是男才（财）女貌。从古至今，这个标准好像没有太多改变。女人看男人就看他的才，那个才包括才华的才与经济基础的财；男人看女人就看她的貌。

女性对于自己喜欢对象的要求，有三种不同的层次：一个是约会，一个是一夜情，一个是长期关系。也就是处于这三种场景，女性认为什么重要？女人在这三个不同的情况下的选择都很一致。从女性对于喜欢对象的主导性，可以相当准确地预测出其希望的一夜情的对象。对于约会或长期关系的对象则会强调亲和性。男性也强调女性的亲和性，但程度上不如女性强。女人要觉得男人很好相处才行，因为在当前社会，两性关系中男性依然比女性有权力，任何比你有权力的人，你觉得他好相处，才不会被权力所压倒。没权力的人都希望有权力的人和蔼，有权力的人都希望没权力的人听话，这是很简单的逻辑。

女性觉得腰肩比较小的男性比较具有吸引力，也就是上半身成 V 字形的男生。女性会以此标准来衡量一夜情的对象，但是不会把这个标准拿来衡量长期的伴侣关系。所以有时候会看到很漂亮的女生怎么嫁给很丑的男人？因为这是寻求长期伴侣关系，就有经济、智力等其他因素在其中了。

虽然从腰臀比可以预测男性觉得有吸引力的女性，可是男性的腰肩比却比较缺乏同样的预测力；就是男人基本上还是看女人的腰臀比，而女人比较少看男人的腰肩比。也就是女性看重的不是男性的身体，而是其经济基础、智力和能力。当然，在日常生活中，不是所有人都重视这种内在的核心价值。我一直认为，就是因为像这样的研究，或者像这样的想法，才让我们大部分人的婚姻或者恋爱关系，出现一种不愉快的状态。这个研究正好反映出社会的不愉快的根源，因为我们没有选择一个内在价值上更重要的东西，就是两个人的平等对待与共同奋斗，愿意去面对将来完全不可测的环境。

"美丽"具有"普世标准"
还是具有"文化差异"？

谈及爱情与身体的关系，就不能不探讨美丽的问题。世界各个国家地区都有所谓的选美活动。有趣的是，选美的对象都是女性，而少有男性。到目前为止，选美活动很少有不穿泳装的，很少有不要求报三围的，很少有选出来脸蛋不漂亮的。选美活动本身是否也是对女性的对象化与物化？值得深思。

坎宁安（Cunningham ）等人对女性身体吸引力的跨文化知觉的研究，提出"多元适配模型"（multiple fitness model），强调一个人外表的社会知觉不是一个简单的过程，外表的社会知觉是大家看这个人到底漂不漂亮，不是说有一个客观的漂亮标准，而是包含了多种的特质，他们希望把这些特质能够一一区分出来。

理论基础是，人类的成长基本上分为三个阶段，这与一般研究哺乳类动物的阶段是不同的。第一阶段为新生儿特质（neonate features）。有时去医院探望朋友的新生儿，隔着玻璃窗，朋友说那就是我女儿，后排穿粉红色衣服的那个。我坦白跟你讲，我完全看不出来新生儿之间的区别。有人很会看，会说眼睛长得像爸爸，鼻子长得像妈妈之类的。在我看来，这娃和那娃真没什么区别，都是小肉球。第二阶段为性成熟特质（sexual maturity features）。小孩有小孩的样，但是在青春期的时候，很多孩子就看起来像大人一样了。这句话经常在身边听到，几年不见，你已经不是小朋友的样子，已经是大人的样子了。大人的样子大概要持续到中年以后。第三阶段为衰老特质（senescence features）。这一阶段，有的人会变胖，体态臃肿，有的人会变瘦，干巴巴的。

245

新生儿特质包括：大眼睛、平滑的皮肤和小鼻子。成人若是具有新生儿特质，会让人感到年轻、有活力、开放、好相处。所以，在卡通、动漫中，人物、动物眼睛的比例通常都是大到失真的。在现代化妆术中，会教人通过画眼线、刷睫毛膏等，把眼睛画得很大；通过打粉底等，把皮肤变得很光滑；通过其他技术，显得鼻子很小；等等。无论是亚洲男性还是欧美男性，对具有新生儿特质的女性都有正向的反应。

性成熟的特质包含什么呢？女性的胸部、臀部、体毛；男性的肌肉、生殖器、喉结、体毛；脸型会变；颧骨高耸，脸颊变瘦，男性的脸上的毛发和眉毛会变粗。性成熟代表着力量、主导、地位和能力。

衰老的特征包括哪些呢？男性的灰白头发和秃头。女性衰老后发量会变少，但很少秃头。

亚裔、拉美裔和白种美国人对于三种族裔的女性具有吸引力的判断极为相似：都喜欢新生儿特质的大眼睛、眼距较宽、小鼻子，同时性成熟、窄脸、小下巴；高挑的眉毛、扩大的瞳孔、丰厚的下唇、较大的微笑（large smile）、梳理整齐而且茂密的头发。

东方人两性对于两性吸引力的判断也极为类似，但是比较喜欢宽脸颊、圆脸，不太喜欢颧骨太高、宽下巴以及高挑的眉毛。

美国黑人男性和白人男性对于黑人女性的吸引力有极为相似的看法：肤色较浅，但是厚嘴唇和大鼻孔并无影响；不过美国黑人比较喜欢体重较重的、臀部较大的黑人女性。

总而言之，亚裔、拉美裔、美国黑人和白人，以及东方人都觉得女性脸庞吸引人的特质是：高挑的眉毛、宽而大的眼睛、放大的瞳孔、小鼻子、较大的微笑、丰厚的下唇、小下巴以及茂密的头发。

自我与爱情

在社会学中，自我是人与人互动以后所产生的对自己的看法与评价，作为自己行动或思考的根据。因此，自我在谈恋爱前、谈恋爱中与失恋以后，会产生很大的变化。一般来讲，谈了恋爱以后，自我会扩大，因为你会变成了恋爱中的人，或者说得更清楚些，成为某人的男朋友或女朋友。这个身份，在你的众多的身份里面，是非常重要的。你会觉得是某人的男朋友或女朋友这件事情是一个高自尊的事情，会因为这样一个身份觉得快乐，觉得人生充满了意义。所以此时自我是扩大的。

恋爱中，自我的内容不断变化。比如，两人刚刚开始恋情，都觉得妙不可言，终于可以与喜欢的人在一起了。过一段时间，两个人开始出现冲突、争执、沟通不良的状况，你的自我就开始觉得，我一个人的时候好好的，为什么要和这个人在一起？两人单身的时候都好好的，为什么现在会出这么多问题？如果在这个状况下百思不得其解，可能就会觉得，人真的是最好不要谈恋爱，一谈恋爱就要出状况。这种观念是错误的。你没找到答案，并不意味着你的现状就是所有人都会发生的状况。当恋爱中的问题得不到解决时，两人就会走向分手。分手以后，你为什么特别难受？首先，你丧失了自我的一个身份，你会有失落感。如果将你的生命比喻为积木，那么积木拼不成了，因为最大的一块没有了。其中的难过在于，要挣扎着，重新把自我拼凑出来，缺失一块，你还是一个可以独立运作的、可以活下来的人。所以从完全不相识到恋爱、到分手，其中要处理太多的问题。如果你把婚姻看成是爱情的坟墓，或者认为恋爱只有一个阶段，就是喜欢期，那你真的不适合谈恋爱。如果你能学到应付困难的技巧，直面问题、解决问题，你的人生才是值得过的。

自恋与爱情。有些人觉得自己太好了，这世界上没人配与我在一块，我是那么完美。古希腊神话里的美少年纳西索斯就是自恋的典型，他爱上自己水中的倒影，为了和自己的水中的

247

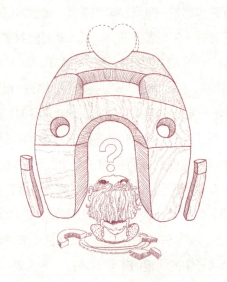

倒影在一起，竟扑入水中，溺水而亡，灵魂化为水仙花。所以，我们也将自恋称为水仙花情结。自恋的人，真的很难谈恋爱。自恋的人，常常因为觉得自己条件好而盛气凌人、自高自大，就算是有人刚开始欣赏你，到最后他/她也受不了你，因为你太自恋了。孔子说："无友不如己者。"每个朋友都有自己的长处，他可能功课不好，但是他情商高；他可能相貌不好，但是他能力强。只有抱着欣赏他人的心态，才能拥有朋友，乃至恋人。

利他与爱情。认为爱情就是要为对方付出，拥有强烈的责任感要去照顾自己所爱的对象。如果觉得对方和别人在一起会更幸福、更快乐，自己也会选择放弃这段关系而给对方祝福。

　　爱情的圆满自我和爱情的瓦解自我。有一个著名的童话故事，叫作《失落的一角》。主角是一个缺了一个角的圆，它觉得自己不完美，便想找回自己缺失的部分。它在寻找这失落的一角的时候，走得慢慢的。它看到了一朵花，走到花前面闻一闻花的味道；它看到了一个小甲壳虫，便跟甲壳虫一边走一边聊天儿；它又碰到了一只美丽的蝴蝶，便经历了一段美丽的爱情。后来它终于找到失落的那一角了，把自己拼成了一个圆。于是它走起来飞快，像火车一样快，停都停不下来。它看到花，可再也闻不到了；看到朋友甲壳虫，也停不下来了；又看到了蝴蝶，可是它跑得太快了，扑了一个空。寻找了半生的圆，却发现还是失掉一角比较好。于是它慢慢地让自己走到路边停下来，然后轻轻地把好不容易找到的角放下来，它现在又可以唱了："缺掉一角真好。"

　　这个故事最初的雏形来自柏拉图的对话集《会饮篇》，通过当时的剧作家阿里斯多芬讲出了这样一个故事：最初的人类是球形的，有四只脚四只手，由于他们触怒了神，宙斯将人劈成两半。因此，人终其一生，都要去寻找自己的另一半。认为自己是一个不完整的自我，一定要靠着另外一个人，才会变得圆满。这种想法很容易造成自卑，有时候会造成不必要的追寻，为什么自己不是一个圆满的自我呢？当你不能接受自己的时候，就到处去闯，到处去撞，到处去寻找，假如幸运地碰到相爱的人，你就觉得他/她是救赎你的人。但是，没有人是来救赎另外一个人的。

　　当爱情瓦解以后，最大的困难就在于，习惯于生命中存在另一个人，现在没有了他/她，我怎么活得下去呢？有这个想法，又沉溺在这个想法中以后，马上就活不下去了。孔子说：

"未知生焉知死"，都还没好好地活呢，就开始讨论死，听起来让人很沮丧。爱情瓦解对个人生活造成的影响是非常明显的。恋爱中的人精神焕发，觉得这个世界真的是善待他／她；等到失恋了，哪怕对着大好春光，都觉得这个世界与他／她是无缘的。这种天差地别，其实是自己心境的问题，不是外在环境的问题。

有的人在谈恋爱的时候，会对自我与对方产生某种程度的融合和认同。对方做的事情，都会觉得荣辱与共，他／她做的好事情你觉得骄傲；他／她做的不得体的事情，你觉得丢脸。这就是所谓"我即我爱的人"。

251

传统的爱情观，我叫作爱情的泥巴观。元朝管道升有一首《我侬词》其中有这么一段："把一块泥，捻一个你，塑一

个我。将咱两个一齐打破，用水调和；再捻一个你，再塑一个我。我泥中有你，你泥中有我。"很多人喜欢这首词，但在我看来，这是因为传统社会中女人没有社会地位、没有经济地位，必须依靠男人来活，自然渴望的是你中有我，我中有你。但这样的时代已经过去，因此泥巴爱情观其实是不恰当的，我觉得比较恰当的是钻石爱情观。因为每一个人，在这个时代，都是独立的个体，男男女女都受教育，都可以有正当的职业；所以两个人在一起，不是两头泥巴和在一块，而是两颗钻石，有共同的切面，有共同的呼应。每颗钻石不同的切面，而人生最重要的东西就是大的切面，你的大的切面跟另外一颗钻石是呼应的，这是比较重要的。

阿伦对爱情与自我发展（self expansion）进行了系统研究。

他指出：第一，人类的基本动机是要从获取某种想要目标的潜力来看待拓展自我的问题。第二，人们拓展自我的方式之一就是通过亲密关系，将别人纳入自我，使别人的资源、观点，身份，在某种程度上成为自己的一部分。有相当一部分人，在恋爱或结婚之后，把对方的观点变成自己的观点。譬如，本来对艺术没兴趣的人，常常会因为对方对艺术有兴趣，也对艺术产生了一些兴趣，这就是两个人交往最大的好处之一，彼此学习。这是恋爱最美的地方，除了我爱你，你爱我之外，可以从对方身上学习其很好的特质。第三，激情爱（passionate love）就是快速地将别人纳入自我而产生的，经常可以在新的浪漫关系中看到。平常作风保守的人，忽然间会公开地在别人面前牵着手。这种行为他可能在自己恋爱以前是看不惯的。第四，友情爱（companionate love）是由于对方不停地扩展所产生的。你会觉得有一个伴儿，有事情可以与人分享，他会帮助我提出有效建议。第五，失去伴侣的同时也失去了自我，这是关系结束的负面影响。这就是失恋痛苦的原因。难过是正常的，但是怎么样慢慢走出来，是要努力做的功课。

253

盖博（Gable）和赖斯（Reis）根据对现有研究成果的整理，指出：

第一，"觉察对方对自我的响应"是恋爱双方彼此界定自我的重要特质。

第二，"觉察对方对自我的响应"有三个组成要素：1. 相信对方了解自己的特质、意见、目标、情感和需要的程度；

2.考虑对方看重、尊敬和赞成自己的程度；3.觉察对方照顾自己并支持自己的行为方式。

第三，依附关系的研究显示出，如果双亲对子女有积极响应的话，小孩会将这个经验内化，而在自我和他人关系方面具有安全感，他／她会相信自己有被人爱和尊敬的价值，而且相信他／她的爱人在需要的时候会有积极的响应。简言之，有正面自我感觉的人会觉得自己有被爱和被支持的价值，有负面自我感觉的人则无此价值感，或觉得和别人有距离，会被别人拒绝。

254

第四，个人的自我揭露会通过约会对象的响应而产生亲密的经验。为什么我们告白怕失败，因为失败意味着自我受到否定；如果告白成功了，当然高兴到不行，因为自我得到肯定。

第五，期待对方的回应，往往会改变社会互动中实际的经验，有些告白很紧张，就显得笨手笨脚。

第六，拒绝敏感度高（rejection sensitivity）的女性，通常会在行动中引发自己最怕的对方的拒绝行为，因为她们不相信别人会响应她们的需要。什么叫拒绝敏感度高？譬如他人无心讲一句话，他／她联想到的所有的意思都跟拒绝有关。

第七，自尊（self-esteem）是一个很好的社会指标（sociometer），可以测出一个人所相信别人对他／她的评价回应。自尊就是人家对你有正面的反应，你就有自我的价值，有时候意义是一样的。

第八，别人对自己的评价如果和一个人的真正自我

（intrinsic self）不一致的话，就不会被自己重视。我认为我是一个什么样的人，你批评我不是，那我根本就不理你。和真正自我一致的评价才会被重视。我们有时候只相信自己愿意相信的事情，你觉得自己是一个好人，对方也觉得你是好人，你会加强自己的好人印象；反之，你觉得你是很差的人，别人的反应也让你觉得自己是一个很差的人，那么你会强化自己真的很差的印象。这是简单的道理。

第九，自我呈现（self-presentation）不是一个随机的过程：人们都是有意选择自我的某些部分在人际互动中呈现。譬如，有个同学叫振群。通常人们自我介绍的时候会说，振兴中华的振，群策群力的群。可是他说，萎靡不振的振，害群之马的群。从他的自我介绍中，可以看出这个人调皮的性格。对方的响应会被视为是对自我的支持或者反对；老师上课，你笑，你有回应，老师会觉得大家的反应好，如果大家都摇头，老师会觉得自己教得很烂，大家都睡觉，伤害更大。反应会成为行动者未来要进一步互动时的考虑，其中的动机包括：首先，自我提升（self-enhancement），每个人都希望让对方看到对自己有利的一面，以获得对自己比较好的评断。其次，自我验证，让对方看到的和自己所看到的一样。出门穿的衣服，特别是女孩子，衣着、化妆，都是要让人家看到你好的一面。再次，自我肯认（self-affirmation），让对方看到自己理想的一面。

第十，团体介入模型（group engagement model）认为：团体成员身份是个人建构社会身份（social identity）的一个重要

255

部分，会强化个人对团体的认同。譬如，一起就读过同一所大学、参加过同一个社团等，都会形成一种认同感。

最后，污名身份的处理也和自我有关。如果有人认为你是个花心的人，那你该怎么处理这样的事情？盛名虽然不是污名，但也会有类似的状况。有人盛名在外，或是有盛名之累，该怎么处理这个事情呢？别人认为你是有女朋友的人，或是有男朋友的人，在我那个时代，即便可能是江湖谣言，这些有交往对象的人，我们连看都不会看一眼，避免惹麻烦。你们这个时代就很难说了。

常常有人会问我，老师，我喜欢的人有男朋友，或是有女朋友了，我该怎么办？我说，你千万别把人家的男朋友或女朋友给干掉，这是绝对不对的事情。你真的很喜欢对方，你就跟他/她说。这个时代中，谁喜欢谁，都是可以表达的。你不用要求对方一定要当你的男朋友或女朋友，你喜欢一个人，你就跟他/她说，而且他/她又是你的朋友，这有什么不好意思的呢？你就是喜欢他/她，才会跟他/她做朋友的啊。如果你的喜欢是蕴含爱他/她，或是一些太强烈的感情，当然很多人会受不了。如果你真的是喜欢一个人，你们这一代人，听摇滚音乐会都会大喊"我爱你"，表达对于一个人的喜欢，应该不是太难的事情，只是表达你心中的一个感觉而已。曾经我教过一个男同学，他的处理方式真的做到没有人受伤，他正当地表达自己的情感，也交到一个朋友，虽然不是男女朋友，至少也是一个朋友。有的时候，刚开始你可能会幻想，你跟他/她进入

一个男女朋友的关系，也许你跟他来往的过程，发现你跟他/
她成为好朋友，这关系是最美好的关系，至于这个好朋友会让
你继续发展到什么地步，那就是另外一个问题。你可以向对方
表达你的情感，但是你不要认为你表达了，对方就一定要响应
你的情感，你只是表达你的喜欢，就是这么简单，但是，如果
你想要进一步，就要看人家是否愿意跟你进一步。三角关系真
的是比较复杂的关系，但是，通常一般人的喜欢，不会进一步
发展到三角关系。

爱情
The 社会学
Sociology of love

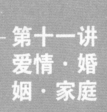

第十一讲
爱情·婚
姻·家庭

———— 爱情
The 社会学 ——
Sociology of love

爱情与婚姻、家庭的关系非常密切。爱情的下一个阶段有三种走向：婚姻、同居和分手。伴随着现代社会的发展，人们的婚恋形式也发生了一定的变化。婚姻依然是常见的家庭形式，但伴随着同居的情况也越来越多，并且由于分手的成本越来越低，不少人在双方存在矛盾时更容易选择分手。这种情况也引起了社会学家的关注。在同居越来越多的情况下，婚姻制度是否会终结？年轻人越来越倾向于晚婚，并且不少家庭选择不再生育后代。在这样的家庭中，没有亲子关系，只有夫妻关系，家庭的功能也发生了变化。这些都是值得关注的问题。

爱情、婚姻和家庭的关系

在现代社会，多数人认为爱情、婚姻和家庭是接续关系：因为爱情才走向婚姻，形成家庭。但是，三者的接续关系并不是一直存在的。在中国古代社会，婚姻是"父母之命，媒妁之言"，也就是安排婚姻（arranged marriage），在这种情况下，爱情与婚姻、家庭是没有关系的。很多婚姻悲剧就是在这种安排下产生的。由于个人意志完全被抹杀，导致双方都陷入痛苦之中。

因此，现代社会主流的意识形态是恋爱结婚（love marriage），多数人都希望出于爱情而结婚。因此，即使是相亲结婚，也要双方坐在咖啡厅里聊一聊，合适则继续发展，不合适则一拍两散。

总之，爱情、婚姻与家庭的关系是在历史文化发展脉络之中的，是伴随着社会的发展而不断变化的。并且，在当代社会，三者的关系是个人选择的结果。有人选择恋爱结婚，有人可能接受安排婚姻。

262

求 婚

万尼（Vannini）对这一问题进行了开创性的研究。理论上，求婚是在双方有一定交往的情况下才会发生，对于对方是否会答应，应当有一定的把握。不然的话，求婚当场悲剧，将是一个很大的挫折，将带来遗憾、懊悔等感受。

求婚的时机很重要。恰当的时机对求婚成功与否有很大影响。什么时候"蹦"出来这个问题（"pop" the question）？有些人特别喜欢给人家惊喜。在影视剧中，经常可以看到男主角向女主角求婚的桥段。包括电影包场、球赛大银幕出现女主角的名字，还有人升起一堆气球拉出条幅："某某嫁给我吧"，等等。这种求婚方式具有出其不意的特点；同时，也会凭着环境的压力让当事人倾向于接受。譬如，在球场求婚，大家正在看球赛，下一场就要开始了，你赶快答应他，我们继续看球赛，这样的压力。

在求婚问题上，浪漫的商品化（commodification）是非常值得注意的问题。送给女性戒指已经成为求婚中一个不可或缺的环节。前几年有一条广告语非常流行："钻石恒久远，一颗永流传。"似乎有了钻戒就能保证爱情的坚贞。双方交换戒指也成为双方缔结婚姻契约、承诺终身的象征。在这种情况下，对爱情的诚意也与经济挂钩了。如何证明你是真诚地求婚，就看戒指多少克拉了。电影《色戒》中，王佳芝看到易先生送她的"鸽子蛋"戒指，立刻就觉得这个男人爱她了。民族大义也忘了，把汉奸放走了。钻石的力量多么大。

在求婚问题上，场面（spectacle）也是一个被很多人看重的事情。现在这个社会强调这种事情要被人家看到，才觉得自己很有面子。所以有人选择在棒球赛上求婚。为什么不私下举行，而一定要让全世界的人看到？要跟全世界的人同享欢乐？这是个奇怪的逻辑，这不是你个人的事情吗？看到了怎么样？说句恭喜，当事人就觉得很开心。很多人就要这种排场，希望自己的求婚场面很大，看起来很澎湃，觉得这样有面子。因此，很多人会选择在特别的地点求婚，有旁观者在场和起哄，甚至还要留下录像存证。

求婚具有一套固定的仪式（ritual）。通常男性要跪求女性，据说是中古骑士表达效忠的一种方式。骑士跪在贵妇面前，贵妇人拿着剑在骑士肩膀上弄一弄，表示授予权力，这种姿势是武士请求荣耀的一个遗留。女性做最后的决定。德国社会学家齐美尔（Georg Simmel）认为，由于传统的女性没有权力，这是她一生最有权力的时候，当男性跪下来说，"请嫁给我"的时候，女性通常会迟疑一阵子。这迟疑就是她权力的象征。可是她一旦说了 Yes，就没有权力了。观礼者也会做出配合的举动，譬如，鼓掌、欢呼等。

求婚中的语言的定型化暗含着性别意涵。男性求婚多数会说："嫁给我吧。"两性的地位是不同的，男的叫娶，娶新娘；女的叫嫁，嫁丈夫。但是我觉得在现代社会，不需要这种男尊女卑的这种做法，我主张求婚时说："我们结婚吧。""我们"是两个人，结婚是两个人的结合，无所谓"娶""嫁"，这就是平等对待、共同奋斗的一个表现。

所以平等与不平等其实是有弦外之音的，很多人都不从日常生活语言去了解这种细微的差别。如果各位真的要共度一生，我觉得最好的语言就是多使用"We language"，让"我们"结婚吧。让"我们"平等对待，共同奋斗。让"我们"共同承担责任义务，共同享有权利。

婚姻与社会实体的建构

社会学家彼得·伯杰（Peter Berger）和汉斯弗莱德·凯

尔纳（Hansfried Kellner）对婚姻与社会实体的建构问题做出研究，他们提出论点的理论依据是：韦伯（Max Weber）的"把社会当成是意义网络"的立场，米德（George Herbert Mead）的"把身份当成是一种社会现象"的符象互动论（symbolic interactionism）立场，以及现象学的"社会世界是出自建构"的理论。

他们的观点是，婚姻是两个人从面对不同的自我、他者和世界，转而面对面协商各自的自我、他者和世界，以获取或重建崭新的意义；这是建立知识的微观社会学（microsociology of knowledge）。两个不同的人进入一个婚姻关系，两个人的身份都增加了。婚姻可以被看成是"规范的工具"（nomic instrumentality），当事人不仅进入新的角色，也是进入新的世界，两个人共同的世界。

择偶问题

如果结婚的话，大概最大的问题就是择偶了。

温奇（Winch）就讲，婚姻要讲求门当户对，用英语讲就是 homogamy，homo 指的是相同的意思。寻找相同条件的人作为择偶对象，就是门当户对的婚姻。但是所谓的相同其实是从大体上来讲的，往细里看，相同中一定有不同；另外，不同中一定也有相同之处。

人们经常讲婚姻市场，就好像到菜市场买菜的样子。到菜市场买菜，你也会挑你喜欢的，先画一个候选圈（field of eligibles），在圈中再进一步挑选，哪些是可交往的对象。在我们的文化中，也有不少约定俗成的偏见。譬如认为，男性可以下娶，女性可以上嫁，但是不能够下嫁，男生很少上娶。就是说，女生嫁条件比你好的人，在我们的文化里面觉得是可以接受的，女性嫁给比自己条件差的人，就比较难以接受。男性娶一个学历、薪水、职业等各方面条件比自己差的，是大家觉得可以接受的，男的娶一个条件比自己好的，你跟你的总经理结婚，你试试看，大家就会觉得你这家伙可能不是靠能力啊，而是靠别的因素结婚的。这其实还是有男高女低、男尊女卑的思想在里面。

科克霍夫（Kerckhoff）和戴维斯（Davis）发展了一个叫作适配模型，或者叫作过滤理论（filter theory）。对短期的情侣而言，短期是指 18 个月以内，价值共识会导致长久的关系；长期的伴侣则更多表现出需求的互补性（complementarity of needs）。刚开始你们都会关注相同的地方，等两个人在一起之后，就会发现相异的地方。而后就要开始去学习处理这些相异的地方。有人在刚开始的时候觉得两个人很合适，然后慢慢发现两个人吃东西不合，一个人吃辣一个人不吃辣。刚恋爱的时候，可能觉得，真好，大家不会抢东西吃；但随着关系的深入，可能就觉得很糟糕，一起吃饭你吃这个我不吃这个，好麻烦。在短期内，相同的因素占有很重要的地位；就长期来讲，就要学着去适应不同。情侣会根据社会特质来比较，过滤价值的相似性，最后如果继续向婚姻迈进，要靠需求互补性。这个结论也符合很多人的经验，刚开始谈恋爱充满了新鲜感，之后现实感开始强烈，想要解决各种各样的问题。能解决这些问题，你就有机会往前走，解决不了大概就要分手了。很多人误以为恋爱只要前面的一段，之后就是天长地久，这是绝对错误的。

李维斯（Lewis）则提出六个连续的人际过程：第一，察觉相似性（perceiving similarity）。"你跟我一样啊，我也是这样想的啊"，忽然间脸上就泛起了笑意。第二，达成双方的默契（achieving pair rapport）。比如两个人在一起说的话，可能旁人都听不懂。第三，激发相互的自我揭露（inducing mutual self-disclosure）。现代社会人与人之间距离越来越远，我们也很少愿意在陌生人面前揭露自己太多的事情。遇到一个人，让我们愿意揭露自己，让他知道我们的伤口，这表明了我们的信任。这跟动物一样，一只狗如果跟你不熟，它不会翻肚皮的；只有你和它熟悉，并且它感觉到你的友好，它才会翻肚皮让你摸，最脆弱的地方敢让你摸，就表示它对你有百分之百的信任感。自我揭露也是一样，我们现在很怕私密的事情被人家知道，一旦被别人知道，就会觉得没有安全感。我们的隐私权概念就是从这里来的。第四，达成角色扮演的精确（achieving role-taking accuracy）。你在这个角色行为上面，要怎么样做好自己的角色。譬如说，我要如何做好一个男朋友的角色。女朋友问你："你爱我吗？"你回说："爱你。"女朋友再问："你

267

爱我吗?"你又回说:"爱你。"女朋友再问:"你爱我吗?"你说:"你烦不烦啊?"这就是没扮演好男朋友的角色。第五,达成角色适当(achieving role fit),这是经过协调的结果。你觉得男女朋友该做到什么样的地步。最后,达到二元结晶化(achieving dyadic crystallization),结晶化这个概念是司汤达尔(Stendhal)提出的,就是矿物在一个状态下变成结晶。二元结晶化就是变成一个新的东西,就是双方相互理解、达成新的关系的过程。

　　择偶条件常见的有以下几种:第一,有人非常相信诸如八字、血型、星座之类的特质。非常无稽,不相信自己亲身接触的感受,相信一些似是而非的说法。第二,外貌上,女生通常都会希望男生个子高一点。很多人择偶时要求五官端正。有些人相信面相,认为面相代表人的财运、福禄等,这都是迷信。第三,生理上,很多男生希望女朋友是处女,但女性很少要求男生是处男,这也是非常荒谬的要求,是男性要求保持血统纯洁性的一个遗毒。第四,感情上,现代社会多数人希望从恋爱到结婚,很少有人先结婚后恋爱。第五,经济上,很多人择偶时会要求有一定的经济基础。经济基础在这个时代是很有变化性的,有人会强调有正当职业,但是随着经济的变化,人可能失业、破产,所以一味强调经济,是有问题的。另外还有其他一些条件,如籍贯、国籍、宗教、政治立场等。

新婚夫妻的爱情

美国精神医师高特曼等人想用一种简便的方法预测一对夫妻是否会离婚。他用录像的方式来观测寻求婚姻辅导的夫妇，从他们的互动、讲话的内容、表情，以及一些配合问卷，来预测这些夫妇未来的婚姻状况。他研究了七种互动过程：

第一，生气是一种危险的情绪。在夫妻关系里面，怎么处理生气？没有夫妻不吵架，没有夫妻不生气的。

第二，主动聆听。夫妻之间有没有相互的主动聆听？大部分时间，在男性为主的社会，都是男人讲女人听，有权力的人讲没权力的人听。所以主动聆听是对夫妻，特别对男性是一个非常重要的训练。

第三，负面情感的回应，如果你对他的做法不满意，你要怎么回应？

第四，妻子负面的开头。在他来看，如果有太太开场骂人、骂老公的话，这个夫妻决裂的可能性增加。这是女性主义非常不满的一点，为什么是妻子负面的开场，而不是丈夫负面的开场？这是在强化女性是不理性动物的刻板印象。

第五，降温。生气以后怎么样降温？降温有几种很简单的办法，一个就是离开现场，一个人是吵不起来的。再有就是，不要把吵架的话当真，记住吵架只是宣泄情绪，而不是传播信息。

第六，正面情感的模型。怎样付出正面的情感？这个真的是需要学习的。在两人关系中，懂得用赞美的话来夸奖对方，传达正面的情感；而不是只采用严格的标准，挑剔对方的毛病。要赏罚分明，正确的事情，要称赞对方；犯错了，也要让对方知道。用正面的态度相处，才能让两人关系稳定。

第七，男性生理上的舒缓。指的是让男性在生理上得到满足，自然可以维持关系的稳定。这一点更让女性主义者气到不行。就好像男人不生气这个事情就了了，女人一发威就是灾难的来源。

这七个模型中存在着一些贬抑女性的观点，这是女性主义者对他这七个步骤非常不满的地方。但是在传统的家庭结构下，很多问题确实就是这样的。你如果能够改变社会的氛围和结构，当然是很好；你若不能改变，那么至少可以从预测夫妻关系的七大模型中，找到维持夫妻婚姻稳定的方法。

高特曼等人还将研究对象的情感表达编码成三部分：第一，正向情感符码：有兴趣（interest），比如脸上带着快乐、好奇的表情，交谈的态度温和可亲；有效（validation），比如他做了什么事情你有所回应，让他知道他的行为是你赞成的；喜欢（affection），比如直接表达出来，我很喜欢你，你做得很好等，幽默（humor），幽默是双方的润滑剂；高兴（joy），两个人在一起很高兴。

第二，负面情感符码：讨厌（disgust），嘴角和鼻子就显示出不屑的样子；鄙视（contempt），你算什么东西；挑衅（belligerence），你说的都是什么啊，骗人的；强势（domineering），什么事情都得听你的，包括与别人讲话，你都要占上风；生气（anger），一说话就怒火冲天；辩护（defensiveness），比如"不是这样的，你听我解释……"等；哀伤（sadness），比如自己在那掉眼泪，陷入伤春悲秋的情绪；充耳不闻（stonewalling），充耳不闻是很多人最怕的，好像撞到一面墙，没有任何回应。

第三，中性情感符码。

271

研究发现，有几项内容将影响婚姻的稳定：其一，丈夫拒绝妻子的影响，不听妻子的话，这样比较容易离婚。其二，妻子负面的开头，妻子或女朋友遇到事情不要劈头骂人，不要变得很挑剔，让人讨厌。他真的有缺点，你好好跟他讲，而不是一味地斥责。其三，受到丈夫缺乏降温所引起的妻子低度负面的感情。丈夫生气了，妻子也跟着他生气。为什么我一定要先让步？为什么他不先低头？他不低头我也不低头。这样为了这种无谓的自尊让两个人关系继续往前冷冻下去。人生何其有限，如果你今天早上跟心爱的人吵架，今天晚上他就被枪杀了，你会觉得今天早上吵架有道理吗？一定很痛苦嘛，他最后在的时候我竟然是跟他吵架，为什么不能每一场离别都好像我们不会再见面一样的珍惜？其四，受到妻子缺乏降温引起丈夫的高度负面情感。如果两个人都自尊高于一切，不愿意相互忍让，不愿意退一步，双方的关系就持续不下去了。

比率模型（ratio model）就是正向感情与负向感情的比值，可以预测婚姻稳定跟伴侣的稳定度。以上的模型可以预测婚姻的稳定性，其精确度高达 83%；满意度的预测精确性可高达 80%。

但是高特曼等人的研究无法为其他研究者复制，例如金（Kim）等人的研究，就对其研究的科学性提出了挑战。但是从日常生活经验来看，其研究还是具有参考价值的。

夫妻关系

根据诺伦（Noller）的整理，影响夫妻关系有几个部分的内容。

首先是家务分工。在双薪夫妻中，家务分配的公平与否是影响婚姻满意度的重要因素，不过只有女性对于家务的不公平分工不满才会导致离婚。家务工作的不公平会降低女性的婚姻质量，增加角色紧张，容易导致离婚。全职的职业妇女会对于回家后还要承担所有家务事感到极端不满。

其次是性生活问题。由于大家普遍不愿意谈论性生活问题，常态参考数据阙如。但是 DINS 家庭，也就是双收入无性（Double Income，No Sex）家庭不时涌现。

再次是金钱的问题。大部分人认为"贫贱夫妻百事哀"，一定要有经济基础；但是不要忘记，有了经济基础的夫妻并

不表示其情况就不哀，他们的哀不在经济问题上。我的一个
友人结婚前夫妻都有体面的工作，有房子，也有车子。结婚
之后，男方被解聘了，房子抵押了，车子拿去卖了，经济状
况比以前差远了。夫妻双方马上接受这一改变，继续奋斗。
但是他们并没有因为经济问题而离婚。经济的基础不是永
恒的。

最后是家庭和工作问题。妻子就业在人类历史上是非常
新兴的现象。第二次世界大战爆发之后，因为男人都去打仗
了，后方的工厂劳动力严重匮乏，女性就投入了就业。等战争
结束男人都打仗回来以后，女人又退回了家庭。但是她们一旦
知道工作可以增加自己的自信心，可以增加收入以后，就已经
不是传统的女人了。加上女性主义的影响，20 世纪 70 年代以
后，从美国到世界各地，大量的女性相信自己的宿命不是在厨
房里，而是也可以在职场上展现自己的才能；再加上教育的发
展，女性所受的教育与男性没有什么区别，越来越多的女性走
上工作岗位。但是，照顾家庭就变成一个新的问题。传统的家
庭结构是男主外女主内。女性主义者认为，家是两个人的事
情，为什么一定要女性照顾？男人也应该照顾，男人也应该负
担家务的一部分。

经济机会（economic opportunity）观认为，妇女就业为家
庭提供了更多的经济资源，让女人可以离开不幸福的婚姻；角
色专化（互赖）[role specialization (interdependence)] 观认为，
女性就业给夫妻双方从婚姻获利的部分带来负面的影响，因

此增加离婚的机会；学者贝克尔（Becker）认为，"一方主外、一方主内"对两性而言是最有效率的。

但是学者舍恩（Schoen）等人发现，当婚姻不幸福时，女性就业才会增加离婚的概率。当女人想要离开婚姻时，就业可以使她更容易达到目的。对家庭和工作的满意度是相关的：对工作的满意会延续到对家庭关系的满意；对家庭的不满意也会影响导致对于工作的不满意。

夫妻关系的规则

约翰·高特曼（John Gottman）和南·西尔弗（Nan Silver）在《恩爱过一生：幸福婚姻七守则》（*The Seven Principles of Making Marriage Work*）一书中提出，有七个原则能够保证夫妻双方幸福度过一生。

第一，分享内心世界，夫妻之间要分享，如果夫妻之间都已经不交谈了，不再分享自己的秘密了，就形同陌路了。

第二，培养爱慕的情谊，有些人对另一半永远有欣赏的地方，不管经过了多少风雨，他/她觉得那个人还是我当初认识的那个人，一直保有激情。

第三，在小地方要互相关怀，不是只关心大的问题。比如天冷叮嘱加件衣服不要感冒了，等等。

第四，接受另外一半的影响。夫妻双方是平等关系，要听听对方的意见。

第五，学习冲突新解。如果双方有些不一致的地方，我们有没有新的办法来解决。

第六，与永久问题和平相处。有些问题永远解决不了，怎么处理？有些人眼里容不得沙子，认为一定要把所有问题都解决了，夫妻才能相处。如果有些问题一直解决不了怎么办？离婚吗？有的夫妻在外人看来存在着问题，但是双方还能好好相处；从反面来说，就是这些问题不成为他们夫妻关系中的问题了。

第七，创造共同的人生意义。这是平等对待、共同奋斗的最后目标。你们在一起，到底为了什么？双方在一起应当有共同的目标。这个共同的目标就是我以前也强调过的，两颗钻石最大的切面，双方交相辉映最多的切面。

夫妻沟通

在一段婚姻中，夫妻双方对另一半都会有期望和要求。但是在很多时候，夫妻双方的所想所为，都有明显的差别。这就造成了夫妻双方的冲突。妻子在婚姻中期待什么呢？以下内容改编整理自阿盖尔（Argyle）和亨德森（Henderson）。第一，妻子希望丈夫能够清楚地表达情绪。女人常常不知道男人讲什么。第二，妻子希望丈夫能够对自己给予赞赏。有些人当了丈夫以后，对妻子的外表就完全忽视了。她换了发型与否，你都不知道；今天的衣服是不是新的，你也不知道。第三，妻子希望得到丈夫的关注。你不高兴，心情不好，可能就需要丈夫安慰一下。有很多丈夫忽视了妻子的这种需求。第四，妻子希望能够与丈夫争论。为什么要争论呢？就是为了表明我们的分歧，探讨如何解决问题。第五，妻子希望能够与丈夫讨论有趣的话题。有什么有趣的东西，都希望能够双方共同分享，这样乐趣也变成了双倍。

丈夫在婚姻中期待什么呢？第一，丈夫希望妻子能够清楚地表达情绪。这一点与妻子的诉求是一样的。很多丈夫不明白妻子为什么生气了，所以有"女人心，海底针"的说法。第二，丈夫希望妻子能够对自己给予赞赏。这一点与妻子的诉求也是一样的。很多男性希望妻子对自己投以欣赏乃至崇拜的目光，而不是上来就是指责，你这里做得不好，那里做得不好。第三，丈夫希望妻子能够主动挑起性活动。像电影《幸福特训班》（*Hope Springs*）里面，就讲述了这一内容。有人问丈夫对婚姻有什么不满意的，刚开始先生说很好，没有什么不满意的。我们结婚那么多年，讲了一堆，电影接近尾声的时候，他说我希望我的太太能够穿着性感一点。第四，丈夫希望与妻子争论。这一点看似与妻子的诉求相同，但内容可能大不相同。夫妻双方一旦争论起来，可能发现，两个人讨论的不是一个问题、一个概念。第五，丈夫希望妻子能够留意他的性需要。男性真是三句不离性。这与妻子第五条希望形成对比，女人希望精神的沟通，男人希望肉体的沟通。

婚姻稳定性

高特曼有一个非常著名的说法叫作"婚姻末日四骑士"（Four Horsemen of the Apocalypse），末日观念是基督教的观念。在《启示录》中，末日的时候会出现四个骑士。四个骑士原来指的是"白马骑士""红马骑士""黑马骑士"和"灰马骑士"，分别代表瘟疫（pestilence）、战争（war）、饥荒（famine）以及死亡（death）。他以末日四骑士来比喻将婚姻引向穷途末路的行为。这些行为有：第一，批评（criticism）。经常把对方讲得一文不值，两个人的关系也持续不下去。第二，辩护（defensiveness）。什么事情都不认错，一直找理由，有批评大概就有辩护。第三，鄙视（contempt）。最亲密的人看不起自己，动辄表现出"你什么都不行"这样的想法，是对人最大的伤害。第四，不回应、充耳不闻（stonewalling；listener withdrawal）。你说什么他/她都不搭理你，就好像对着一堵墙说话一样。后来，高特曼又补充了一项对婚姻伤害很大的行为，就是挑衅（belligerence）。有些人在婚姻中喜欢对另一半挑衅，"有种你打我啊！"诸如此类的话语。其实他们没有意识到，这可能真的引发婚姻中的暴力行为。

根据阿马托对婚姻稳定性（marital stability）的研究，婚姻带给人的奖赏（rewards）有：

第一，爱（love），即双方具有强烈的爱和喜欢的情感。

批评　　　　　　　　辩护

鄙视　　　　　　　充耳不闻

　　第二，尊敬（respect），尊重配偶和配偶的需求，尊重彼此的感觉和隐私权。

　　第三，信任（trust），彼此诚实，相信配偶。

　　第四，沟通（communication），配偶之间了解、聆听、谈论关心的事，有问题共同探讨。

第五，共享过去（shared past），结婚很久的夫妻会有共同的生活、共同的历史。

第六，友谊（friendship），夫妻在一起感到很舒服，相处融洽，花时间在一起。

第七，幸福（happiness），享受与配偶在一起，感觉婚姻生活很幸福。

第八，适配（compatibility），夫妻双方有共同的目标、原则、信念、兴趣。

第九，情绪稳定（emotional security），从婚姻中获得情感安全感，靠着配偶满足自己的情绪需求。

第十，对伴侣承诺（commitment to the partner），对配偶忠诚。

第十一，性（sex），被配偶的身体吸引，享受性关系。

婚姻稳定的障碍（Barriers）有：

第一，小孩（children），很多人认为小孩不是婚姻中的障碍，但是，如果有了孩子，家庭结构发生重大变化，可能导致婚姻中的矛盾，甚至婚姻的破裂。譬如，如果由于孩子多出来的家务劳动都在妈妈身上，妈妈会受不了。再有，很多女性得产后抑郁症，就是因为生产前后的落差。在没生产之前，女性通常为全家的中心；在生产之后，全家都围着孩子转，女性可能会觉得自己沦为一个生育工具。如果女性没有继续工作，剩下的身份只有某某妈妈了，从此没有了自己的身份。这些都可

279

能造成女性的痛苦、迷茫，乃至产生婚姻的矛盾。

第二，宗教（religion），大家强调的几乎都是因为来自不同宗教所导致的冲突；但是，如果来自相同宗教，也可能会有信仰虔诚程度的差异，进而造成婚姻的不稳定。

第三，财务（financial need），如果一方不赚钱，可是花钱很凶，就可能将双方的经济拖入困境，造成婚姻的危机。譬如，配偶是赌徒、酒鬼等。再有，如果一方不与另一方商议，就进行高风险投资，可能将家庭陷入经济危机中，也会造成婚姻的不稳定。

第四，互赖角色(interdependent roles)，也就是传统的"男主外、女主内"的婚姻模式，可能成为婚姻中的障碍。因为万一你互赖的那个人失去工作了，可能整个家庭就垮了。以前我在美国打工的时候，工厂外面住了一个游民，打扮得很整齐。我们打工的工厂旁边就是纽约的肉品包装中心，将牛羊肉包装后分到超市去。很多游民都住在附近，可以免费拿到一些丢弃的肉，他们就在一个垃圾桶边烧火吃肉。我和他聊天，发现他以前是一个工厂主，太太做家庭主妇。结果工厂破产了，他们家也就陷入了经济危机。

第五，承诺婚姻（commitment to marriage）。也就是维持婚姻持久的规范，承诺是在婚姻制度中的承诺，而不是对于某一个特定配偶的承诺。夫妻对于婚姻承诺的观念差异，也可能导致婚姻的不稳定。譬如，一方对于婚姻的承诺是从一而终，愿意努力经营；另一方对婚姻的态度则是强调爱情的火花，不想要只是像亲人般平淡过生活，当婚姻生活失去热情，就会想要离开这段婚姻，或是转而交往其他对象。这就是一个因为对于婚姻承诺态度不同，导致婚姻不稳定的例子。

第六，其他的障碍（other barriers）。指的是一些可能影响婚姻稳定度的其他因子。

第七，其他选择（alternative）。是否还有其他选择？是专一对待配偶，还是尚有其他对象？

阿马托的研究发现：首先，人们提到婚姻的凝聚力时，多半提到"奖赏"的部分，而不是"障碍"；其中最常被提到的有：爱、尊敬、友谊和良好沟通。从"奖赏"来看待婚姻凝聚力的人比较倾向于感觉婚姻幸福，比较不会想到离婚。其次，有些人提到某些"障碍"是维持婚姻的原因，例如，小孩是维系婚姻的重要因素（31%），其他还包括：财务、宗教、对长期婚姻的承诺、维持传统"男主外、女主内"的角色，等等。提及"障碍"来作为婚姻凝聚力的人可以预测，他们在 14 年内通常都会离婚。再次，很少人（2%）提到留在婚姻中的原因是没有其他选择。不过，这和离婚没有显著的相关性。

夫妻冲突

夫妻之间不可避免地有一些冲突。冲突产生的原因有哪些呢？阿盖尔和亨德森就整理了一些冲突开始的原因。第一大原因是小争执催化的结果。一点小问题，刚开始就没解决好，双方不停地争吵，再把旧账拿出来翻，越吵越大，到最后都忘记了最初吵架的原因是什么。

第二大原因是管教孩子的歧见。譬如父亲觉得孩子应该自由成长，母亲觉得孩子应该多上补习班，确保学习成绩优秀。这也有可能造成夫妻双方的冲突。

第三大原因是费用开支。譬如夫妻双方可能因为觉得对方花钱多而产生矛盾。男性可能指责女性，你怎么花那么多钱买衣服、化妆品？女性可能责备男性，你为什么要买那么昂贵的跑车、音响？等等。

第四大原因是觉得配偶不爱自己。美国夫妻出门之前一定会吻脸颊，中国年轻夫妻可能会这么做，老夫老妻则很少有如此行为。老夫老妻可能也很少表白"我爱你"之类的感情。但长时间如此，可能会使配偶不满，认为对方不爱自己。

第五大原因是拜访姻亲。像中国现在由于独生子女家庭较多，年轻夫妇过年时去谁家等，已经成为离婚的一大诱因。

还有其他原因，诸如休闲时做什么、心情不好、性生活不满意，等等。

幸福感的性别差异

在婚姻中，带来最大幸福感受的生活面向是存在性别差异的。

表 6　幸福感受的生活面向：已婚男性和已婚女性的差异

已婚男性	已婚女性
1. 个人成长	1. 爱情
2. 爱情	2. 婚姻
3. 婚姻	3. 配偶的幸福
4. 工作或主要活动	4. 性生活
5. 配偶的幸福	5. 被肯定、成功
6. 性生活	6. 个人成长
7. 被肯定、成功	7. 工作或主要活动
8. 朋友和社交生活	8. 朋友和社交生活
9. 做父亲	9. 健康
10. 经济能力	10. 做母亲

改编自阿盖尔和亨德森，1996：194。

从表 6 可以看出：

首先，对已婚男性和已婚女性来说，带来最大幸福感受的十大生活面向，只有九个项目相同，但是先后顺序有所差异，譬如，男人的第一名是个人成长；女人的第一名是爱情，所以有人说肥皂剧是给女人看的。男人的第二位是爱情，女人的第二位是婚姻，个人成长在女性这边则被排在第六位。男性和女性差异的项目在于：已婚男性中的第十位是经济能力的面向，以及已婚女性中第九位的是健康的面向，这两个项目对于对方来说都是没有提及的。

其次，在相同的九个项目中，男性和女性对于各项目之间的排行也有差异。举例来说，对于男性而言，排在第一位的幸福感是由于个人成长，而个人成长对女性带来的幸福感则排在第六位。对女性而言，排在第一位的是爱情。爱情在男性的幸福感中排在第二位。

婚姻幸福与否的判准标准

对于婚姻幸福与否的标准，我认为是比较主观的，但阿盖尔和亨德森对受访者的调查显示，还是有若干因素被认为是影响婚姻幸福与否的。

什么会构成幸福的婚姻？35%的受访者认为，宽容对婚姻的幸福非常重要。也就是容忍双方不同之处，适应双方没有共识之处。31%的受访者认为，没有经济上的烦恼对婚姻的幸福非常重要。没有经济问题，双方可以免除很多因为金钱匮乏而带来的矛盾冲突。26%的受访者认为，爱情对婚姻的幸福非常重要。另外，26%的受访者认为，相互了解对婚姻幸福非常重要。

什么会造成不幸福的婚姻呢？47%的受访者认为，财务问题是不幸福婚姻的首要因素。"贫贱夫妻百事哀"，财务问题可能造成夫妻双方极大的矛盾。24%的受访者认为，不忠诚是造成婚姻不幸的重要因素。有一方欺骗另一方，可能婚姻就维系不下去了，即使维系下去，婚姻也可能千疮百孔。20%的受访者认为，喝酒赌博是造成婚姻不幸的重要因素。

亲子关系

鲍姆林德（Baumrind）提出，有三种双亲类型：

第一，威权型（authoritarian）。威权型的家长通常采用严格的标准和态度来评价孩子的行为，因而形成一个较高权威的角色。这种类型的家长会去压制孩子的自主性，强调子女对于自己的服从。威权型双亲对子女有负面影响，相较而言，对男孩的负面影响比对女孩会更长期，这种双亲抚养下的男孩在认知能力和社会能力两方面都比较弱；学业表现和智力表现都比较差；和同辈之间的关系是朋友少、缺乏主动性、没有领导能力、自信心差。

权威型（authoritative）。权威型的家长与威权型的家长类似，他们也会去引导孩子的行为，但他们采取的态度比较理性、议题导向。一方面肯定孩子的现有特质，另一方面会设定标准来引导子女的未来表现。在要求子女服从的同时，权威型的家长也会尊重孩子的自主意愿。权威型双亲能导致孩童正向的情绪的、人际的和认知的发展。

纵容型（permissive）。对于孩子的行为，纵容型的家长采取的是非惩罚性、接受的态度；鲜少制定家庭规则，而是让子女自己规划自己的活动，家长在旁提供资源协助，而不是扮演引导者角色。此类型的亲子之间互动可能会有说理和操弄，但比起前两个类型，比较不会对孩子使用权力以达到自己的目的。

　　根据诺勒（Noller）的整理，小孩诞生后，对夫妻关系既有正面的影响，也有负面的影响。负面的影响有：女性通常在小孩出生后发现要做更多家务。传统的性别分工更加明显，女性会因此感到更多的压力。如果有更好的应对策略和社会支持网络，则会削减小孩出生对女性造成的负面影响。正面的影响有：为人父母的新手会花比较多时间做家务，包括和婴儿相关的家务，夫妻相处时间也比较多；妻子会花比较多时间照顾婴儿，不过在玩耍、洗澡和享乐方面夫妻差异则很小。

　　丈夫通常希望太太不要花太多时间在小孩身上，而太太通常希望先生多花时间在小孩身上。两人虽然强调公平性，但是丈夫做的通常是比较不重要的工作。丈夫对这种不公平会觉得很沮丧、很焦虑，而且很不高兴；太太通常也觉得这样的分工是不公平的。夫妻关系中的冲突和不满会增加双方对关系不公平的察觉，但是察觉关系的不公平并不会增加关系的冲突和不满。

　　已婚妈妈比没小孩的妻子要做更多家务，也有更多的婚姻冲突。未婚妈妈则比没有小孩的妻子更沮丧，自我效能（self-efficacy）也较低。新手爸妈和亲戚、朋友、邻居的关系要比没小孩的夫妻更密切。为人父母对于男性生活的影响很少。安全依附关系的人便会从正面的角度评断伴侣的行为，也会用建设性的方式解决问题，并提出适应的对策，在需要的时候也会寻求伴侣的协助。焦虑两难型的太太经常抱怨先生没有帮忙。觉得先生在产后不帮忙的两难型的太太不会寻求丈夫的协助，婚姻满意度也比较差；觉得先生在产后很帮忙的两难型的太太的婚姻满意度较高。避免型的太太很少寻求先生的帮忙。太太在产前的焦虑和产后的忧郁是相关的。在刚为人父母的脉络之下，不安全型的依附关系会触发原来隐藏的忧郁。

根据帕克（Parke）、菲里斯（Morris）等人的整理，亲子间面对面的互动给小孩提供了一个学习、演练、修饰社会技巧的机会，这是小孩以后和别人能够成功互动的基础。夫妻之间和亲子之间的互动风格会影响小孩未来的社会能力。对小孩温暖、投人的父母，他们的小孩也更容易具有社会能力；母子关系比较和谐的小孩，老师、同辈和旁观者都会发现这些小孩在学校的表现比较优良；双亲是充满敌意和控制欲强的小孩很难与同年龄的小孩相处。父母双方对小孩都很重要，可是父亲对于小孩的社会发展具有独特而且独立的影响力。小孩在和双亲的互动中学到"情绪管理技巧"（affect management skills）。小孩对于情绪表达的编码（encode emotional expressions）技巧越强，和同辈的社会能力就越强。

亲子关系中的另一种形式就是多世代关系。多世代的关系也就是多代同堂的关系。传统社会多为此类家庭关系，但是现代社会这样的家庭关系越来越少。不过现代社会，有不少年轻父母出于经济因素或其他原因，将子女交给祖父母或外祖父母抚养，这叫隔代教养。

287

婚姻与健康

韦特（Waite）和加拉赫盖尔（Gallagher）在《婚姻案例研究》（*The Case for Marriage*）一书中提出婚姻的好处：身体和心理健康、财务状况较佳、性生活比较多也比较满意、能够提供小孩比较好的环境。

已婚者比起未婚者和同居者会有比较少的心血管疾病、癌症、肺炎、肝脏疾病。婚姻对男性健康的正向影响比女性大，特别是已婚男性和未婚男性相比，单身男性可能容易喝酒过量、抽烟，或从事有害健康的活动。结婚也可以保障已婚者不受到会导致死亡的行为以及生活风格的影响，例如肝硬化、肺癌、自杀和意外。

但是，婚姻的不满意和苦难会对健康有负面的影响，经常性和密集的婚姻冲突是导致高血压和心血管疾病的危险因素。酗酒最可能导致婚姻破裂。

婚外性行为／婚外情／外遇／外"欲"

根据刘渐（Chien Liu）对于婚姻内性生活和婚姻外性生活的研究结果：

首先，婚外性行为极可能会在婚姻的晚期发生。

其次，婚姻持续的效应和婚外性行为发生的可能存在着性别上的差异。对女性而言，婚姻内的性行为随着婚姻的持续而减少，男性在这两个变项之间的关系呈现倒 U 型。男性在婚姻初期和晚期的婚外性行为的概率都比较高，女性则随着婚姻的持续使得婚外性行为的概率减少。

再次，中年男性之所以会从事婚外性行为，是由于其边际效用（marginal utility）要高过婚姻内性行为的边际效用，而不是过去所说的妻子对丈夫婚外性行为的处罚限制了丈夫的婚外性行为发生。由此可见，婚姻内性行为的边际效用递减是造成婚姻稳定的潜在威胁。婚姻的持续往往是在婚姻内性行为的不满意之处以外，用婚姻的其他好处来加以弥补。

为什么会有婚外性行为？刘渐指出，婚外性行为与个人对于性行为的态度与价值观有关。特别是还可以区分对性的兴趣（sexual interest），男性通常会比较有兴趣，女性则相对较弱。对性比较有兴趣的女性可能比较倾向于有外遇。一般而言，男性相对于女性是比较容易有外遇的。对性的非宽松的态度（nonpermissive），也就是性对象专一或多重的议题。很多女性比较会注重性的专一，男性比较不会。再次就是机会。性经验越多的人，对性行为就越不在乎。职场也可能提供婚外性行为的机会。再有，大城市也比较容易提供婚外性行为的机会。

刘渐也整理外遇研究者和临床研究者格拉斯（Glass）和赖特（Wright）所提出外遇的理由。

性方面的理由有：好奇，好奇不仅杀死猫，好奇也杀死婚姻；新奇 / 多样性，我跟我的伴侣已经都习惯同一种方式，跟另外一个人会有不同的方式；挫折 / 剥夺，在婚内性要求遭到拒绝，到婚外寻求解决；享受，喜欢与他人的性行为；刺激，在婚外性生活中寻求刺激；婚姻生活中性不满足，于是往外发展外遇。

亲密关系方面的理由有：情绪满足，他 / 她会觉得有人爱他；了解，觉得两个人互相了解，因而发生婚外性行为；陪伴与分享，有些人觉得两个人很谈得来，结果产生了友谊的变质。

爱情方面的理由有：坠入情网、获得爱情与情感的经验、获得浪漫的经验。

社会脉络方面的理由有：对性的看法比较自由，觉得婚外性行为不是严重的道德问题；与配偶身隔两处，感到寂寞，所以向外发展其他关系；有助升迁，有的人会为此与上司发生性行为，这本质上是性贿赂；配偶同意，开放式婚姻，配偶彼此不要求对方忠诚；性别角色平等，你做我也做，一方有了外遇，另一方也跟着出轨，"你不要用双重标准要求我"。

婚姻的脉络方面的理由有：低满意度的婚姻，对婚姻本身不满意，比较容易出轨；无趣，觉得婚姻无趣，配偶不吸引人；报复、反叛、敌意，觉得配偶对不起自己，以此类行为报复。

自我鼓舞（ego-bolstering）方面的理由有：有些人通过婚外恋找寻自信或自尊；证实自己具有性的吸引力；以此感觉

年轻。

当配偶发生外遇时，另一半的反应对策有哪些？一个可能是逃避，"绝对不会这样，他绝对不会背叛我"，甚至对证据视而不见；再有一种可能就是考虑离开配偶，你既然做了，我不原谅你，我们就分手；再次就是躲避配偶，不知道跟他/她讲什么，看到他/她我也不知道怎么办，就不要见面；再有就是希望配偶终止外遇关系，离开那个女人，或者离开那个男人；还可能伴随一些心理反应，如退缩、想要报复、自我怀疑等。

291

有人会对婚姻重新评估：产生自责心理，觉得自己是不是没有好好对待他/她，所以使他/她在婚姻之外寻求安慰。情境的相对化，"是不是因为我自己的缘故导致婚姻的问题？"自己也没办法，然后就把问题归因于情境，是某些情境导致伴侣出轨，不是伴侣个人的问题。企图控制嫉妒情绪。

婚外情发生后，对于仍然想要维系婚姻的人来说，必须沟通，这种沟通有与配偶的沟通，也有与第三者的沟通。有人就会直接找第三者，甩她一巴掌，"不要脸，偷人家老公"；也有人就告诉第三者说"恭喜你，谢谢你照顾我的老公，从今天开始，他就是你的责任"。

在婚外情问题上，两性之间的关系是不太平等的。男性发生婚外情，配偶倾向于选择原谅，再给他机会；女性发生婚外情，配偶则倾向于不原谅，导致婚姻走向破裂。

另类婚姻

所谓另类婚姻，其中一个主要的形式是同居。同居与婚姻，有些时候是对抗关系，这些人将结婚视为对传统的屈服。有些时候是先后关系，这些人将同居视为婚姻的"滤网"。

根据诺斯的整理，各种研究成果显示，婚前同居过的伴侣比较容易离婚，婚前同居过的伴侣婚后的婚姻满意度也比较差。婚前同居过的伴侣婚后的沟通也比较多是负面的、无效率的。婚前同居的伴侣有半数婚姻不会超过两年，而且有90%的伴侣会在婚后五年内离婚。同居会改变对于婚姻的态度，例如：同居的伴侣比较容易接受离婚，这也可能是因为同居养成个人主义的态度或自主性，也就是更不需要依赖对方，因此降低对于长期关系的承诺。同居的女性因为不具有性生活的排他性（sexual exlusivity），因此比婚前不同居的女性有第二性伴侣的机会大三倍。婚前同居的双方与没有同居过的人在对待彼此方面也不同：在婚姻的前两年比较少表现出正向的解决问题的社会支持的行为。

婚前同居的几种不同情况：包含订婚前同居、订婚后同居，婚前不同居等形式。不同形式的同居和婚姻质量的关系则是：订婚前同居者的人际承诺较低、关系质量较差、对于关系比较不信任、负面互动情况较多。但同居者又存在一种惯性，研究者称为惯性理论（inertia theory）：同居的伴侣虽然面对关系中的许多问题，但是通常还是结婚了，因为一旦同居之后，结婚总比分手容易。

同居者与结婚者相比较：同居者比较不快乐、比较多意见分歧、比较多争吵和暴力、关系比较不平等。但是同居者一旦决定要结婚，则以上的差异会减少，可见承诺在关系中的重要性。如果同居者在同居前就有承诺，如订婚，则关系的满意度和婚姻的稳定性会大增。

婚姻以外的另一种选择是独身。独身对于有些人可能是阶段性的问题，这个阶段还没有遇到合适的人结婚，或者这个阶段还不想结婚。有些人则是下定决心单身。原因可能是多样的：有些可能是个性的原因，觉得"我就是要独身，独身有什么不好，我难道不能独身吗"？我在演讲过程里面，碰到过不少这样的人，他们说我就是独身，我没有觉得有哪一个人让我爱到要跟他/她在一起的地步，我这样是不是有问题？我说你觉得心里不舒服才是有问题，你觉得舒服就没有问题。有些人是因为宗教的原因而独身；有些人是因为恋爱中受到挫折而独身；有些人纯粹是因为怕麻烦而独身，原因各式各样。

婚姻与家庭关系的解除和重建

离婚是对婚姻关系的解除。社会对离婚和结婚有着不同的反应。大家普遍认为，结婚是喜事，要敬告周知；离婚则是哀事，甚至有人抱着"家门不幸""家丑不可外扬"的态度看待离婚。

　　事实上，离婚既有其负面的影响，也有其正面的意义。从具有现代意义的离婚开始，离婚赋予女性很大的自由，让女性不会困在不好的婚姻里面无法脱身。离婚给婚姻破裂的双方一个重新选择的机会。这是离婚非常重要的正面意义。但是离婚也并非全是正面影响。研究显示，离婚对男女当事人的影响并不显著，在两性关系越来越平等的社会里，离婚不是稀奇的事情，和中华文化下古代社会休妻所带来的负面影响不同。中华文化下的古代汉人社会是个父系社会，若要中止婚姻，往往只能由丈夫提出，这就是所谓的"休妻"，将妻子休离夫家的意思。古代有所谓的"七出之条"，便是陈述丈夫可休离妻子的七条罪状，譬如：妻子不孝顺公婆、生不出子女、淫乱、嫉妒、患了严重疾病（有恶疾）、太多话或喜欢道人长短说闲话、窃盗。当妻子犯了上述这些过错，丈夫便有理由将妻子休离。这其实是很不平等的事情：丈夫可休离妻子；但反之，妻子却不能休弃丈夫。再者，在很多民间故事中，被休离的女性下场很悲惨，因为她们被离婚之后，便背负了负面的污名形象，甚至连自己的原生家庭（娘家）也都不愿意接纳她们，想要再嫁甚至是不可能的。而休离妻子的丈夫自身则不需要背着负面的形象包袱，甚至还可以再娶。"休妻"在中华文化下的古代社会之中存在着性别不平等的含义。

　　离婚对小孩的影响比较大，其负面影响逐渐受到重视，也有不少学者致力于发展探讨离婚对子女的影响之研究。

294

近期中国大陆也有和子女权益相关的法律提案讨论。首先，《婚姻法》规定，存在着两种离婚的方式，分别是"协议离婚"和"诉讼离婚"。协议离婚就是所谓的"登记离婚"，在夫妻达成对于子女抚养及财产分割等项目的协议后，向婚姻登记机关申请离婚、办理离婚手续。诉讼离婚则是告上人民法院，提起离婚诉讼，让法官进行调解，或是准予离婚。

2015年3月，中国国民党革命委员会向全国政协会议递交提案，建议修订《婚姻法》："在保护婚姻自由的同时，更需保护当事人未成年子女的合法权益。建议有10周岁以下子女的当事人，不适用协议离婚；有10周岁以上未成年子女的，协议离婚前须让未成年子女表达其真实的意愿。"这样的提案一出，引起民众很大的争议，为什么拥有10岁以下的未成年子女，夫妻就不能适用于协议离婚的制度呢？若不能协议离婚的话，是否就只能实行诉讼离婚的方式了呢？

而后，上述那段争议的提案文字，修改为："在保护婚姻自由的同时，也需要保护当事人未成年子女的合法权益。有未成年子女的，协议离婚前须让未成年子女表达其真实的意愿。"根据修改版的文字来看，已删掉夫妻离婚时限定子女年龄的描述，但是保留了让未成年子女表达其意愿的做法。虽然此提案未获得通过，但我们可以思考，是否为了保障未成年子女的权益，需要对夫妻离婚设立子女年龄门槛的规定呢？夫妻无法协议离婚、留在婚姻中，是保护了子女，还是可能因为离不成婚，夫妻关系不好，反而给子女带来坏处呢？

离婚有法定的理由：重婚者；与人通奸者；夫妻之一方受他方虐待者；夫妻之一方对于他方之直系尊亲属之虐待，或受他方之直系尊亲属之虐待，致不堪为共同生活者；夫妻之一方以恶意遗弃他方在持续状态中者；夫妻之一方意图杀害他方者；有不治之恶疾者；有重大不治之精神病者；生死不明已逾三年者；被处三年以上徒刑或因犯不名誉之罪被处徒刑者。但是法定离婚理由与实际离婚与否并不一定一致。拥有这些法定离婚理由者，并不一定真的会离婚；反之，尽管没有这些离婚理由，有些夫妻还是走向离婚一途。

离婚有离得掉的关系和离不掉的关系。可以离掉的关系有：夫妻关系、财产关系、权力关系和性关系；离不掉的关系有：亲子关系和情感关系。

在离得掉的关系的部分，首先，夫妻关系，从此以后他/她就变成你的前任。很多人刚开始在语言上不习惯，还会把前夫叫作老公，可见在其心理上和语言上还没断掉这种关系，等断得很干净的时候，这种称谓也就消失了。其次，财产关系，也会因为法律上的介入，而有一个清楚的交代或处理。再次，权力关系，由于夫妻关系的解除，双方不再有任何权力关系。再次，性关系，理论上离婚夫妻也不再有性关系。但是在刚开始离婚前几年，有些离婚的夫妻还会有些性行为或约会行为；待心理上真正觉得彼此分离，这个事情就不会发生了，有些离婚夫妇存在这样一个过程。

离不掉的关系呢？亲子关系和情感关系离不掉。因为对孩子来说，爸爸还是爸爸，妈妈还是妈妈，只是他们不再是夫妻，离婚夫妻各自与子女的亲子关系和情感关系仍在。接下来这个问题就是，对于爸爸或妈妈再婚的对象的称谓，通常就是叔叔阿姨；有些人呢，因为跟亲生的父母分开比较久了，久到快没有记忆的时候，就会改口叫父母的再婚对象爸爸或妈妈。中国人还有改姓的问题，譬如某些人会改姓继父的姓。但是在中国有对继父、继母的污名化问题，认为继父、继母一定会虐待孩子。西方的童话《灰姑娘》或称《仙履奇缘》(Cinderella)，也有继母虐待女主角仙杜瑞拉的情节。然而，多数继父、继母对孩子很好，给其如同亲生子女般的照顾。所以，这种对于继父、继母的污名化现象也是需要解决的问题。

297

————— 爱情

The 社会学——

Sociology of love

第十二讲
爱情与人际
关系

—————— 爱情
The   社会学—
Sociology of love

　　这一章我们要讨论的是爱情与人际关系。

　　除开爱情以外，最常见的人际关系，如果以自我为中心的话，首先是家庭中的关系。我们出生的家庭叫原生家庭。家庭中有夫妻关系、亲子关系，还有手足关系。亲子关系大概分为两个类型：一个类型为双亲健在，这就是所谓的双亲家庭；另一个类型是只有爸爸或只有妈妈的，称为单亲家庭。另外，手足关系，就是兄弟姐妹。由于现在少子化以及长期的独生子女政策影响，相当一部分人是没有手足关系的。

　　其次是家庭外的关系。家庭外包括亲戚关系：分为血亲与姻亲。将亲戚关系划分在家庭外是针对现代原子家庭而言的，像古代几代同堂的家庭中，亲戚也是家庭的一部分。再有就是朋友关系。还有师生关系。师生关系是在社会中最被忽视的关系。但是现代人如果活到八十岁，其中大概四分之一的时间是在学校中度过的，而且是最宝贵的青春时间。最后是同事关系，包含上司与下属、同级之间的关系，这对于现代人而言无疑是非常重要的关系。

人际关系、角色与情境

角色与角色组。角色是美国人类学家拉尔夫·林顿（Ralph Linton）创用的概念，角色组则是美国社会学家莫顿（Robert K. Merton）在 1957 年所创用的概念。角色组的意义在于，角色并非单一的存在，而是一组角色，和该角色的人际关系有关。以老师这个角色为例，相应而生的角色还有学生、其他老师、校长、家长等角色。这群角色就称为角色组。两个角色之间的关系不见得是稳定不变的，譬如，你在学校是学生，我是老师，你与我的关系就是师生关系。到了外面，如果你在火锅店打工，看到老师，这时候你是店员，我是消费者。人际关系就发生了转化。

角色紧张与角色冲突。角色紧张是同一个角色，由于权利义务的矛盾，造成在做事情时不知所措。比如说作为学生，有一堂课要期终考，有一堂课不用期终考。那你要怎么办呢？是逃掉不用考试的课程去参加另一堂课程的考试吗？或者我要在不考试的这堂课，打开课本去看那堂准备要考试的？这些严格来讲都是角色紧张。

角色冲突是指同一个人由于不同角色的不同要求而造成的冲突。譬如，你当儿子，或者你当男朋友，与你当学生的角色要求不同。作为学生，要求你要来上课，你的女朋友要求今天下午你去跟她吃火锅，你是要听女朋友的，还是要来上课？

角色紧张与角色冲突是不同的概念，角色紧张是同一个角色面对不同的义务的问题，角色冲突是不同的角色之间相互的要求。

情境中的角色，指的是身处于某些社会情境中的角色。社会情境指的是互动的外在客观情境，个人在情境中会通过情境释义（definition of the situation）进行主观诠释。情境释义是美国社会学家 W.I. 托马斯（W. I. Thomas）创用的观念："当一个人界定情境是真的，它就因此具有真的效果。"情境中的角色和你平常的角色不太一样。

303

角色规范与反规范（角色距离）。其实我们在社会中不管在学什么，都有正反的两套，学校家里是一套，社会上或者你爸妈教你的常常是另外一套。比如说学校永远教你见义勇为，可是在社会上就会告诉你，别人的事情你别管啊，你管了给你自己添麻烦啊。这不是矛盾的冲突吗？一个叫规范，一个叫反规范。再者，不同的人，因为所处社会经济环境的不同，学到的也不一样。有钱人家的小孩会看到城管是在帮助维持社会秩序，中产阶级小孩也会这样认为，可是对于下层阶级的小孩，你家是摆地摊的，你家是一天到晚会被城管追着跑的，你对城管的看法就跟中产阶级以上的小孩是不一样的。

人际关系（人际网络）

人际关系又称人际网络、社会网络（social network）。在当代，由于互联网的出现，也在一定程度上改变了人们的社交方式。

根据上野（Ueno）和西当斯（Adams）的分类，人际网络（或称朋友圈）有几个组成部分：在内部结构中，首先是大小（size）问题。对北卡罗来纳州的退休移民的研究发现，朋友和好朋友的平均数分别是 40 人和 8.5 人。如何界定谁是你的朋友，谁是你的好朋友？我的社交网络上有很多好友，是否就意味着我有很多好朋友？但是我的社交网络的朋友有些是我的学生，有些是我的同事，有的是我的中学、大学同学，等等。程度不一样，把这些不同类型的社会关系都称为"好友"，就把社交网络扁平化了。

年纪大的成人有比较多的朋友，这是时间累积的自然结果。年轻人现在所拥有的朋友，可能随着时间的流逝，逐渐走向疏远。譬如，你中学时很好的朋友，可能随着考入不同的大学，慢慢联络少了；大学同学可能毕业后因为从事不同的工作，联络逐渐少了。而少数人可能因为相近的价值观、共同的话题，一直联系，他们就逐渐成为长久的，乃至终生的朋友。

其次是网络密度（network density）、全貌（configuration）以及可递移性（transitivity）的问题。你与你朋友的朋友算不算朋友？A 等于 B，B 等于 C，所以 A 等于 C，在数学上是成立的，叫可递移性。可是在人际关系上，A 是 B 的朋友，B 是 C 的朋友，A 跟 C 是不是朋友，就不一定了。

网络密度是指一个朋友网络的所有可能联系。劳奇（Louch）的研究发现，美国79%的人交友网络是彼此认识的，朋友的朋友也是你的朋友。有个说法叫六人小世界或六度空间（six degrees），就是说世界上任何两个陌生人之间所间隔的人际距离最多不超过六个人；也就是说，最多通过六个人，你就能够认识任何一个陌生人。任何两位素不相识的人之间，通过一定的联系方式，总能够产生必然联系或关系。

全貌是指一个人所有朋友所组成的模式，也就是说，我拥有的全部朋友之间的社会网络关系的总称。

可递移性是指朋友的朋友彼此也是朋友的可能性。

同构型（homogeneity）是指朋友在性别和族群两方面展现比较多的相同的特质。譬如，白人跟白人来往，男人跟男人来往，女人跟女人来往，没结婚的人跟没结婚的人来往，结婚的跟结婚的人来往。

层级（hierarchy）。关系中可能存在着层级落差，例如，上对下的关系。平等关系则是不存在层级差异，两人几乎站在同一个层级之上。78%的美国大学生认为友情是平等的关系。平等关系影响着关系的满意度、情感上的亲密、喜欢以及自我揭露。友情关系中平等是非常重要的。谁要端架子，好像觉得自己是很重要的人，看不起别人，则不能获得真正的友谊。

互动过程。互动过程包括行为的过程、情感的过程和认知的过程。

行为的过程（behavioral process）。年纪大的、住在年龄相近的赡养小区的人，比较常一起吃饭、庆祝节日和交换礼物；住在养老院的老人则常一起玩牌、吃饭、参加机构主办的活动、谈话。他们会谈什么话呢？会提起八卦，譬如情绪的问题、对友情和爱情的期待，还有朋友间的冲突，等等。朋友之间谈话会避免提及的议题有：性生活、对朋友的真实看法以及偏差行为。朋友之间的谈话预设了许多背景假定，很少质疑对方，会有更多的自我揭露，特别是认识很久的朋友之间。朋友之间使用比较多非语言的沟通方式，比较多点头、同意的声音，但是比较少身体上的触碰、凝视以及沉默。

情感过程（affective process）。大部分人对友谊的满意度都很高，表示朋友交得不错，友谊关系都很好。大部分的朋友都共同参与休闲活动，并借此展现社交技巧以及对于对方正面的感情。大部分人对于朋友满足自己需要的效益都很满意，并不会特别在意礼尚往来的关系。

在认知过程（cognitive process）中，朋友彼此也熟识，并且多半能知道对方的感觉和喜好。譬如你喜欢吃什么，喜欢什么颜色，等等。朋友会察觉彼此间的问题，例如朋友从你的一言一行知道，觉得你今天怎么怪怪的呢？发生什么事了呢？察觉自己在朋友网络中的位置，会影响到自己对自我的看法。譬如，受到朋友的重视，会变得很有自信；反之，如果朋友们对自己轻视，则会使人变得自卑。

友情类型的变异

　　友情类型是一个很大的研究领域，根据上野和亚当斯对美国的情况的研究，首先，友情与族群有关。年长和鳏寡的美国黑人比起其他婚姻状况的人更常和朋友来往。跨族群的朋友关系可以改变一个人对族群的态度，这也是鼓励族群通婚的原因。美国在 20 世纪 60 年代还存在族群的隔阂，连坐公交车美国黑人都不能坐在前面，而坐在后段；黑人、白人的厕所都不是一样的。从新移民的交友圈可以看出其融入社会的程度。大部分的移民，特别像华人的移民在美国，朋友还是华人居多。尤其是早期移民，不会与当地人交朋友，觉得生活习惯、观念等都不太一样。如果有人在政治上面有比较强烈的意见，那就更不可能交朋友，交恶倒是有可能。

　　其次，社会经济地位（socioeconomic status）。中产阶级比起劳工阶级更觉得朋友很重要，劳工阶级的人有时候为了三餐，可能交朋友的机会不多，而且劳工阶级的地位低，大家常为了抢一个工作机会而争斗，很难交朋友。中产阶级相对而言是比较容易的，可以从中产阶级家庭的相簿看出，其家人与朋友的照片比劳工阶级多。中产阶级重视朋友之间共享的活动和朋友圈，劳工阶级比较重视物质和劳务的互惠。譬如，现在流行的烤肉活动、一起喝咖啡等，都是中产阶级中间流行的活动。劳工阶级则由于生计忙碌，不太有闲情逸致展开此类活

307

动。中产阶级的朋友圈比劳工阶级要广大，比较常与朋友互动，比较会让配偶参加朋友圈，认识朋友时间会比较短。失业的人比较有时间常跟朋友联络。20 世纪 30 年代欧洲的社会学家拉萨斯菲尔德（Paul Lazarsfeld）研究，失业的人其实不仅失掉了职业，还失掉了时间感。因为我们的日常生活的时间是靠你的作息来确定，比如说你早上要上课，上完课大概就中午了。一旦你没工作以后，时间有多长就搞不清楚了，尤其长期没工作以后。类似的经验就是出外旅游，超过几天以后，就搞不清楚现在是礼拜几。

再次，生命历程（life course）。单身以及约会的人，会比已婚或有小孩的人、空巢的人要有更多的朋友来往。单身的人通常与单身的人来往，有小孩的比较常与有小孩的人来往，因为生活的经验比较相似。朋友网络会随着单身约会、为人父母、空巢这种发展而减少。夫妻或伴侣的共同朋友的数目和互动程度，会随着生命历程而增加。譬如，结婚时间长了，结交的夫妻档朋友会越来越多，与孩子同学的家长成为朋友的情况会越来越多。空巢期以后，女性的朋友网络通常会增加，男性交友网络会减少。这是常见的现象，很多老先生没有朋友，老太太朋友比较多，因为老太太通常没有架子，跟卖菜的也能聊，跟修家电的也能聊。男人通常在工作的时候，比较习惯于有层级的、上下的关系，所以端着架子，不能与人积极互动。

最后，性取向（sexual orientation）。性取向少数族群，比如同性恋、双性恋等，会比一般人重视友情，因为很难从家庭成员得到支持。因此他们倾向将朋友当家人，并且宣称这是另一种形式的家庭。性取向少数族群的友情网络具有高度的同质性。男同性恋有很多男同性恋朋友，女同性恋有很多女同性恋朋友，不过这些都是那些愿意"出柜"的同性恋的做法。其他比较不愿意"出柜"的同性恋会避免跟"出柜"（公开身份）的同性恋来往，以免被强迫"出柜"。男女同性恋的朋友圈往往包括高比例的前任情人。女同性恋对于朋友之间的冲突会有比较强烈的情绪反应。

爱情与人际关系

很多人经常讨论一个问题，到底友情跟爱情怎么区分？我跟我的朋友到底什么时候是恋人，什么时候是朋友？针对这一问题，首先应当探讨情人的来源。你的情人到底是不是出自你的朋友圈？有些人的情人出自原来的人际关系网络，就是由朋友变成情人。有些人的情人来自原来的人际关系网络之外。

美国著名社会学家马克·格兰诺维特（Mark Granovetter）曾在20世纪70年代就波士顿附近的专业人士、技术人士以及经理等如何找工作进行调研，撰写了著名的论文《弱联系的强度》，指出：通过正式渠道，譬如投简历、看求职广告等，找到工作的人不足一半。一半以上的人是通过个人关系找到工作的。他还发现，这种个人关系多数并不是经常见面的亲朋好友这样的强联系，而是并不常见面的朋友，也就是弱联系。这种弱联系关系的特点是，不在你当前的社交圈内。因为常见面的朋友，可能与你的生活比较相近，资讯也比较相近，他知道的消息你也知道，你不知道的他也不知道，反而是不在同一个社交圈的人，比较可能互通有无。因此，弱联系的人反而比较容易给他人介绍工作成功。这样一种弱联系，是否也适用于爱情关系中呢？这是值得思考的。

其次，情侣和人际关系的关系。有了伴侣之后，人际关系是扩大还是缩小呢？有的人有了情侣之后，"见色忘友"，沉浸在二人世界，他们的朋友圈就缩小了。有的情侣则会你参与我的朋友圈，我参与你的朋友圈，甚至将两个朋友圈交融，这样人际关系就扩大了。

人际关系网络对于自己伴侣的态度也会影响个人的选择。有些人很重视朋友，会先跟朋友讲，我最近认识一个人，我觉得很不错，等等。有的朋友可能会说你去追啊；有人可能说，我觉得这个人不适合你啊，等等。你与你的爱人在一起以后，可能你的朋友里面有人会喜欢你的爱人，觉得你找的这个人不错；有人会讨厌你的爱人，觉得你怎么会跟这种人在一起呢？因此，有些人会对追求者说，我要跟你交往很简单，只要我的朋友都同意，我就跟你交往。他／她觉得一个人看不清楚，一群人看得很清楚，我的死党一定会看到我的盲点，所以你要经过我的朋友的考验。有些追求者也是用这种方法，"从地方包围中央"，先把朋友都搞定以后，最终获得爱人的认可就变得比较容易。

但是，根据布赖恩特的研究，浪漫爱与双亲的支持（parental support）呈现正相关。你爸妈支持你喜欢的人，你的感情维持就会很容易。但是朋友的支持干预或双亲的干预是不相干的。支持是好，反对没影响。人际网络反应对浪漫情感的影响很有限，比较相关的是当事人对人际网络的满意度（network satisfaction）。譬如，朋友不满意他交往的对象，互相可以不来往。因为情人关系比朋友要浓密；情人关系可能不长久，但绝对浓密。可能最后与情人分手了，会回来再找朋友，朋友会说，我早就告诉你嘛。但是在分手之前，任何人的规劝都是听不进去的。这是爱情奇怪的力量。就像有些爸妈激烈反对，还是结婚了，结婚以后没多久就离婚了，爸妈最后还是把子女接纳回去了。

爱情与亲子关系

双亲对子女爱情的介入。美国社会学界在 20 世纪 70 年代有这样一种说法，叫作"罗密欧与朱丽叶效应"，意思就是，像罗密欧与朱丽叶这样的故事。他们两个人相爱，遭到家族反对，两个人最后走向极端，一起殉情自杀了。研究发现，爸妈的反对反而会让两个人的爱情更加坚贞。有一首英文歌叫"You And Me Against The World"，意思是你跟我两个人一起来对抗这个世界，罗密欧与朱丽叶就是这样。好像世界上没有人会了解我了，只有你了解我，我了解你，那么我们两个人一起来对抗这个世界。

也有后来者研究认为不是这样的。美国人已经不一样了，爸妈反对与否与他们的爱情坚贞程度已经没什么关系了。不过，别忘了这些学术研究都是调查当时的意见，所以爱情的研究里有时候会有这种前后冲突、矛盾的说法。在比较民主的家庭里面，子女与父母是可以坐下来讨论问题的。在比较传统的家庭或威权家庭里面，这些事情是没什么好讨论的，父母一定会强力干涉。一般中产阶级家庭是相对而言比较民主开放的，上层阶级与下层阶级的家庭是比较不开放的，当然这中间会有例外。

爱情与朋友

爱情中一定有友谊的部分，在李（Lee）的爱情三原色理论中就提到友谊爱。有些人将爱情区分为同伴爱（companion love）和激情爱（passionate love）。同伴爱强调相互的陪伴和温情。也就是有些情侣的困惑，我跟我的男朋友或者女朋友交往一阵子了，我们的感情好像已经变成亲情了。这在爱情中很常见，因为很简单的道理，我们不可能长期处于兴奋状态。如果刚谈恋爱，两个人有事分开，再见面你就觉得好兴奋。夫妻呢，今天早上离开了，中午在街上见到，就不会像年轻人那样，有那么大的激情。

　　关于友谊问题，什么样的人会成为朋友？根据拉萨斯菲尔德和莫顿的友谊理论：首先，相似成友，同质相交（Homophily）。人们在某些重要方面相似的话，容易成为朋友。其次，相异成友，异质相交（Heterophily）。人们在某些重要方面有差异的话，容易成为朋友。这两个问题其实都是程度的问题，拥有哪些程度的相似性。我说过，假如把人和人的关系看成两颗钻石，它们之间相契合的面就是相似之处，一定是你认为最重要的东西，或者我们可以比喻为钻石的最大切面；而小切面则总有不同，就是相异成友。你可以好好检讨一下你的朋友里面，哪些人是跟你相似的，哪些人是跟你相异的。从另一方面来说，跟你相似的朋友里面，有哪些部分跟你是相异的；跟你不一样的朋友里面，又有哪些部分跟你是相似的。

　　相似成友的表现有：地位相似成友（Status homophily），朋友间在团体隶属的相似性，或是同一团体中地位的相似性的倾向。在学校读书的学生社会地位的差异还不太明显，一旦进入社会，这种社会地位的差异就比较明显。普通职员不太有机会与高级官员交朋友，大学教授很难有机会与做生意的人交朋友，等等。再有，价值相似成友（Value homophily）。人们在价值方面相呼应的话，容易成为朋友。所以在大学的社团中，可能会交到一些好朋友，因为大家有共享的价值、兴趣。

　　爱情与友情的分野在哪里？最简单的一个分野就是有没有性关系。但是不要忘记，性关系很广泛的，有的人不认为牵手是性关系，有人不认为接吻是性关系，但是很少人不认为性交是性关系。所以这个意义很不一样，有些人对身体接触的距离跟别人不太一样。我们大部分人都有一个人体距离，比如我跟你讲话，如果我不是跟你很亲密的话，不会靠得太近。有人讲话往前凑近，就有人会往后退，不希望你靠太近。但是，如果关系很亲密，则可以很靠近，也就是所谓的耳鬓厮磨。所以从身体的距离可以看到心理的距离。

另外，爱情与友情有时候存在竞争关系。电影里面有时候会特别强调这一点。竞争关系有时候是友情与爱情的竞争；有的时候是另外一个人也想与其发生爱情关系，结果被捷足先登了。譬如电影《初恋这件小事》，讲的就是这样的故事。有些人喜欢对方，对方不知道，或者爱情没有公开，就可能有另外的人来追求。

有些爱情受到友情的祝福，有些爱情则受到友情的反对。譬如，曾有人会问到，我跟我的好朋友的前男友或前女友在一起，请问我要不要跟好朋友讲？这种情况极有可能受到友情的反对，甚至导致友情的终结。但是，当初的分手是双方共同的决定，如果大家能够开诚布公地表达情感，诚实地面对自我，其中的矛盾可能就消除了。

有些人是从友情进入爱情，有些人是从爱情进入友情。从友情进入爱情，可能刚开始双方没什么特别的想法，所以两人在一起会觉得很自在，互相什么话都敢讲，讲着讲着有一天发现，怎么双方有越来越多的交集？然后就变成男女朋友了。我个人是比较赞成这样的爱情故事。因为省掉很多步骤，从不认识到告白，然后就开始交往，我个人觉得太做作。很多人觉得，我看到你，觉得很喜欢，再去慢慢探索我们两个相同或不同的地方；我觉得这样太冒险，对双方都是一个很大的风险，不如我平常就知道你的好处、坏处，我已经设定限度，反正我也不会干预你。不要以为这是朝三暮四与朝四暮三的问题，结果看起来是一样的，过程是不一样的。反之，从爱情进入友情，先谈恋爱再做朋友。先谈恋爱，风险会比较大，先做朋友，相对而言风险会比较小。友情与爱情哪个比较重要？这是人生智慧的抉择，很难一概而论。在这个节骨眼上，你可能觉得爱情是比较重要的，他/她不能答应你的爱情你会痛不欲生。可是，也许在十年、二十年后，再回头看这段感情的时候，你会发现，如果当时做朋友的话，现在还可以讲讲话，应该是不错的。

友谊的规则

　　很多人从小到大都没有好好学过怎么样当朋友，什么样才是一个朋友。什么叫朋友？不知道。只有做了一些事情被人骂，你这样还算是朋友吗？你才知道，原来这个不叫做朋友。那什么是朋友？没有正面表达啊。比如说朋友要不要借钱？有人说，朋友有通财之义，如果他需要很多钱呢？
　　按照阿盖尔和亨德森的总结，友谊的规则有：

315

第一，朋友有难的时候应该自愿帮忙。问题在于，什么样叫作有难？他考试不会，这算不算是有难？还是他自己应该承担的？如果朋友乱花钱，没钱了跟你借钱，这算不算有难？有些行为看起来是你帮了他，但可能最后是害了他。

第二，尊重朋友的隐私。朋友之间应该有一个界限距离。譬如，不应该分享一些账号，如银行账户、手机密码、QQ 密码等；但有些人认为朋友之间可以分享。我建议不要，多么亲密的朋友都要保持舒适的距离，尊重彼此的隐私权。但是，如果朋友告诉你心中的秘密，说他/她要去自杀，那你要不要替他/她去保守这个秘密？如果危及其生命安全，那么这个秘密就不再是秘密，应该告知相关单位去拯救他。不能说自杀是他/她的自由，我们不能做什么，我不能告诉任何人。

第三，保守秘密。一般的意义上，是指涉及你与他/她，或者他/她很重要的事情。但是如果这个秘密包含了他/她伤害了别人，或者他/她准备要伤害自己，那么这个秘密你要不要替他/她保守？比如说他/她考试作弊，他/她的报告其实是别人写的，你要不要出来指证他/她？

第四，朋友不在场的时候要为他/她辩护。如果一群人在一起，你的朋友不在场，他们指责你的朋友，理由是正当的，你没有替他/她辩护，你算不算是朋友？

第五，公共场合不应该批评朋友。相互有了意见私底下讲，不要当众让朋友下不了台。

第六，给予情绪支持。他/她很难过的时候你要陪伴在他/

她身边，比如说他 / 她失恋了，你陪他 / 她难过，陪他 / 她宣泄情绪。

第七，交谈时要看着对方。互相的注视表示彼此的关切。

第八，在一起的时候要尽可能地让对方高兴。

第九，不要妒忌或批评朋友，或对方其他方面的人际关系。他 / 她是你朋友，就不能批评他 / 她的朋友。

第十，要包容对方的朋友。虽然他 / 她不是你直接认识的，但是你们有共同的朋友，因此，就要彼此包容。

第十一，要分享成功的消息。这一点在互联网时代变得非常明显，尤其是年轻人，有什么好消息都喜欢分享到人人网、微信和微博上。像有人结婚、生小孩等，都会把信息、照片在网络上分享。

第十二，遵循个人的忠告。有什么事情你会听听好朋友的意见。

第十三，不要唠叨。这一点对于像我那么爱讲话的人很难，我最怕的就是没人讲话，所以一旦没人讲话，我就一直讲。有一次坐地铁，我太太受不了了，说我们可不可以装作不认识？我说好啊。她刚闭上眼睛，我就说，小姐贵姓？气得她差一点把我杀了。

第十四，会跟朋友开玩笑或互相吐槽。男生之间特别容易开玩笑、互相吐槽，有些人就觉得你们两人敌意好深。有些男生就是以这种方式表达对彼此的情感，女生比较少用这种方式表达友谊。在人类学的研究里面，有些人在社会上是允许他们有开玩笑的关系。通常师生、上下级之间没有玩笑关系，熟人之间有。

第十五，会试图回报朋友的情意、恩惠与赞美。譬如，好朋友之间互相夸奖。

第十六，向朋友表白个人的感情会感到困扰。有的人就不跟朋友表达感情。

这是社会学家调查、归纳的结果。当然不是说每个人都符合每一项，而是说这些规则在西方人看来是交朋友的要素。

那么相应地，一些要素的缺失，也会导致友谊的破碎。下表显示了人们对导致友谊破裂的因素的看法。

表7　导致友谊破裂的因素

	认为是友谊破裂之重要或非常重要的因素	认为是友谊破裂不太重要的因素
嫉妒或批评你的其他人际关系	57%	22%
跟别人讨论你和他／她所约定的秘密	56%	19%
没有在需要时自愿帮忙	44%	23%
对你不信任或不信赖	44%	22%
在公开场合批评你	44%	21%
没有对你表示关心	42%	34%
当你不在时，没有为你辩护	39%	38%
不能包容你的其他朋友	38%	30%

续表

	认为是友谊破裂之重要或非常重要的因素	认为是友谊破裂不太重要的因素
没有对你提供情绪支持	37%	25%
对你唠叨	30%	25%

数据来源：阿盖尔和亨德森，1996：111。

友谊的特质

319

根据艾莉森·P.伦顿（Alison P. Lenton）和劳拉·韦伯（Laura Webber）的整理，友谊的特质有：

第一，感觉对他人有义务。譬如，他今天不能来上课，我帮他拿讲义。

第二，有人给予情绪支持。不开心了朋友们一起聊天排解，诸如此类。

第三，陪伴。朋友在一起相互做伴。

第四，竞争。这一点比较特别，大多数人内心都希望不要与朋友之间距离太大，因此，朋友之间其实存在竞争关系。

第五，守密和信赖。信赖非常重要，一旦你觉得朋友出卖你，友谊大概一辈子不会恢复了。

第六，帮助自我反省。当你做错事时，你的朋友会对你说，你觉不觉得这件事情你也有不对啊？如此种种。

第七，情绪保护。大家是朋友的话，就要在情绪上彼此支持。

第八，交换想法和看法。很多想法你可能对外面的人不愿意讲，讲了怕惹起麻烦，但好朋友之间就可以讲。

第九，经历柏拉图式的爱情。柏拉图式的爱情通常是没有性爱的纯纯的爱。但是柏拉图式的爱情有可能指的是同性的爱，同性之间可能会有性行为。每次有人提到柏拉图式的爱，我都不知道怎么回答。有同学问："老师，你对于柏拉图式的爱有什么看法？"我说，Platonic love 是一种暧昧的说法，具体来说，我不知道到底是指上面两种意思中的哪一种意思。

第十，觉得受到尊重。朋友之间还不被尊重，那友谊有什么意义呢？

第十一，觉得某人会力挺你。你做什么我都会支持你，这也是非常重要的。相应地，觉得被了解、觉得被接受以及觉得亲密，也是非常重要的特质。

第十二，获得正向的自我价值感。拥有友谊让人觉得自己是个有价值的人。

第十三，在同一个层次（平等的感觉）互动。真正的朋友一定是平等的。如果总是单方面的付出，最终友谊是不能持续的。

第十四，学到其他性别的事。这一点适用于异性朋友之间，异性朋友能够让我们了解另一个性别的人的想法。

第十五，了解自己的性吸引力。这一点也适用于异性朋友之间。譬如，一个异性朋友告诉我，你的胡子很帅嘛，我就由此了解，我的胡子对异性是具有吸引力的。

第十六，错误沟通的机会。沟通之中不可避免会产生错误，好朋友之间错误沟通会非常少；不熟悉的人之间错误的信息沟通就会很多，语言的层次很复杂。

第十七，身体被保护。这一点适用于异性的友谊。譬如，各位女同学从图书馆念完书了，要回到宿舍，如果你的男性朋友在旁边走，你会觉得比较安全。

第十八，在一起的时候很快乐。这一点简直无须解释了，跟朋友在一起当然快乐，如果像跟仇人在一起一样，那何必呢？

第十九，浪漫或长期关系的可能性。这一点同性和异性友谊都适用。有些人交朋友的目的是从朋友而恋人，动机不纯。

第二十，发生性关系的可能性。这一点同性和异性友谊也都适用。有些人会期待从友谊中发展出性关系，像电影《好友也上床》反映的就是这样的关系。

第二十一，感到羡慕或忌妒的可能性、感到被照顾的可能性以及可能涉入正在进行的浪漫关系。朋友之间可能会感到吃醋、羡慕，感到彼此照顾。而有的朋友因为交情太亲密，使得其中一方的男女朋友感到介意、吃醋，拥有介入其正在进行的浪漫关系之可能。

第二十二，练习跟异性沟通。这一点适用于异性友谊。可能面对你希望成为男女朋友的人，你会很紧张；但是和自己的异性好友交流，就相对而言很放松。这种沟通，就是对自己与异性打交道能力的锻炼。

第二十三，共同的活动和共同的兴趣。这往往是友谊建立的原因和友谊维系的动力。

第二十四，表达和行为都很自然。朋友在一起很放松，都能表现真正的自我，彼此相处态度很自在。

第二十五，努力维持友谊。朋友之间因为相互看重、相互在意，就会努力维持友谊。如果你理不理我，我根本不在乎，也就无所谓友谊了。

第二十六，别人的看法会影响到友谊。别人说，他对你真够朋友，你也会加强"他是我的好朋友"的看法；反之，别人说，他对你不够朋友，你可能也会对友谊的牢固性产生怀疑。

选择朋友和情人的不同偏好

根据斯普雷彻（Sprecher）和里根（Regan）的研究成果，人们在选择朋友和选择情人上有着不同的偏好与侧重。人与人之间存在着不同类型的关系：偶一为之的性伴侣，像一夜情；约会伴侣，这一类在时间上与对象上都是比较固定的；再如配偶、同性朋友、异性朋友。他们的研究发现，友情与爱情的共同点都是温暖（warm）、好心（kindness）、善于表达（expressivity）、开放（openness）和幽默感。

友情与爱情的相异点在于，浪漫或者性伴侣关系，较之友谊关系有如下偏好：身体的吸引，社会地位特质和倾向，与拥有温暖、表达、幽默、聪明等人格特质的人相处。简单地说，男女朋友之间，身体上的吸引会比较强烈，而普通朋友很少人看身体上的吸引。社会地位特质和倾向，有的时候是指性倾向，普通朋友可能不会在意是否为同性恋，浪漫关系则一定会找寻性向一致的。人格特质，譬如说温暖、表达、幽默、聪明，这都是寻觅浪漫关系中容易引起注意的。

异性朋友，比起同性朋友也会有不同偏好：你会希望异性朋友具有身体吸引力、社会地位、人格特质。

323

一般来说，男性的偏好和他认为特殊关系类型的友人数目相关；女性的偏好则和自己对别人的可欲性（desirability）的看法有关。当男性认为身旁社交圈中潜在约会对象较多时，他更会将自己期望的交往对象形象投射在一些可欲的特质上，进而获得在这些特质上较高的分数。女性的偏好则往往与自我评价有关，由自我形象衍生出会吸引哪些异性特质。

分手后是否还能做朋友？

曾经是情人的异性朋友和柏拉图式的异性朋友，分手后能否做朋友？根据施耐德（Schneider）和肯尼（Kenny）的研究发现，分手以后双方还是朋友的比例为 13% 至 66%。这个比例差距很大。

根据纳迪（Nardi）的研究发现，同性恋中男同性恋有

20%，女同性恋有 45%和分手的情人还是朋友。

纳迪整理过去的研究指出，分手是否还可以做朋友，与以下几个因素有关：

第一，恋爱之前是否是朋友。如果两人在交往之前就是朋友，在分手后比较有可能维持朋友关系，因为他们曾经是朋友的这种经验会帮助他们从情人再过渡到朋友。

第二，分手的状况。如果是由男性提出，或双方同意分手，有比较大可能性可以做朋友。也有的研究认为，男女双方都可以决定是否要做朋友，这和分手由谁提出无关。

第三，分手时候的沟通。如果分手时大家在意见、分歧上讲得很清楚，把误解消除，并且分手的时候不存在欺骗，做朋友的可能性比较高。如果爱情关系中存在欺骗，分手后再做朋友的可能性几乎等于零。

友情的性别差异

罗伯特·B.海斯（Robert B. Hays）研究友情长期发展的性别差异认为，两性的友情是一样稳固的，但是表达这种稳固友情的方式是不太一样的。女性通常用身体跟口语上的情感来表达彼此的亲密，女性打电话比较多，传纸条之类的行为也是女性居多；男性通过彼此的陪伴、行动或共同活动表达彼此的亲密。

另外，女性的友人之间，比起男性，更多从事偶然性的情感行为（casual affection behavior），譬如一起聊天、进行言语的沟通，特别是在关系的早期阶段，女性发展沟通行为的次数比较密集；男性友人之间则比女性亲密陪伴（intimate companionship）更多，譬如花时间共同参与一些活动，像是打篮球等，在友情发展的早期阶段更是如此。

过去研究的成果发现，男性对于女性朋友通常都会有浪漫和性行为的期待。有些女生会说，他只是我的男性朋友；世俗的人可能会说，男生肯定动机不纯啦。女生的爸爸可能会很紧张，因为他们曾经从这个年龄、人生阶段度过，知道男生在想什么。

男性对于异性朋友的友谊动机，常常是因为性的吸引力。女性则对于友情中有性的因素介入觉得十分困扰。性的因素对于友谊会有负面的影响。异性友谊之间的性跟浪漫因素是很低的，这其实是友情与爱情最大的差别之一，友情基本上没有性的可能性。大多数男同性恋跟最好的朋友之间都有过性行为跟恋爱经验，这一点与异性恋略有不同。

爱情与师生关系

首先，校园对爱情的禁绝与放任。在中学阶段，大部分家长和教师都会禁止学生谈恋爱；而进入大学，多数家长和教师不会干预学生谈恋爱。但是，恋爱是鼓励就会产生，禁止就会消失的吗？如果是，为什么中学生偷偷恋爱的不在少数，大学

325

生却不是人人有机会恋爱？这是个值得思考的问题。

其次，师生恋问题。师生恋的问题在于，师生之间的地位是不平等的，老师具有更多的权力，譬如，老师可以用分数、奖学金、保研等手段引诱或逼迫学生，侵犯学生的自由意志。因此，师生恋应当是禁止的。

爱情与工作关系

很多人觉得，大学不谈恋爱没关系啊，等事业有基础了再谈恋爱，这样是比较稳健的。但是恋爱不是投资股票，跟稳健有什么关系？人生有多少机会碰到自己喜欢的人？多乎哉？不多也。

爱情与工作关系之间最常见的主题是"办公室恋情"议题，或者可能有办公室"奸情"的情况发生。公司之间有各自的组织或办公室文化，因而不见得皆能容许办公室恋情的发生。有些公司大方接受办公室恋情。有些公司则以明文或不明文的方式，禁止办公室恋情的发生，因而使得一些情侣遮掩、隐瞒自己的感情关系，不愿意在同事之间公开。

此外，办公室恋情也存在着权力位阶差异的问题，如果今天是上司与下属谈恋爱，这就跟师生恋议题很类似，存在着不平等的权力地位落差，需要留意是否有上司凭借权力胁迫下属行为的现象发生；如果是同人之间谈恋爱，两者的位阶较相近，可能就比较没有地位不平等的问题。

爱情与人际网络的经验研究

我们在日常生活有一句话叫作"近水楼台先得月"。如果真的如此，那么应该有很多人与邻居、大学同学谈恋爱，但是事实并非如此。再者，很多人有爱情应该门当户对的迷思。爱情与社会地位、经济地位、社会声望、教育、职业可能有一定关系，但要看如何对待这一关系。你们现在经济地位不一样，以后呢？短视、功利地对待爱情，是极其有问题的。

根据马尔科姆·R.帕克斯（Malcolm R. Parks）等人的研究，浪漫关系受到以下因素的影响：对方家庭和朋友网络的支持程度、自己家庭和朋友网络的支持程度、自己和对方网络沟通的程度、自己受到对方网络成员吸引的层次以及自己和对方网络相遇的人数。

另外，布赖恩等人的研究发现：女性浪漫爱情与友情的支持与否无关，与朋友的介入与否无关，与父母亲的介入与否无关，却与父母亲的支持与否呈现正相关。也就是，你支持她，她会更高兴，你反对她，她会不予理睬。再者，网络关系对女性浪漫爱的反应在浪漫关系中的影响力很低，但和网络的满意度则高度相关。

327

—————— 爱情
The   社会学——
Sociology of love

———第十三讲
爱情与文化

愛情
The 社会学
Sociology of love

这一章，我们主要探讨爱情与文化的关系。我们前边谈到，爱情与人际有关，与家庭有关，爱情也与文化有关，特别是当你有机会到异文化的环境中，或者与外国人谈恋爱，就会明显感受到不同文化的差异与相同之处。这种异同，在日常生活中，在文化背景相同的人里面，常常是感受不出来，或者不会感受得那么明确。

爱情的定义在各个文化中不太一样，有些文化认为要有性行为才有爱情，有些文化认为爱情要注重情感的交流；有些文化觉得爱情要有照顾的部分，有些文化认为爱情根本就不需要照顾的部分。

在社会学研究中，需要注意：研究时间是什么时候，研究样本是什么时候。因为研究时间、研究样本可能会影响到研究成果。特别是有关感情的研究，很多研究者为了方便，都是在大学进行研究。但是大学生的感情其实是很稚嫩的，研究爱情的初级阶段大概没什么问题，要研究爱情的高级阶段，大学生们可能很难提供太好的样本。并且，大学生在人口中的比例在不同的社会也有所不同，在大学生所占人口比例较低的社会中，研究大学生的爱情状况可能并不具备代表性。

在研究同一个文化的时候，很难有一个排除文化的独特性的假定，可能会觉得大家都一样嘛，文化就算是专业术语中被控制的变项，所以看不出文化独特性的影响。另外，要如何排除共同的影响，就变成在这种研究的时候的一个难题。

爱情普世性的争议

爱情是不是具有普遍性？是不是放之四海而皆准？因为研究爱情的人，常常自己研究完就不管别人，这样很糟糕，造成大家没有共识。有些人很大胆地做了一些推测，认为爱情是在12世纪西方的社会里才有的，其他文化没有。讲这个话的人为什么这么大胆？因为他对西方以外的社会毫无了解。尤其是西方社会对东方社会很不了解。由于英语的强势地位，相对而言，东方社会对西方社会的了解比较多；西方人则对东方社会缺乏足够的文化经验或者接触。

从对地理位置的称谓就可以看出这一点：古代社会，西方人是以地中海为中心，所以地中海东方叫近东，就是我们现在所谓的中东。中东也是西方人的概念，在我们来看，其地理位置也很靠西方了。西方人看我们的地理位置叫远东，因为相较于近东，我们离地中海很远。后来这个观念被改了，因为世界再也不是以地中海为中心，所以我们后来就被称为亚洲。

333

有人反对爱情有普世性，劳伦斯·斯通（Lawrence Stone）主张，爱情只有在具有丰富文学传统，以及有闲阶级存在的阶层化社会（stratified society）中才会出现。人类学家查尔斯·林霍尔姆（Charles Lindholm）认为，爱情只有在鼓励个人的社会流动以及个人自行做决定的小规模社会中才会发生。林霍尔姆说，认为爱情具有普适性的人，其实都把浪漫爱与性关系混淆了。是不是浪漫爱就必须有性关系，在各个文化里面差异很大。有些浪漫爱是不强调性关系的，像欧洲中世纪的骑士爱，是未婚的骑士将已婚的贵族妇女当成爱与崇拜的对象，这种爱没有一点肉体关系。大概从西方浪漫主义开始，才会特别强调灵肉合一、将性与爱相结合的爱情。因此，各个文化对爱情的定义是不一样的。赞成爱情具有普世性的人有人类学家费希尔，他们研究了全世界现存的原始部落，发现大概有80%的社会具有浪漫爱，因此他认为，浪漫爱具有普世性。

美国文化中的爱情

根据美国社会学家安·斯威德勒（Ann Swidler）的研究，西方爱情意识形态经过以下发展阶段：中古时代强调宫廷爱（courtly love），强调爱情可以让人转变，并且让人觉得有力量，强调自我控制（self-control）和自我完善（self-perfection），强调奉献、勇气、礼貌、谦虚，愿意保护弱者和无助者。而后，伴随着印刷术的兴起，小说逐渐普及，这让中产阶级的爱情观受到影响。特别是女性，由于其识字率提高，且当时女性多为家庭主妇，生活圈子狭窄，因此对于爱情小说非常沉迷；同理，自从有了电视、有了肥皂剧以后，女性更沉迷于爱情影视剧中，好莱坞每年都要制作爱情电影，诸如初恋片、外遇片、其他爱情片等，都是永远不断绝的题目。

斯威德勒也指出，美国文化中存在着四种对立的爱情神话（love mythology）：

第一，选择和承诺的对立（choice vs. commitment）。就像很多人提出的问题："万一我承诺与一个人在一起，后来又发现更喜欢的人，怎么办？"从中可以看出传统的爱情观念和近代爱情观念的差异。

传统的爱情观念认为：首先，忠于自己的选择变成忠于自己的自我。我追求我爱的人，或者我选择不要去打扰别人，这是我自己的选择。其次，做出承诺，并且坚持承诺成为测定维持身份形成的指标。在爱情中，有人会选择信守承诺，不离不弃；有些人则会看重选择，见到一个更好的就变心。这两种选择将决定他人对你的看法。你动辄变心，人家可能会说，这个人始乱终弃，将来再出现一个更好的选择，他就又变心了。这个风险确实存在。如果你注重承诺，他人会说，这个人真的是忠贞，对爱情坚贞不二，是个可靠的人。在爱情中的观念、行为，有可能成为他人对你人品的判断标准。再次，一生做出一次选择，选择之后就是承诺，终结其他可能的选择和身份认同。一旦选择了，你就不再往外看了，不再跟别人交往了，不再跟别人维持更亲密的关系了，就是这个人，我认定了。

近代爱情观与传统爱情观不同之处在于：第一，强调成人阶段的自我实现和不断成长、不断改变。这里就出现了一个问题，你怎么知道你 20 岁喜欢的人，到了 30 岁你会喜欢；30 岁喜欢的人，40 岁的时候，你还喜欢？这样的话，每十年可以讲一次。其次，强调不断地相互揭露（mutual revelation），不是揭伤疤，而是不断地与对方交流、相互倾诉，这也是能够维持关系的一个方法。

第二，反抗和依附的对立（rebellion vs. attachment）。有一种说法认为，爱可以超越一切，爱情也可以解决职业和生活中的问题。另一种说法则认为，即便拥有爱情，生活还是充斥着大大小小的问题，你还是需要做出决定、找出解答。这两种便是一组对立的说法。若从婚姻爱情关系来看，当问题出现时，你要选择隐忍，还是要选择彼此沟通、面对冲突发生的可能性，这在爱情婚姻中也是很两难的选择，看你要选择什么。

第三，自我实现和自我牺牲的对立（self-realization vs. self-sacrifice）。这种对立尤其体现在女性中。你真的要为家庭牺牲那么多吗？在我们那个时代，通常女人是不读书的，念到大学已经不得了了，女孩子如果想为读博士，很多人都会阻止你。1990 年左右，我的一个女学生，她硕士研究生毕业，就被男老师说，同学你不要再读下去了，你再读下去就妨碍了另外一个男人的就业机会，你应该回家，跟你男朋友赶快结婚，相夫教子，过上幸福美满的生活，不然的话，你拿到博士学位，你的老公不是博士，你婚姻不会幸福的。我在美国读书的时候是 20 世纪 80 年代，有些学生是夫妻一起来美国的，在经济条件比较拮据的情况下，都是男的读书，女的不读书。女的做什么？在家生小孩、做家务，完全处于男性的从属地位。很多女性在才华上高于其丈夫，但是因为这种束缚，牺牲了自己的事业，浪费了自己的才华。

第四，性冲动的抒发和性冲动约束的对立（libidinal expression vs. restraint）。有些人认为自己的性冲动可以在爱情关系中得到满足、抒发，所以，我可以跟我的爱人发生性关系，不论他/她是否同意，这里就产生了某种"约会性暴力"的问题。即便双方是情侣，在对方不同意的情况下，你不能勉强他/她进行性行为，否则这就是一种暴力。在抒发性冲动的同时，也要学习约束和彼此尊重，这样，才能在爱情中发展健康的性关系。

日本爱情风格和浪漫爱经验

日本学者研究了 343 个日本大学部学生，运用李的六种爱情风格为基础，研究爱情风格和情绪（emotion）、自我知觉（self-perception）以及对方印象（partner-impression）的关系，发现日本的情况基本上支持李的理论：

第一，激情爱（Eros）与正向感情、正向自我知觉（self-perception）成正相关。第二，疯狂爱(Mania)、利他爱(Agape)

和情绪经验呈现正相关。第三，利他爱的人在浪漫关系中会将自己看成是善良的（kind）。第四，实用爱（Pragma）和游戏爱（Ludus）与浪漫关系中的负面情感呈正相关；游戏爱和对方的吸引力呈负相关。

62 种文化的浪漫依恋（附）的类型和普同性

戴维德·P. 施米特（David P. Schmitt）参与"国际性描述计划"（International Sexuality Description Project，ISDP），一共访问了62个文化的17804位受访者，以巴塞洛缪（Bartholomew）和霍罗威茨（Horowitz）的两向度、四种分类的依恋（附）风格为基础，以"关系问卷"（Relationship Questionnaire，RQ）来测量受访者的成人依恋（附）风格。主要发现如下：

第一，自我模型（Model of Self）和他人模型（Model of Other）依恋（附）量表在大部分文化中是有效的，也就是说，爱情是具有文化普同性的。

所有的文化中并不是都一致地有这四种依恋（附）范畴。

约五分之四（79%）的文化中，安全型（secure）的浪漫依恋（附）是常态。

东亚文化特别倾向专注型（preoccupied）的浪漫依恋（附）。举例来说，日本的精神分析师土居健郎曾写过一本书叫作《甘えの结构》，甘え的就是希望你能够关照他、希望得到成全，有点撒娇的意思。这在美国人看来是不可思议的事情，靠着别

337

人的照顾，才能够成就你自己，这实在太不独立了。在日本文化里面，就常常要别人的提携照顾。

没有安全感的（insecure）依恋（附）和高生育率、低度人类发展（human development），以及低度资源水平（resource level）有关。在经济发展比较差、生育率高的地方，人们比较容易没有安全感，因为制度等因素没有保障你的生命，连带的也会影响到依附情感的建立。那个地方的人们在爱情发展中，相较其他地方的人们来说，比较容易认命，产生一种像蒲公英一样的态度，随便风吹到哪里，就在哪里落地生根，并且接受"这就是我的命"，这是一种没有安全感的依恋（附）关系。

西方和东方爱情的比较

盐田（Shiota）、坎波斯（Campos）等人比较研究了西方和东方人在情侣互动中的情感经验的复杂性。她们使用的方法是先填问卷，再让双方会谈，并加以记录。她们的讨论如下：文化心理学家认为，西方人受到亚里士多德提出的"三一律"影响。三一律指的是：（1）同一律（law of identity）：假如 A 现在为真，就应该总是真的；（2）不矛盾律（law of non-contradiction）：A 不等于非 A；（3）排中律（law of the excluded middle）：事实命题非真即假。

相反地，东方人受到儒、释、道的影响，相信"素朴的辩证"（naïve dialecticism）：（1）矛盾原理（principle of contradiction)：两种看似相互敌对的知识，可能都是真的；（2）变易原则（principle of change），万事万物不停变化，因此知识只是过程，不是结果；（3）整体原则（principle of holism）：宇宙间万事万物都是有关联的。因此，东方思维允许情感的复杂性（emotional complexity）。

这个研究测量的情绪包括：愤怒（anger）、蔑视（contempt）、爱情（love）和羞愧（shame）。

她们的研究结论指出：东方人与西方人的差异在爱情方面有所展现。包括什么呢？东方文化比西方文化更能接受正面与负面的情绪共存。外国人常会觉得，怎么东方人在某些情况下会不生气呢？我们说，生气干什么呢？以前龙应台出了一本书《野火集》，里面很著名的一句话就是"中国人，你为什么不生气？"为什么我们能忍受很多在西方人看来无法忍受的情境？因为我们认为阴中有阳，阳中有阴，乱中有序，序中有乱，总有一天会达到另外一个境界。

所以，在恋人互动中，亚洲人比较倾向于提到同时经历到爱情与负面情绪，可是欧洲人通常只能分开体验到爱情或是负面情绪，很难在爱情中又能体验到负面情绪。欧洲人认为，一旦有负面情绪，这就不是爱情；我们东方人就不会觉得，我们东方人觉得正面和负面是夹杂在一块的。我没在美国教过爱情社会学，对美国人的爱情状况不敢妄议；在中国，很多人对我提出的关于爱情的问题，常常就真的是正面、负面夹在一块，譬如，你明明跟那个男生不能沟通，你还要称他为你的男朋友，你还问怎么办，这在美国人来看，是一个不可思议的问题，你就离开他不就结了？

比如说听到恋人谈论到感情现况的时候，亚洲人会在感受爱对方的同时，有时候还拥有一点蔑视的情绪，而欧洲人则是爱或是负面情绪分明，不可能同时并存。也就是说，欧洲人在感受爱情的同时不会产生生气、蔑视，或是羞愧等负面情感，亚洲人则可能同时有正、负面的感情并存。

中国人和美国人坠入情网（falling in love）的比较研究

根据列拉（Riela）等人对浪漫爱的开始——"坠入情网"的研究，过去对于坠入情网的前兆研究发现下面几项元素：相互喜欢（reciprocal liking）、外貌（appearance）、人格（personality）、相似（similarity）、熟悉（familiarity）、社会影响（social influence）、满足需要（filling needs）、唤起（arousal）、准备（readiness）、特殊暗示（specific cues）、两人世界（isolation）和神秘（mysteriousness）等。

中国人与美国人的文化是不同的，基于不同的文化背景，在坠入情网中，两种文化的表现也是不同的。美国文化是个人主义的（individualistic）文化，强调关系中个人的实现（personal fulfillment）和亲密情感，相信爱情是婚姻的基础，比集体主义的文化要更强调情感的表达和感受。而中国文化是集体主义的（collectivistic）文化，强调家庭、同伴、对他人的义务和利他主义。

列拉等人共进行了两次研究。

第一次研究采取叙事法，研究对象为美国西部大学部学生，其中，欧裔白人占40%，亚裔占60%，以华裔为主。研究表明：坠入情网的前兆，依提到的次数高低分别是：相互喜欢（82%）、熟悉（71%）、唤起（47%）、满足需要（39%）、相似（36%）、外貌（23%）、人格（23%）、准备（18%）、社会影响（18%）、两人世界（9%）、特别暗示（6%）以及神秘。最常被提到的两项是相互喜欢和熟悉。族群方面，只有唤起部分有其显著性，其余的前兆并无显著性。性别方面，只有满足需要一项有显著性，其余的都无。速度方面：40%认为自己很快就坠入情网，34%觉得自己很慢，26%没提到速度。只有唤起一项有显著性，其余皆无。

341

第二次研究采取兼用叙事和自评的方法，研究对象为美国东北部239位大学部学生，和中国东北主要都会地区的两所公立大学78位大学生。研究发现：坠入情网的前兆，依提到的次数高低分别是：相互喜欢（70%）、满足需要（52%）、熟悉（51%）、唤起（41%）、人格（33%）、相似（26%）、社会影响（9%）、外表（8%）、准备（8%）、两人世界（5%）、特别暗示（1%）以及神秘（1%）。最后经过统计操作的结果，只有相互喜欢、外表、人格、相似和唤起几项具有相对的重要性。在叙事部分的研究发现：38%的人认为自己很快坠入情网，

35%的人觉得自己很慢，27%的人没提到坠入情网的速度。美国人比中国人更强调熟悉；相对地，中国人比美国人强调相互喜欢、人格、满足需要以及唤起。女性比男性更强调满足需要（58%：39%）。在自我评量部分的研究发现：美国人比中国人强调外表、相似、准备和特别暗示；中国人比美国人强调唤起和社会影响。可是虽然有这样的差异，但社会影响、唤起和准备对双方都相对地不重要。外表和特别暗示两项具有性别方面的差异。这两项对男性都比对女性重要。对慢速坠入情网的人来说，相互喜欢比较重要；对快速坠入情网的人来说，外表比较重要。

总结来看，族群、性别和速度与坠入情网的前兆都没太大关联，文化却明显地对坠入情网产生影响。相互喜欢、人格以及外表三项是坠入情网的重要因素。美国人强调外表、特殊暗示和准备，中国人强调相互喜欢、人格、满足需要，以及社会影响。这符合前人研究中"个人主义"和"集体主义"的区分。

中国和美国爱情观念的比较

杰克逊（Jackson）等学者对中国和美国情侣的爱情观念进行比较研究，在美国以61对约会情侣和81对已婚夫妻为样本，在中国以46对约会情侣和94对已婚夫妻为样本。他们使用斯滕伯格爱情故事量表（Love Stories Scale）研究发现：有些爱情故事的元素是两个文化所共有的，如客体化—威胁（objectification-threat）、奉献—关爱（devotion-caring）、实用（pragmatism）、色情（pornography）。两种文化都可以把"奉献—关爱"当成测量关系满意度的重要指标。相异之处在于：美国文化强调"爱情当成战争"（love as war）、"爱情当成童话故事"（love as fairy tale）；中国人则强调"爱情当成当下的经营"（love as current tending）和"爱人的不可理解"（incomprehensibility of lover）。因此，中国人和美国人的爱情观念虽然有所重叠，但是文化差异和文化独特性还是很明显的。

　　威廉森（Williamson）等学者对中国和美国新婚夫妇的沟通行为和关系满意度进行比较研究，在美国以50对新婚夫妇为样本，在中国以41对新婚夫妇为样本，研究发现：控制婚姻满意度之后，中国新婚夫妻比起美国新婚夫妻表现出更多负面行为。在美国人来看，中国夫妻很奇怪，这样子也成为夫妻；从中国人来看，美国人也很奇怪，他们都不吵架吗？两国研究对象在正面行为方面没有差异。但是对美国丈夫而言，正面行为和满意度呈高度正相关；对中国丈夫而言，负面行为和满意度呈高度负相关。也就是说，中国丈夫在双方出现很多负面行为时，诸如两人争吵、打架等时，才会觉得对婚姻不满意；平时则比较忽视双方正面行为的互动。照此逻辑，中国夫妻比美国夫妻呈现更多婚姻的不满意。这和过往的研究成果是一致的。文化脉络可能会影响到对于亲密关系中行为的展现和评价。这也就解释了为什么很多中国夫妻对自己的婚姻抱怨多多，还维持在婚姻中，并且拼命劝别人结婚。不满意还结婚干什么？这有什么办法，这就是缘分。中国人这么一讲就什么事情都解决了。跟美国人讲缘分，他们根本听不懂。

美国和俄罗斯的爱情结构比较研究

德·幕克（De Munck）等学者的研究，他们的研究对象是 65 位美国男性，130 位美国女性；40 位俄罗斯男性，66 位俄罗斯女性。一半来自都会地区（莫斯科和纽约），一半来自乡村。他们的研究方法采用 14 项问题的问卷调查。其研究理论基础，从过去的研究中归纳出浪漫爱情的 13 项核心特质：

1. 认为自己的爱人是独特的。

2. 注意到爱人的正向特质。

3. 想到爱人或是和爱人接触会产生极度兴奋感、增加能量、心跳加速，以及被唤起强烈的情绪。

4. 在失意的时候会放大对爱人的感觉。

5. "侵入式的思想"（intrusive thinking），这是一种挥之不去的想法，就像突然塞到你的脑子里面。

6. 感觉占有而且依赖爱人。

7. 希望和爱人"合体"（union）。

8. 强烈的利他感而且关心爱人。

9. 为了爱人重新调整自己的缓急先后。

10. 爱人的性吸引力。

11. 情感的合体比性的欲望重要。

12. 浪漫爱的感觉是不自主的，而且无法控制。

13. 浪漫爱通常都是一时的。

　　基于以上的理论基础，问卷拟定了十四个问题项目，请受访者回答"很同意"到"很不同意"等五个选项，看受访者赞成什么。

表 8　德·蒙克等人对美俄浪漫爱情特质同意程度比较

	U.S. female	U.S. males	Russian females	Russian males
我会为我的爱人做一切	A	A	A	A
当我恋爱时，我会常常想到我爱的人	A	A	A	A
爱情是没有规则的规则	A	A	A	A
浪漫爱是人生最高的幸福	B	A	B	A
爱情是盲目的	B	B	A	B
没有爱情的性行为在清醒后会让人悲伤	B	B	B	B
我的爱会让我爱的人变得更强更好	A	B	B	B
被爱灼身就像上天堂	C	B	C	B
爱情愚弄所有人	C	C	C	C
只有不成熟的人才会"一见钟情"	B	C	B	C
爱情隐藏着淫欲	C	C	C	C

	U.S. female	U.S. males	Russian females	Rus-sian males
爱情常常是两个脆弱的人的相遇	C	C	C	C
没有面包的爱情是没有用的	C	C	C	C
被爱灼身迟早都会贬下地狱	C	C	C	C

数据来源：德·蒙克 2009：343。

　　表 8 中的 A 指的是受访者认为是非常重要的项目，B 指的是重要的项目，C 则是不重要的项目。当同一项目的代号相同时，代表不管受访者是美国的男性、女性，或是俄罗斯的男性、女性，他们的观点都是一致的，所以，如果都是 A 的话（四个 A），意味着美国和俄罗斯的男性与女性皆认为该项目是非常重要的，譬如："我会为我的爱人做一切"，"当我恋爱时，我会常常想到我爱的人"，"爱情是没有规则的规则"。"爱情是没有规则的规则"表示，大家都不知道爱情是怎么一回事。四个 B，就表示大家都认为那是重要的。四个 C，则表示大家都认为那是不重要的。但有一些项目则没有共识，比如：被爱灼身就像上天堂、只有不成熟的人才会"--见钟情"等项，就意味着有些人认为这两项重要，但也有些人认为这两项不重要。"爱情隐藏着淫欲"这一项，竟然大家都认为不重要，这一点有点出乎意料。

　　德·蒙克等学者也使用相同的 14 个问题，进行美国、俄罗斯和立陶宛的浪漫爱模型比较。结果发现：

1. 并未发现三个文化对浪漫爱的共识，可是在五种变项方面有着跨文化的相似性：侵入性思维（intrusive thinking）、幸福（happiness）、激情（passion）、利他主义（altruism），以及为对方好（improve well-being of partner）。特别是"想和对方在一起"居跨文化浪漫爱共识之冠。

2. 美国样本强调友谊（friendship）和安慰爱（comfort love）两项、俄罗斯和立陶宛样本则未提到，反而认为浪漫爱是"不真实的""暂时的"，以及"童话"。

347

3. 研究成果显示，这些文化的差异并不是浪漫爱的演化功能，而是适应不同社会组织的结果。

苏珊·斯普雷彻等人对美国、苏联、日本爱情风格的比较研究，也发现：

1. 爱情变项中确实有不少文化差异存在，但是文化的影响并不一定朝着我们预想的方向。

2. 先前研究以及美国样本研究所发现的性别因素的异同，在日本和苏联的样本中并不适用。

所以，从上述这些研究中可以发现，并没有一个整体的西方人爱情风格或对于浪漫爱的想象。在不同的西方国家中，他们可能存在一些对于浪漫爱情特质想象的相似性，但也存在着差异。

危险女人和危险男人的跨文化比较

在东西方文化中，都有危险女人的意象，譬如红颜祸水。所谓的危险女人，指的是运用自己的外形吸引力、智慧、心机诡计来主导，甚至摧毁她的丈夫和爱人的女人，用法语表示就是 Femme fatale。西方危险女人意象的代表人物有大利拉（Delilah）和沙乐美（Salome）。大利拉是《旧约·圣经·士师记》第十六章里的女性角色，她是大力士参孙（Samson）所爱慕的对象。参孙力大无穷、无人可与他匹敌。参孙的敌人非利士人（Philistines）用钱买通大利拉，让大利拉用话语去套出参孙的弱点，使得参孙被捕下狱。沙乐美也是《圣经》中的人物，在《新约·圣经》的《马可福音》和《马太福音》中都有记载，但她在《圣经》记载中没有名字，只有以希罗底之女（the daughter of Hero'di-as）来称呼她。因沙乐美的缘故，施洗者约翰（John the Baptist）被斩首，因其而死。沙乐美的故事后来被改编成戏剧、歌剧的形式，沙乐美以危险女人的形象流传于世。

东方文化的蛇蝎美人典型，最有名的就是妹喜、妲己、褒姒等亡国的红颜祸水形象。妹喜是夏朝最后一个君王夏桀的妃子，传说喜欢看人在装满酒的大池子里划船、喜欢听撕裂丝帛的声音。妲己是商朝最后一个君王商纣王的宠妃，古代小说《封神榜》甚至把妲己设定为狐狸精的化身，描述其如何魅惑纣王，进而使得商朝灭亡。褒姒是周朝最后一个君王周幽王的妃子，据说周幽王为了博褒姒一笑，数度点燃烽火台，施放假警报，让诸侯以为发生危机跑来救援，失去诸侯的信任。但这些其实是从男性历史观点出发的看法，由男性主宰的国家政事，既然会导致亡国，必然是由许多因素加总起来使然，何以要把女性视为罪魁祸首，当成战犯，而不是由男性来负责呢？

危险男人则不是以自己的外形，却是靠着自己的社会成就来掩饰自己邪恶本质的人，用法语表示就是 Status fatale。代表人物有卡萨诺瓦（Casanova）和唐璜（Don Juan）。根据英文维基百科的资料，卡萨诺瓦全名是 Giacomo Girolamo Casanova，他是 18 世纪意大利的冒险家和作家，也是著名的情圣，和许多女性拥有复杂的情感关系。唐璜则是西班牙的传说人物，据说他很富有，也很风流倜傥，周旋于许多女子之间，也具有情圣的封号，唐璜的故事也曾被改编成诗、小说、戏剧和歌剧等不同形式。虽然危险男人不是以自己的外形取胜，但从这些危险男人的代表人物可以发现，他们的外表都还是具有一定的吸引力。

349

东方文化中危险男人的典型，比如古典小说《水浒传》和《金瓶梅》中的西门庆，他是一位富家子弟，通过他拥有的权势、金钱等社会资源，在小说中犯下了通奸、谋杀等罪行，周旋在众多女子之间。西门庆不只是个危险男人，还是个坏男人。

拉姆齐（Ramsey）收集了世界各国的民间故事，从中分析危险女人和危险男人的比例。在他们的分类中，他们还多列了一项危险美男子（male beauty fatale）的类型，指称以美貌吸引女性的男人。研究发现，94%的文化都有关于危险女人（femme fatale）的意象，有42%的文化有关于危险男人（status fatale）的意象，有26%的文化有关于危险美男子的意象，但是并没有任何故事提到以社会地位吸引男性的女性形象（female status fatale）。相较起来，危险女人的意象在各文化的民间故事中较为普遍（universal），危险男人意象在不同社会文化的比例有所不同，有25%的较平权（egalitarian）社会中存在着危险男人的故事，在社会阶层组成较复杂（complex）的社会中，则有50%的危险男人故事。扬科维亚克（Jankowiak）和拉姆齐（Ramsey）认为，危险女人和危险男人的意象都可以从演化的观点来理解，反映了另一性之于自己性别的吸引力，男性会被女性外表所吸引，女性则会被男性的社会地位所吸引。不论是危险女人或是危险男人，他们都是善于操控他人的角色。这些危险男人和危险女人的故事，似乎是在提醒世人要避免进行爱情的控制，也不要投注心力在一段对方不愿意分享或交流情感的关系上；应该发展一段双方都愿意真诚相处的爱情。这些文化所鼓励的异性交往，是以情感投入为优先考虑，而不是性方面的满足。

夫妻亲密性和女性地位的跨文化研究

德·蒙克等人对这一问题进行了系统的研究。研究假定：

男女地位相对平等的社会，比起夫妻地位不平等的社会，较有可能出现夫妻之间的亲密。他们研究的问题包括：跨文化之间的夫妻亲密关系有哪些核心的特质？哪些社会文化的规范和夫妻关系的亲密与否有关？其亲密性的研究变项有：夫妻睡觉的邻近性、夫妻睡觉的隐私性、夫妻吃饭的安排、夫妻休闲时间的安排以及丈夫在小孩出生时是否在场。通过研究得出结论：

第一，可以根据五个重要变项：战争、偏态性比例、一夫多妻制、父母亲的温暖，以及攻击的社会化，建立一个女性亲属权力（female kin power）模型。

第二，可以从女性的地位，相当准确地预测夫妻之间的亲密关系。假如女性地位相对低落，夫妻之间就不太可能出现亲密关系。

第三，母亲和儿子之间有亲情温暖的关系，夫妻之间就比较可能出现亲密关系。

第四，一个文化强调将男孩的攻击性加以社会化，则夫妻之间比较不可能出现亲密关系。

第五，一夫多妻制会抑制夫妻之间出现亲密行为。

第六，大家庭和依赖训练（dependence training）也可能妨碍夫妻之间的亲密行为。大家庭和依赖训练之间彼此呈现正相关，它们各自则与夫妻之间的亲密行为呈现负相关。依赖训练指的是在大家庭中容易学习到对于特定事务（tasks）的服从，或者是对于家人的依赖，比较缺乏对于另一个人的信赖（reliance），因而，会妨碍夫妻之间的亲密关系。

大家庭和夫妻关系的议题，也可见于中华文化中的讨论，例如代际关系、三代同堂、婆媳关系等的研究。夫妻和自己的父母或是和配偶的父母同住，有好处也有坏处。譬如，其中有一个好处是家人之间可以彼此照料，当夫妻工作忙碌时，父母还可以协助煮饭、整理家务、照顾小孩。坏处则可能是，家人之间互动较密切，因为价值观不同，产生一些摩擦和冲突。夫妻和父母之间的亲密或紧张的相处关系，都可能为夫妻之间的亲密感带来正面或负面的影响。

父母对于子女择偶的文化差异

布恩克等人对这一问题进行了研究。研究假定：父母对于子女择偶影响的程度和文化的集体性（collectivism）程度有关。样本为 371 位荷兰学生，17 位伊拉克库德斯坦（Kurdistan）学生，80 位在荷兰求学的外籍学生和 102 位加拿大学生。

研究依据如下项目量表进行：

1. 假如有正当的理由，父亲就有权力决定女儿的婚姻。

2. 父母亲的职责就是要替子女找到适当的配偶，子女的职责就是接受父母亲的选择。

3. 假如能考虑到子女的愿望，父母亲就有权要求小孩接受父母亲替他们做的选择。

4. 就算是小孩有权利替自己找寻伴侣，最后父母还是有决定权。

5. 子女有权利拒绝父母亲替他选择的伴侣（R）。

6. 假如父母亲对子女所选择伴侣强烈反对，子女就应该和那个人断绝关系。

7. 选择伴侣的时候，子女应该考虑父母亲的期望。

8. 子女在选择伴侣的时候，应该要参考父母亲的意见。

9. 父母亲有权利说出他们的感觉，但是最后还是要让子女决定选择自己的伴侣（R）。

10. 子女选择自己的伴侣不需要经过父母的介入（R）。

上述加注 R 的量表题项，指的是反向计分题（reverse coded）。在反向计分题的题项得分愈高，意味着子女本身对于自己择偶的掌控力较大，其父母亲对于子女择偶的影响力愈小。反之，在其余正向计分题的题项中，其得分愈高，意味着父母亲对于子女择偶的影响力愈大。

研究结果发现，库德斯坦的父母对于子女择偶的影响，比起荷兰的样本影响较高，这符合研究假定。在加拿大样本中，具有东亚背景的移民因为深受集体文化的影响，所以父母对于子女择偶的涉入也比欧洲背景移民的样本要高。

在中华文化中，我们也可听到一些父母涉入子女择偶过程的故事，或者有一些父母替适婚年龄的子女征婚、介绍相亲、找寻交往对象的例子，大陆大城市的公园中周末家长替未婚子女的征求相亲活动，就是个好例子。但其实真正和伴侣共度一生的对象是子女本身，父母给出的意见，或是所下的决定，不见得适合子女。父母亲虽然担心子女的婚事，也要尊重子女的想法，不要喧宾夺主，因为今日的社会已不是像几个世代之前由父母之命、媒妁之言决定婚嫁对象，而是要让子女自己做决定，决定谁才是自己愿意平等对待、共同奋斗的伴侣。

参考文献

1. 李永然：《从结婚到离婚：婚姻权益、离婚协议与状例》，台北：永然文化出版股份有限公司 2013 年版。

2. 李婧：《民革中央提案删掉"孩子不满十岁夫妻不能协议离婚"的建议》，http：//lianghui.people.com.cn/2015cppcc/n/2015/0302/c393682-26623291。

3. Argyle，Michael and Monika Henderson：《人际关系剖析》，苗延威译，台北：巨流出版社 1996 年版。

4. 约翰·高特曼、南·西尔弗：《恩爱过一生：幸福婚姻七守则》，谌悠文译，台北：天下远见出版社 1999 年版。

5. Peabody，Susan：《爱情上瘾症—克服爱的痴迷与依赖》，殷于译，台北：张老师出版社 1993 年版。

6. Sternberg，Robert J.：《爱，是一个故事》，刁筱华译，台北：远流出版社 1999 年版。

7. Ross，Kübler Elisabeth：《论死亡与濒死》，谢文斌译，台北：牧童出版社 1979 年版。

8. Ackerman, J. M., Griskevicius, V., & Li, N. P.2011."Let's get serious:Communicating commitment in romantic relationships." *Journal of Personality and Social Psychology*, 100, 1079–1094.

9. Aron, A. and E. N. Aron.1986. *Love and the Expansion of Self: Understanding Attraction and Satisfaction*. New York: Hemisphere.

10. Bartholomew, Kim and Leonard M. Horowitz.1991."Attachment Styles among Young Adults: A Test of a Four-Category Model", *Journal of Personality and Social Psychology*, 67, 2: 226–244.

11. Baumrind, D.1973. The development of instrumental competence through socialization. In A. Pick Eds., *Minnesota Symposium on Child Psychology*. Minneapolis: University of Minnesota Press. pp.3–46.

12. Baxter, L. A.1990."Dialectical Contradictions in Relationship Development", *Journal of Social and Personal Relationships*, 7, 1: 69–88.

13. Baxter, L. A.1988."A Dialectical Perspective of Communication Strategies in Relationship Development." in S. Duck. Ed. *Handbook of Personal Relationships*. New York: Wiley. pp.257–273.

14. Baxter, Leslie A., Barbara M. Montgomery.1996. *Relating: Dialogues and Dialectics*. New York: Guilford Press.

15. Berger, Peter L. and Hansfried Kellner.（1964）1970."Marriage and the Construction of Reality", Diogenes, 46. Reprinted in Hans Peter Dreitzel. Ed. *Recent Sociology No.2: Patterns of Communicative Behavior*.

London: Macmillan. pp.49–72.

16. Bogaert, Anthony F. and Stan Sadava.2002."Adult Attachment and Sexual Behavior", *Personal Relationships*, 9: 191–204.

17. Bowlby, J.1980. *Loss: Sadness & Depression. Attachment and Loss*. Vol.3. London: Hogarth Press.

18. Bowlby, J.1973. *Separation: Anxiety & Anger. Attachment and Loss*. Vol.2. London: Hogarth Press.

19. Bowlby, J.1969（1999）. *Attachment, 2nd edition, Attachment and Loss*. Vol.1. New York: Basic Books.

20. Brassard, Audrey, Philip R. Shaver, and Yvan Lussier.2007. "Attachment, Sexual Experience, and Sexual Pressure in Romantic Relationships: A Dyadic Approach", *Personal Relationships*, 14: 475–493.

21. Braun, Margaret F. and Angela Bryan.2006."Female Waist–to–Hip and Male Waist–to–Shoulder ratios as Determinants of Romantic Partner Desirability", *Journal of Social and Personal Relationships*, 23, 5: 805–819.

22. Bryan, Laura, Jacki Fitzpatrick, Duane Crawford, and Judith Fischer.2001."The Role of Network Support and Interference in Women's Perception of Romantic, Friend, and Parental Relationships", *Sex Roles*, 45, 7/8（October）: 481–499.

23. Buunk, Abraham P. and Pieternel Dijkstra. 2006."Temptation and Threat: Extradyadic Relations and Jealousy", in Anita L. Vangelisti and Daniel Perlman. Eds. *The Cambridge Handbook of Personal*

357

Relationships. Cambridge University Press. pp.532–555.

24. Buunk, Abraham P., Justin H. Park, and Lesley A. Duncan.2009. "Cultural Variation in Parental Influence on Mate Choice", *Cross-Cultural Research*, 44, 1: 23–40.

25. Campbell, Lorne, Jeffry A. Simpson, Jennifer Boldry, and Deborah A. Kashy. 2005. "Perceptions of Conflict and Support in Romantic Relationships: The Role of Attachment Anxiety", *Journal of Personality and Social Psychology*, 88, 3: 510–531.

26. Canary, Daniel J. and Marianne Dainton.2006. "Maintaining Relationships", in Anita L. Vangelisti and Daniel Perlman. Eds. *The Cambridge Handbook of Personal Relationships*. Cambridge University Press. pp.727–741.

27. Canary, Daniel J. and Laura Stafford.1994. "Maintaining Relationships through Strategic and Routine Interaction", in Daniel J. Canary and Laura Stafford. Eds. *Communication and Relational Maintenance*. San Diego: Academic Press. pp.1–22.

28. Cunningham, Michael R., Alan R. Roberts, Anita P. Barbee, and Perri B. Druen, and Cheng–Huan Wu.1995. "'Their Ideas of Beauty Are, on the Whole, the Same as Ours': Consistency and Variability in the Cross-Cultural Perception of Female Physical Attractiveness", *Journal of Personality and Social Psychology*, 68, 2: 261–279.

29. De Munck, Victor C. and Andrey Korotayev.2007. "Wife-Husband Intimacy and Female Status in Cross-Cultural Perspective",

Cross-Cultural Research, 41, 4 (November) : 307–335.

30. De Munck, Victor C., Andrey Koratayev, and Darya Khaltourina. 2009. "A Comparative Study of the Structure of Love in the U.S. and Russia: Finding a Common Core of Characteristics and National and Gender Differences", *Ethnology*, 48, 4 (Fall) : 337–357.

31. Dindia, Kathryn and Leslie. A. Baxter.1987. Strategies for maintaining and repairing marital relationships. *Journal of Social and Personal Relationships*, 4, 143–158.

32. Dindia, Kathryn and Tara M. Emmers-Sommer.2006. "What Partners Do to Maintain Their Close Relationships", in Patricia Noller and Judith A. Feeney. Eds. *Close Relationships: Functions, Forms, and Processes*. New York: Psychology Press. pp.305–324.

33. Dutton, Donald G. and Arthur P. Aron.1974. "Some Evidence for Hightened Sexual Attraction under Conditions of High Anxiety", *Journal of Personality and Social Psychology*, 30, 4: 510–517.

34. Ellis, B. J. and H. H. Kelly.1999. "The Paring Game: A Classroom Demonstration of the Matching Phenomenon", *Teaching of Psychology*, 26: 118–121.

35. Fehr, Beverly.1993. "How Do I Love Thee? Let Me Consult My Prototype", in Steve Duck. Ed. *Individuals in Relationships*. Newbury Park, CA.: Sage Publications. pp.87–120.

36. Fehr, Beverly.1988. "Prototype Analysis of the Concepts of Love and Commitment", *Journal of Personality and Social Psychology*, 55:

557–579.

37. Felmlee, Diane H.,1998."Fatal Attraction", in Brian H. Spitzberg and William R. Cupach. Eds. *The Dark Side of Close Relationships*. Mahwah, N.J.: Lawrence Erlbaum. pp.3–31.

38. Gable, Shelly L. and Harry T. Reis.2006."Intimacy and the Self: An Iterative Model of the Self and Close Relationships", in Patricia Noller and Judith A. Feeney. Eds. *Close Relationships: Functions, Forms, and Processes*. New York: Psychology Press. pp.211–225.

39. Gershon, Ilana.2010. *The Breakup 2.0: Disconnecting over New Media*. Ithaca, N.Y. : Cornell University Press.

40. Gilbertson, J., Dindia, K., Allen, M.1998."Relational Continuity Constructional Units and the Maintenance of Relationships", *Journal of Social and Personal Relationships*, 15, 774–790.

41. Glick, Peter and Susan T. Fiske.1996." The Ambivalent Sexism Inventory: Differentiating Hostile and Benevolent Sexism", *Journal of Personality and Social Psychology*, 70, 3, 491–512.

42. Gottman, John, James Coan, Sybil Carrere, Catherine Swanson.1998."Predicting Marital Happiness and Stability from Newlywed Interactions", *Journal of Marriage and Family*, 60, 1 (February) : 5–22.

43. Gottman, John, with Nan Silver.1994. *Why marriages succeed or fail: what you can learn from the breakthrough research to make your marriage last*. New York: Simon & Schuster.

44. Granovetter, Mark.1973."The Strength of Weak Tie", *American Journal of Sociology*, 78: 1360–1370.

45. Hays, Robert B.1985."A Longitudinal Study of Friendship Development", *Journal of Personality and Social Psychology*, 48, 4: 909–924.

46. Hegi, Kevin E. and Raymond M. Bergner.2010."What is Love? An Empirically-Based Essentialist Account", *Journal of Social and Personal Relationships*, 27, 5: 620–636.

47. Hendrick, Clyde, and Susan Hendrick.1986."A Theory and Method of Love", *Journal of Personality and Social Psychology*, 50, 2: 392–402.

48. Hendrick, Susan S. and Clyde Hendirck.2002."Linking Romantic Love with Sex: Development of the Perceptions of Love and Sex Scale", *Journal of Social and Personal Relationships*, 19, 3: 361–378.

49. Hendrick, Susan S. and Clyde Hendrick.2000."Romantic Love", in Clyde Hendrick and Susan S. Hendrick. Eds. *Close Relationships: A Sourcebook*. Thousand Oaks, CA.: Sage Publications. pp.203–215.

50. Hirschmann, Albert O.1970. *Exit, Voice, and Loyalty: Responses to Decline of Firms, Organizations, and the States*. Cambridge, MA.: Harvard University Press.

51. Holmberg, Diane and Samantha Mackenzie.2002."So Far, So Good: Scripts for Romantic Development as Predictors of Relational Well-Being", *Journal of Social and Personal Relationships*, 19, 6: 777–796.

361

52. Jackson, Todd, Hong Chen, Chen Guo and Xiao Gao.2006. "Stories We Love by: Conceptions of Love among Couples from the People's Republic of China and the United States", *Journal of Cross-Cultural Psychology*, 37, 4 (July) : 446–464.

53. Jankowiak, William R. and Edward F. Fischer.1992."A Cross-Cultural Perspective on Romantic Love", *Ethnology*, 31, 2 (April) : 149–155.

54. Jankowiak, Willliam and Angela Ramsey.2000."Femme Fatale and Status Fatale: A Cross-Cultural Perspective", *Cross-Cultural Research*, 34, 1 (February) : 57–69.

55. Kanemasa, Yuji, Junichi Taniguchi, Ikuo Daibo and Masanori Ishimori. 2004. "Love Styles and Romantic Love Experiences in Japan", *Social Behavior and Personality*, 32, 3: 365–282.

56. Kayser, Karen and Satya S. Rao.2006."Process of Disaffection in Relationship Breakdown", in Mark A. Fine and John H. Harvey. Eds. *Handbook of Divorce and Relationship Dissolution*. Mahwah, N.J.: Lawrence Erlbaum. pp.201–221.

57. Kerckhoff, A. C. and Davis, K. E.1962. Value consensus and need complementarity in mate selection, *American Sociological Review*, 27, 295–303.

58. Lazarsfeld, Paul and Robert K. Merton.(1954) 1982. "Friendship as Social Process: A Substantive and Methodological Analysis", in Morroe Berger, Theodore Abel, and Charles Page. Eds. *Freedom and Control*

362

in Modern Society. New York: D. Van Nostrand. Reprinted in Patricia L. Kendall. Ed. The Varied Sociology of Paul F. Lazarsfeld. New York: Columbia University Press. pp.298–348.

59. Lee, John Alan.1988."Love-Styles", in Robert J. Sternberg and Michael L. Barnes. Eds. *The Psychology of Love*. New Haven, CT.: Yale University Press. pp.39–67.

60. Lemay, Edward P., Jr., Margaret S. Clark, and Aaron Greenberg. 2010. "What is Beautiful is Good Because What is Beautiful is Desired: Physical Attractiveness Stereotyping as Projection of Interpersonal Goals", *Personality and Social Psychology Bulletin*, 36, 3339–353.

61. Lenton, Alison P. and Laura Webber. 2006. "Cross-Sex Friendships: Who Has More?" *Sex Roles*, 54: 809–820.

62. Lewis, R. A.1973. A Longitudinal test of a developmental framework for premarital dyadic formation. *Journal of Marriage and the Family*, 35, 1, 16–25.

63. Lewis, R. A.1972. A developmental framework for the analysis of premarital dyadic formation. *Family Process*, 11, 1, 17–48.

64. Linardatos, Lisa and John E. Lydon. 2011. "Relationship-Specific Identification and Spontaneous Relationship Maintenance Processes", *Journal of Personality and Social Psychology*, 101, 4: 737–753.

65. Lindholm, Charles.1998. "Love and Structure," *Culture, Theory and Society*, 15, 3/4: 243–263.

66. Linton, Ralph.1936. *The Study of Man.* New York: D. Appleton-

Century.

67. Liu, Chien.2000."A Theory of Marital Sexual Life", *Journal of Marriage and Family*, 62, 2（May）: 363–374.

68. McCrae, Robert R. and Oliver P. John.1992."An Introduction to the Five-Model and Its Applications", *Journal of Personality,* 60, 2(June): 175–215.

69. Merton, Robert K.1957."The Role-Set: Problems in Sociological Theory", *British Journal of Sociology*, 8: 106–120.

70. Monsour, M., S. Betty, & N. Kurzweil.1993."Levels of Perspectives and Perception of Intimacy in Cross-Sex Friendships: A Balance Theory Explanation of Shared Perceptual Reality", *Journal of Social and Personal Relationships*, 10: 529–550.

71. Montgomery, B. M.1993."Relationship Maintenance versus Relationship Change: A Dialectical Dilemma", *Journal of Social and Personal Relationships*, 10: 205–223.

72. Nardi, P. M.1992."Sex, Friendship, and Gender Roles among Gay Men", in P. M. Nardi. Ed. *Men's Friendships*. Newbury Park, CA.: SAGE. pp.173–185.

73. Noller, Patricia. 2006. "Marital Relationships", in Patricia Noller and Judith A. Feeney. Eds. *Close Relationships: Functions, Forms, and Processes*. New York: Psychology Press. pp.67–88.

74. Overall, Nickola C., Chris G. Sibley, and Rosabel Tan.2011."The Costs and Benefits of Sexism: Resistance to Influence During Relationship

364

Conflict", *Journal of Personality and Social Psychology*, 101, 2: 271–290.

75. Parke, Ross D., Kristie Morris, Thomas Schofield, Melinda Leidy, Marie Miller, and Mary Flyr.2006. "Parent-Child Relationships: Contemporary Perspectives", in Patricia Noller and Judith A. Feeney. Eds. *Close Relationships: Functions, Forms, and Processes*. New York: Psychology Press. pp.89–110.

76. Parks, Malcolm R., Charlotte M. Stan, and Leona L. Eggert. 1983. "Romantic Involvement and Social Network Involvement", *Social Psychology Quarterly*, 46, 2 (June): 116–131.

77. Peele, Stanton and Archie Brodsky.1975. *Love and Addiction*. New York: Taplinger Pub. Co.

78. Pogrebin, L. C.1987. *Among Friends*. New York: McGraw-Hill.

79. Previti, Denise and Paul R. Amato.2003. "Why Stay Married? Rewards, Barriers, and Marital Stability", *Journal of Marriage and Family*, 65 (August): 561–573.

80. Riela, Suzanne, Geraldine Rodriguez, Arthur Aron, Xiaomeng Xu, and Bianca P. Acevedo. 2010. "Experiences of Falling in Love: Investigating Culture, Ethnicity, Gender, and Speed", *Journal of Social and Personal Relationships*, 27, 4: 473–493.

81. Roberts, Linda J.2006. "From Bickering to Battering: Destructive Conflict Processes in Intimate Relationships", in Patricia Noller and Judith A. Feeney. Eds. *Close Relationships: Functions, Forms, and Processes*. New York: Psychology Press. pp.325–351.

82. Rollie, Stephanie S. and Steve Duck.2006."Divorce and Dissolution of Romantic Relationships: Stage Models and Their Limitations", in Mark A. Fine and John H. Harvey. Eds. *Handbook of Divorce and Relationship Dissolution*. Mahwah, N.J.: Lawrence Erlbaum. pp.223–240.

83. Rose, S. M.,1985."Same-and Cross-Sex Friendships and the Psychology of Homosociality", *Sex Role*, 12: 63–74.

84. Rubin, Zick. 1970. "Measurement of Romantic Love", *Journal of Personality and Social Psychology*, 16, 2: 265–273.

85. Rusbult, Caryl E.,1983."A Longitudinal Test of the Investment Model:The Development (and Deterioration) of Satisfaction and Commitment in Heterosexual Involvements", *Journal of Personality and Social Psychology*, 45, 1: 101–117.

86. Rusbult, C. E., & Buunk, B. P.1993."Commitment processes in close relationships: An interdependence analysis", *Journal of Social and Personal Relationships*, 10, 175–204.

87. Rusbult, Caryle E., Isabella M. Zembrodt, and Lowanna K. Gunn. 1982. "Exit, Voice, Loyalty, and Neglect: Responses to Dissatisfaction in Romantic Involvements", *Journal of Personality and Social Psychology*, 43, 6: 1230–1242.

88. Sapadin, L. A.1988. "Friendship and Gender: Perspectives of Professional Men and Women", *Journal of Social and Personal Relationships*, 5: 387–403.

89. Schmitt, David P., et al. 2004. "Patterns of Universals of Adult Romantic Attachment across 62 Cultural Regions: Are Models of Self and of Other Pancultural Constructs?" *Journal of Cross-Cultural Psychology*, 35, 4 (July) : 367–402.

90. Schmitt, David P., et al. 2003. "Universal Sex Differences in the Desire for Sexual Variety: Tests from 52 Nations, 6 Continents, and 13 Islands", *Journal of Personality and Social Psychology*, 85, 1: 85–104.

91. Schneider, Carl S. and David A. Kenny. 2000. "Cross-Sex Friends Who Were Once Romantic Partners: Are They Platonic Friends Now?" *Journal of Social and Personal Relationships*, 17, 3: 451–466.

92. Schwarz, Sascha, Manfred Hassebrauck, and Rebecca Dörfler. 2010. "Let Us Talk about Sex: Prototype and Personal Templates", *Personal Relationships*, 17: 533–555.

93. Shaver, Phillip, Cindy Hazan, and Donna Bradshaw. 1988. "Love as Attachment: The Integration of Three Behavioral Systems", in Robert J. Sternberg and Michael L. Barnes. Eds. *The Psychology of Love*. New Haven, CT.: Yale University Press. pp.68–99.

94. Shiota, Michelle N., Belinda Campos, Gian C. Gonzaga, Dacher Keltner, and Kaiping Peng. 2010. "I love you but... : Cultural Differences in Complexity of Emotional Experience during Interaction with a Romantic Partner", *Cognition and Emotion*, 24, 5: 786–799.

95. Simpson, Jeffrey A. 1987. "The Dissolution of Romantic Relationships: Factors Involved in Relationship Stability and Emotional

Stress", *Journal of Personality and Social Psychology*, 53: 683–692.

96. Singh, Devendra. 2004. "Mating Strategies of Young Women: Role of Physical Attractiveness", *Journal of Sex Research*, 41, 1 (February): 43–54.

97. Singh, Devendra. 1993. "Adaptive Significance of Female Physical Attractiveness:Role of Waist-to-Hip Ration", *Journal of Personality and Social Psychology*, 65, 2: 293–307.

98. Singh, Devendra.1995."Female Judgment of Male Attractiveness and Desirability for Relationships:Role of Waist-to-Hip Ration and Financial Status", *Journal of Personality and Social Psychology*, 69, 6: 1089–1101.

99. Spitzberg, Brian H. and William R. Cupach. Eds.1998. *The Dark Side of Close Relationships*. Mahwah, N. J.: Lawrence Erlbaum.

100. Sprecher, Susan. 2006."Sexuality in Close Relationships", in Patricia Noller and Judith A. Feeney. Eds. *Close Relationships: Functions, Forms, and Processes*. New York: Psychology Press. pp.267–284.

101. Sprecher, Susan.1988. "Investment Model, Equity, and Social Support Determinants of Relationship Commitment", *Social Psychology Quarterly*, 51, 4: 318–328.

102. Sprecher, Susan and Pamela C. Regan. 2002. "Liking Some Things (in Some People) More Than Others:Partner Preferences in Romantic Relationships and Friendship", *Journal of Social and Personal Relationships*, 19, 4: 463–481.

103. Sprecher, Susan, Maria Schmeeckle, and Diane Felmlee. 2006. "The Principle of the Least Interest: Inequality in Emotional Involvement in Romantic Relationships", *Journal of Family Issues*, 27, 9: 1255–1280.

104. Sternberg, Robert J.1998. *Love is a Story*. Oxford: Oxford University Press.

105. Sternberg, Robert J. 1998. *Cupid's Arrow: The Course of Love through Time*. Cambridge: Cambridge University Press. pp.131–155.

106. Sternberg, Robert J.1986."A Triangular Theory of Love", *Psychological Review*, 93: 119–135.

107. Sternberg, Robert J. and S. Grajek. 1984. "The Nature of Love", *Journal of Personality and Social Psychology*, 47: 312–329.

108. Stone, Lawrence. 1988. "Passionate Attachments in the West in Historical Perspective", in Willard Gaylin and Ethel Person. Eds. *Passionate Attachments*. New York: The Free Press. pp.15–26.

109. Swidler, Ann. 1980. "Love and Adulthood in American Culture", in Neil J. Smelser and Erik H. Erikson. Eds. *Themes of Work and Love in Adulthood*. Cambridge, M.A.: Harvard University Press. pp.120–147.

110. Ueno, Koji and Rebecca G. Adams. 2006. "Adult Friendship: A Decade Review", in Patricia Noller and Judith A. Feeney. Eds. *Close Relationships: Functions, Forms, and Processes*. New York: Psychology Press. pp.151–169.

111. Vangelisti, Anita L.,2006a."Relationship Dissolution: Antecedents, Processes, and Consequences", in Patricia Noller and Judith

369

A. Feeney. Eds. *Close Relationships: Functions, Forms, and Processes*. New York: Psychology Press. pp.353–374.

112. Vannini, Phillip. 2004. "Will You Marry Me? Spectacle and Consumption in the Ritual of Marriage Proposals", *Journal of Popular Culture*, 38, 1: 169–185.

113. Vaughan, Diane. 1986. *Uncoupling: Turning Points in Intimate Relationships*. New York: Oxford University Press.

114. VenderDrift, Laura E., Christopher R. Agnew, and Juan E. Wilson. 2009. "Nonmarital Romantic Relationship Commitment and Leave Behavior: The Mediating Role of Dissolution Consideration", *Personality and Social Psychology Bulletin*, 35, 9（September）: 1220–1232.

115. Waller, W.1938. *The Family:A Dynamic Interpretation*. New York: Gordon.

116. Winch, Robert F.1958. Mate Selection: A Study of Complementary Needs. Harper, New York.

117. Weber, Anne L.1998."Losing, Leaving, and Letting Go: Goping with Nonmarital Breakups", in Brian H. Spitzberg and William R. Cupach. Eds. *The Dark Side of Close Relationships*. Mahwah, N.J.: Lawrence Erlbaum. pp.267–306.

118. Williamson, Hannah C., Xiaoyan Ju, Thomas N. Bradbury, Benjamin R. Karney, and Xiaoyi Fang. 2012. "Communication Behavior and Relationship Satisfaction among American and Chinese Newly wed Couples", *Journal of Family Psychology*, 26, 3: 308–315.

370

责任编辑：武丛伟

装帧设计：孙文君

图书在版编目（CIP）数据

爱情社会学／孙中兴 著 . —北京：人民出版社，2017.3
（2023.9 重印）
ISBN 978 - 7 - 01 - 016666 - 7

I. ①爱…　II. ①孙…　III. ①爱情－社会学　IV. ① C913.1

中国版本图书馆 CIP 数据核字（2016）第 214270 号

爱情社会学
AIQING SHEHUIXUE

孙中兴　著

人民出版社 出版发行
（100706　北京市东城区隆福寺街 99 号）

北京汇林印务有限公司印刷　新华书店经销

2017 年 3 月第 1 版　2023 年 9 月北京第 3 次印刷
开本：880 毫米 × 1230 毫米 1/32　印张：11.875
字数：160 千字

ISBN 978 - 7 - 01 - 016666 - 7　定价：48.00 元

邮购地址 100706　北京市东城区隆福寺街 99 号
人民东方图书销售中心　电话（010）65250042　65289539